Elisabeth Wellendorf

Es gibt keinen Weg, es sei denn, Du gehst ihn

Elisabeth Wellendorf

Es gibt keinen Weg, es sei denn, Du gehst ihn

Abenteuer des Werdens – Bedeutung der Kreativität

MAYER

Elisabeth Wellendorf, geboren 1936 in Hamburg, Malerin und Psychotherapeutin, ist Gründerin und langjährige Leiterin des Ausbildungsinstituts für psychoanalytische Kunsttherapie in Hannover. Achtjährige Arbeit in der Psychiatrie sowie zwölfjährige Tätigkeit in der Kinderklinik der Medizinischen Hochschule Hannover im Transplantationsbereich.
1993 erschien von ihr *Mit dem Herzen eines anderen leben?*, worin sie ihre Erfahrungen über die psychischen Aspekte der Organtransplantation darlegt; 1997 im Verlag Johannes M. Mayer das bereits in zweiter Auflage (1998) vorliegende Werk *Man kann alles auch anders sehen.*
Heute arbeitet Elisabeth Wellendorf auf psychoanalytischem und kunsttherapeutischem Gebiet in freier Praxis.

Die Deutsche Bibliothek – CIP Einheitsaufnahme

Wellendorf, Elisabeth:
Es gibt keinen Weg, es sei denn, Du gehst ihn : Abenteuer des Werdens – Bedeutung der Kreativität / Elisabeth Wellendorf. – Stuttgart : Mayer, 1999
ISBN 3-932386-26-4

ISBN 3-932386-26-4

Umschlaggestaltung: Lothar Reher, Berlin,
unter Verwendung einer Vorlage der Autorin.
Satz und Druck: Gulde Druck GmbH, Tübingen

Inhalt

Was mich bewegt

In den letzten zehn Jahren wurde ich wiederholt darauf angesprochen, ob ich nicht ein Lehrbuch über Kunsttherapie schreiben wolle; aber obwohl ich in diesem Bereich viele Jahre gearbeitet und gelehrt habe und es mir große Freude macht, meine Erfahrungen zu reflektieren, sie weiterzugeben und mich mit Kollegen auszutauschen, kamen mir bei dem Gedanken an ein Lehrbuch Bedenken.

Dagegen bestand ein Bedürfnis, auf Tagungen und in Seminaren erlebte Therapiegeschichten darzustellen, die mich bewegt hatten, die Fragen an mich gestellt hatten und die ich nur zum Teil, manchmal gar nicht zu beantworten wußte. Ich habe Freude daran gehabt, mit meinen Studenten das methodische Handwerkszeug zu erarbeiten: das Wissen um die Möglichkeiten des bildnerischen Materials und den Umgang mit Bildern.

Wichtig war mir, ihnen darzustellen, wie man Raum für einen Dialog schafft, um einerseits zu verstehen, wie der Mensch seine Biographie selbst gestaltet, indem er auf seine persönliche Geschichte antwortet und sie deutet, und um ihm andererseits zu helfen, mit seiner Kreativität neue Lösungsmodelle zu entwerfen.

Lange Zeit habe ich versucht, meine Erfahrungen mit der Sprache der Ästhetik und der Psychoanalyse auszudrücken, aber ich glaube, die Kunsttherapie bedarf ihrer eigenen Sprache, einer Sprache oder Form, die genügend freien Raum läßt, die nicht nur den Intellekt anspricht, sondern auch eine tiefere Wahrnehmungsebene, auf der als Antwort wieder Bilder, Geschichten, Farben, Formen, Gerüche, Klänge und Visionen auftauchen, um der ungeheuren Vielfalt menschlichen Seins zu entsprechen.

In meinen Therapien habe ich mich deswegen darum bemüht, die Menschen, die zu mir kamen, so zu betrachten, als seien sie mir ganz unbekannt, selbst wenn ich schon viel von ihnen erfahren hatte. Über etwas Neues kann man staunen. Und wenn man in einer solchen Beziehung zueinander steht, kann etwas noch nie Dagewesenes eintreten. Ich glaube, wir tragen ganz tief in uns den Wunsch nach solchen Wundern.

Aber es ist nicht leicht, in einem Denk- und Erlebnisraum zu bleiben, in dem keine Theoriekoordinaten für Vertrautheit und Sicherheit sorgen. Voraussetzung für eine richtige Diagnose ist ein Krankheitsbild, auf das man sich einigen kann, und zu dem gehört das Wissen um die psychischen und somatischen Funktionen des menschlichen Organismus, darüber hinaus vielleicht die Kenntnis der Funktion und Struktur des umgebenden Familien- sowie des Gesellschaftssystems mit seinen Werten und Normen und seiner Vorstellung von Gesundheit und Krankheit. Die richtige Diagnose ist eine Voraussetzung für therapeutisches Handeln genauso wie das Wissen um die Wirkung des Materials, das man zum Heilen benutzt. Ein weites Gebiet also!

Man könnte den Mut verlieren, wenn es nicht auch die menschliche Fähigkeit gäbe, komplexe Zusammenhänge in einem Augenblick, wie wir sagen »intuitiv« zu erfassen. Der »erste Eindruck« faßt manchmal das zusammen, was wir uns mit langen Gesprächen, Untersuchungen und Analysen bestätigen, und meistens geht er noch darüber hinaus. Voraussetzung ist allerdings, daß wir uns die Brille unserer Theorien und Vorurteile immer wieder von der Nase nehmen. Das gelingt nicht ohne weiteres. Ich will von einer Erfahrung aus einem Sommerurlaub berichten, die vielleicht etwas von dem wiedergibt, was ich meine.

Ich verbrachte die Ferien in Südschweden in einer sehr dünn besiedelten Gegend. Das kleine Holzhaus, in dem ich wohnte, lag direkt an einem See und war sehr einsam gelegen. Der See wechselte viele Male am Tag sein Gesicht: Manchmal war er glatt wie ein dunkler Spiegel, dann wurde er auf einmal eng, weil sich das ganze Ufer in ihm spiegelte. Manchmal war er geriffelt silbern, wie ein neues Waschbrett, oder seine unregelmäßigen Wellen waren mit Schaumkrönchen bedeckt. Er leuchtete in allen Schattierungen des Himmels. Im Licht der untergehenden Sonne verzauberte er sich im zarten Rosa bis Orange, und wenn der riesige Vollmond sein Licht auf ihn legte, sah er geschmückt aus wie eine Braut aus *Tausendundeiner Nacht*.

Aber es war auch der See, in den man schwimmend eintauchen konnte, dessen Kühle erfrischte oder in dessen Wärme man sich hüllen konnte. Er trug mich, schlug mir seine kleinen Wellen ins Gesicht und nahm mich auf, als sei ich ein Teil von ihm.

Auf ihm konnte ich im Boot rudern, konnte auf ihm an das andere Ufer gelangen, er ließ sich nutzen. Eines Tages schaute ich vom Boot durch das Wasser hindurch in seine Tiefe. Die Sonne stand so, daß sie das Wasser durchdrang. Ich sah die langen biegsamen Stengel der Seerosen und anderer Wasserpflanzen, sah Tausende von kleinen Fischen, die von irgendwelchen unsichtbaren Signalen gelenkt, blitzschnell ihre Richtung änderten. Auf dem Grund glitzerten geöffnete Muscheln, und unglaublich viele kleine Wasserwesen, von denen ich keine Ahnung hatte, führten hier ihr Dasein.

Mich überkam auf einmal ein riesiger Schreck. Der See war ein eigenes Universum, dessen Existenz ich seit Wochen vor Augen hatte, ohne es wahrgenommen zu haben, weil meine Aufmerksamkeit ganz von der sich unendlich wandelnden Oberfläche und seiner Nutzbarkeit für mich in Anspruch genommen war.

Diese Erschütterung hatte etwas mit der plötzlichen Entdekkung meiner ungeheuer begrenzten Wahrnehmung zu tun und dem Bewußtsein, daß ich mir ein sehr eingeschränktes Bild von ihm gemacht hatte. Mir war auf einmal klar, daß ich die Welt immer nachschaffe und daß sie sich nur so klar und groß in mir widerspiegeln kann, wie ich selbst offen, groß und still bin.

Wir sind so beschaffen, daß wir immer nur einen höchst begrenzten Ausschnitt der Wirklichkeit wahrnehmen können, aber es ist ein Unterschied, ob wir sagen, dieser kleine Ausschnitt ist *das Ganze*, oder ob wir das Stückwerk unserer Erkenntnis als solches im Bewußtsein erhalten. Tun wir letzteres nicht, wird sie zu einer Welt der Projektionen und Zerrbilder.

So ist es mit jedem Menschen. Auch er ist solch ein Universum: groß, wunderbar und letztendlich unergründbar. Wie können wir uns ihm dennoch nähern?

Vielleicht in der Haltung der Achtung und des Staunens. Beides setzt einen gewissen Abstand voraus, der anders ist als die Nähe, die zum Analysieren notwendig ist, in der etwas angepackt, geordnet und unter die Lupe genommen werden muß. Beim Achten und Staunen ist die innere Beteiligung hoch. In der Bezogenheit entsteht eine Form der Nähe, die bei der Analyse nicht vorhanden ist.

Das Bedürfnis, etwas zu begreifen, läßt manchmal den schöpferischen Abstand schmelzen. Erkenntnis erfordert beides: den Raum, in dem sich etwas entfalten und darstellen kann, und die tiefe innere Beteiligung, die als Resonanz anklingt.

Diese Möglichkeit scheint mir am ehesten in der Form des Geschichtenerzählens gegeben zu sein, denn aus allem fügt sich Geschichte, und jeder hat seine eigene. Es gibt Familiengeschichten und Geschichten der Völker; es gibt Menschheits-, Welt- und Heilsgeschichte.

Sie stellt sich in unterschiedlicher Form dar. Als Märchen, Mythos, Sage, Erzählung oder Bericht. Immer faßt sie einen bestimmten Ausschnitt zusammen, spannt einen kleineren oder größeren Bogen und ist Resümee und Deutung des Geschehenen, also eine höchstpersönliche Sache. Und doch wird in jeder persönlichen Wahrnehmung und Erfahrung ein Stück Allgemeines sichtbar, sofern jeder einzelne am großen Menschsein partizipiert. Ich werde also den umgekehrten Weg der Erkenntnis gehen als üblich, indem man versucht, die Wirklichkeit aus einer Fülle von Untersuchungsmaterial zu destillieren. Ich halte die Wirklichkeit für ein Chamäleon, sie nimmt immer die Farben ihres Betrachters an; aber da auch er zu ihr gehört, so ist das nichts Beliebiges, sondern gehört zur großen Wahrheit.

So möchte ich die Kunsttherapie, wie sie sich für mich entwikkelt hat, als ein Stück meiner eigenen Geschichte darstellen. Schon ganz früh bekam ich Anstöße in diese Richtung, und es scheint mir stimmig, daß ich diesen Weg ohne direkte Ausbildung gegangen bin. Ich gehöre nicht zu den Menschen, die auch noch vieles andere hätten tun können. Etwas hat mich unerbittlich auf *diesen* Weg gesetzt.

Immer habe ich so etwas wie eine innere Stimme in mir gehört. Verstehen konnte ich sie allerdings nur, wenn mir von außen etwas entgegenkam: ein Mensch oder eine bestimmte Situation. Wenn auf diese Weise der Funke übergesprungen war, war alles Weitere leicht, das heißt nicht, daß es ohne Mühe oder Schmerz war, aber ich hatte das Ziel deutlich vor Augen.

Frühjahr 1999 Elisabeth Wellendorf

Von der Staffelei in die Psychiatrie

Das Leben ist ein Abenteuer

Alles hat seine Geschichte

Das Früheste, an das ich mich aus meiner Kindheit erinnern kann und das mit Bildern zu tun hat, waren ausgesägte Märchenfiguren über meinem Kinderbett. Ich mußte immer Mittagsschlaf halten, was ich aber nicht konnte. Viel lieber hätte ich gespielt, aber es ging streng zu bei uns, an Ausnahmen war nicht zu denken. Diese von meinem Vater ausgesägten, von meiner Mutter bemalten Figuren waren meine Rettung. Ich lebte mit ihnen. Es gab da zum Beispiel ein Schneewittchen mit fünf Zwergen, zwei an jeder Seite und einen, der halb unter das Kleid von Schneewittchen gekrochen war. Mit ihm identifizierte und tröstete ich mich in meiner Bettverbannung. Aber es gab auch einen schwarz-braunen, grimmigen Wolf, von dem ich mich zwar manchmal bedroht fühlte, zu dem ich aber auch selbst werden konnte. Ich öffnete dann als Wolf die Tür und erschien so meiner Mutter, die dann in meiner Phantasie gleich ihr Buch fallen ließ vor Angst und Schrecken und mir unendlich dankbar war, wenn ich den bösen Wolf mit einem Satz zähmte, so daß sie mich zur Belohnung nie wieder mittags ins Bett schickte. So war es in Wirklichkeit leider nicht, im Gegenteil. Eines Tages kam die Katastrophe: Als meine Mutter merkte, daß ich nicht schlief, sondern mich mit den Märchenfiguren beschäftigte, nahm sie sie von der Wand ab und meine Augen hatten nichts mehr, was sie anschauen konnten. Alles war weiß: der Schrank, die Möbel, das Gitterbett, das Bettzeug außer einem rosa Seidenbehang in meinem Bett! Selbst die Lampe war weiß, und doch war sie meine letzte Rettung. Sie war aus weißem, durchsichtigem Marmor, aber der war von zarten, hellbraunen Linien durchzogen, die später der Ausgangspunkt meiner Phantasiemalereien wurde, aus denen ich mir neue Märchenfiguren schuf. Es mag übertrieben klingen, aber ich hatte damals, als meine Mutter die Märchenfiguren von der Wand nahm, das Gefühl tiefer Einsamkeit und Sinnlosigkeit. Meine Welt wurde leer, bis ich die Linien in der Lampe entdeckte. Noch heute beginne ich Bilder am liebsten mit einem kleinen schon vorgegebenen Stück Wirklichkeit, mit dem dann meine Phantasie Kontakt aufnimmt und aus dem sich das Bild als Dialog ergibt.

Ich brauchte die Ansprache von der Welt, um mit meiner inneren Welt darauf reagieren zu können. Die Märchenfiguren und die Linien in der Lampe verbanden sich mit den gehörten Geschichten und beide wieder mit meiner jeweiligen Situation, den aus ihr entsprungenen Ängsten, Hoffnungen und Wünschen. Um meine Seele wieder zu stabilisieren oder auch wieder in Fluß zu bekommen, suchte ich neue Lösungen.

Später entdeckte ich bei vielen meiner Patienten diese verzweifelten Zustände der Einsamkeit und Sinnlosigkeit, die einer Deprivation entsprangen. Ein schlimmes Geschick hatte sie gezwungen, die böse gewordenen Bilder der Wirklichkeit auszuschließen. Sie vermochten sie zu sehen und zu beschreiben, aber sie hatten das Verbindungsglied verloren, über das sie sich mit ihren Träumen und Visionen anschließen konnten oder durch das letztere überhaupt als Resonanz aufklingen konnten. Mein frühes Kindheitserlebnis wurde zum mitschwingenden Hintergrund, vor dem ich ihre tiefe Not zu erfassen vermochte.

Ich malte, wie eigentlich alle Kinder, gern und viel. Meine vielseitig begabte Mutter malte auch. Sie förderte und beachtete meine Bildchen und sammelte sie, aber sie war nicht ohne Ehrgeiz. Schließlich gab es kein Bild, in das sie nicht hineinverbessert hätte. Eines Tages, ich war noch nicht in der Schule, packte mich Verzweiflung. Ich hatte das Gefühl, nichts zu können und nicht einmal in meinen Bildern Raum zu haben, der nur mir gehörte. Verbockt hörte ich auf zu malen. In der Phantasie wurden meine ungemalten Bilder immer größer. Einige Jahre später fand ich eine neue Möglichkeit zu malen, ohne daß es jemand entdecken konnte.

Es gibt keine an sich guten oder schlechten Erfahrungen

Wenn wir, meine Schwester und ich, etwas ausgefressen hatten, wurden wir zwecks Einsichtsfindung auf den Dachboden gesperrt. Meine Schwester hatte immer furchtbare Angst vor Mäusen, Spinnen und Dunkelheit und wurde wegen ihres lauten Geschreis schnell wieder herausgelassen. Ich gab mich unnachgiebig. In Wirklichkeit liebte ich den riesigen Boden, der zwei Etagen hatte, dazu eine Kammer, in der Äpfel und Matratzen aufgehoben wurden. Aber es gab auch Schränke mit Winter- oder Sommerkleidern und alten Theatersachen meiner Mutter, die ich anzog, um damit in andere Welten zu entschweben. Es gab in der oberen Etage runde, ovale und augenförmige Fenster. Wenn ich durch die hindurchsah, lag unter mir der Park oder der Staudengarten, der Hof oder Felder. Ich stand vor jedem Fenster mit ausgebreiteten Armen und sagte mir: »Das ist alles meines, es gehört alles mir, weil ich es liebe!« Das armselige Gefühl von mir, von Schuld bedrückt, verschwand, und ich kam mir vor wie ein reicher, glücklicher Mensch.

Etwas sehr Entscheidendes in diesen Dachbodenzeiten war aber, daß ich in meiner Schürzentasche vorsichtshalber immer ein klein zusammengefaltetes Butterbrotpapier hatte und einen Buntstiftstummel von kostbarem Rosa – es war Krieg, und es gab kaum Papier und so gut wie keine Buntstifte. Mit diesem malte ich in meiner »Menschenfarbe« in die winzigen Papierkästchen eine Bildergeschichte, in der es um ein angenommenes Kind und seine Familie ging. Natürlich identifizierte ich mich mit dem angenommenen Kind, denn immer, wenn ich gestraft wurde, kam mir die Phantasie, ich müsse ein solches sein. Ich erinnere mich an keine Details dieser Geschichten, aber ich vermute, daß ich mir den ganzen Kummer von der Seele malte, denn wenn meine Mutter die Bodentür wieder öffnete, war mein Trotz verschwunden, meine Selbstwertgefühl war wieder in Ordnung, und ich war voller Hoffnung, doch kein angenommenes, sondern ein gutes, geliebtes Kind zu sein – jedenfalls bis zum nächsten Mal.

Vom gegenwärtigen pädagogischen Standpunkt aus gesehen war weder das eine noch das andere Verhalten meiner Eltern geschickt. Man sollte nicht in Kinderbildern herumverbessern, denn sie sind selbstgeschaffene Welten, mit denen die Kinder stark identifiziert sind und in denen ihre ganze kleine Person abgewertet und in Frage gestellt werden kann. Ich konnte es auch nur überstehen, indem ich es aufgab zu malen und es später heimlich tat. – Mein bemaltes Butterbrotpapier schluckte ich immer herunter, bevor ich mein Refugium verließ.

Und man sollte nach heutiger Einsicht Kinder, die in einem Konflikt stecken, nicht aussperren auf einen dunklen Dachboden. Man sollte lieber mit ihnen sprechen.

Für meine Schwester stimmte das gewiß, und meine Eltern waren sensibel genug, um zu unterscheiden. Für mich aber sind diese Erlebnisse zu einer kostbaren Lebenserfahrung geworden, wozu unter anderem gehört, daß manche Prozesse erst in der Stille in Gang kommen, daß sie Zeit brauchen und daß jeder sie auf seine ihm eigene Weise gestalten muß. Ich hatte das Glück, Gelegenheit dazu zu bekommen und die Erfahrung zu machen, daß es viele Seiten in mir gab, die sich alle auf diesem Boden entfalten konnten.

Meine Dachbodenzeit hatte ein festes Ritual, die meinem Empfinden entsprach: Ich versteckte mich immer erst in der

Dunkelheit der unteren Etage hinter einer Kiste. Ich fühlte mich dunkel, klein und eingeengt, und dem mußte auch die äußere Situation entsprechen.

Wenn dann das Gefühl, nicht geliebt und ungerecht behandelt worden zu sein, aus mir hervorbrach, weil ich armselig, wie ich mich fühlte, noch keinerlei Einsicht entwickeln konnte, stieg ich weinend in den oberen, helleren Teil und verschloß mich in der nach Äpfeln duftenden Kammer, wo ich mich auf einen Matratzenturm setzte, ein kleines Küchenbrettchen, das ich einmal mit hochgenommen hatte, auf meine Knie legte und mir auf dem entfalteten Butterbrotpapier meine Phantasie über mich und meine Eltern als Ausdruck meiner Verlassenheit von der Seele malte. Mit den Theaterklamotten meiner Mutter probierte ich andere Seiten, die auch in mir waren. Das weitete mich wieder und stimmte mich hoffnungsvoll. Und der Blick aus den Fenstern schließlich band mich wieder in die Welt ein: »Das ist alles meines! Das gehört alles zu mir, und ich gehöre überall dazu, es gibt mehr als meine verengte Seele und mehr als meine Familie und allem bin ich in meiner wieder aufkeimenden Liebe verbunden.«

Erst dann, wenn ich wieder so weit, so reich, so verbunden war, war ich imstande, frei mein Unrecht einzusehen, es anzunehmen und um Verzeihung zu bitten. Als zusammengehocktes Wesen in der unteren Bodenetage hätte mich alle Schulderkenntnis zerbrochen.

Diese Erfahrung ist mir zu einem Urerlebnis geworden und hat mich manches gelehrt, was ich später gut gebrauchen konnte:

- Es gibt keine an sich guten oder schlechten Erfahrungen. Es kommt nur darauf an, wie man sie sich nutzbar machen kann.
- Menschen können ihre Schwächen nur akzeptieren, wenn man ihnen genügend Gelegenheit gibt, ihre Fähigkeiten zu erfahren.

Meine schwerkranken Kinderpatienten in der Klinik habe ich immer erst gefragt, was sie können. Manchmal wußten sie es gar nicht, weil sie so erschrocken waren über das, was sie nicht konnten und was ihnen weiterhin verloren gehen würde. So machten wir uns gemeinsam auf die Suche und fanden immer eine Menge, und erst dann, wenn sie beglückt waren über die verbliebenen Möglichkeiten, konnten sie mir ihr kummervolles Herz öffnen, das auf einmal zu einer weiteren Möglichkeit wurde und nicht zu einem Defizit, das sie schamhaft zu verbergen suchten.

Wenn sie ihre Bilder, manchmal ihre gemalten Alpträume, mit mir teilten, wußte ich aus meiner frühen Bodenerfahrung, wieviel Mut dazu gehört, sie anzusprechen, und nahm sie als kostbare Mitteilung an. Ich wußte aber auch, daß sich in Bildern Lösungen finden lassen und konnte voller Hoffnung warten, bis sie sich einstellten. Und ich wußte durch eigene Erfahrung, wie sehr alles Gestalten auch der derangierten Seele wieder Gestalt gibt und daß man dann, wenn man seine Geschichte annimmt, wieder eingeklinkt ist in den großen Atem der Welt, aus dem man zuvor herausgefallen war.

Wie Farben die Welt verändern

Noch etwas anderes übte in meiner Kindheit großen Einfluß auf mich aus. Ich besaß eine kleine Sammlung bunter Glasscherben, die ich in den Ritzen des kopfsteingepflasterten Gutshofes gefunden hatte. Sie waren mir kostbar wie Edelsteine, und sie hatten etwas mit Zauber zu tun. Sie konnten die Welt verändern, wenn ich durch sie hindurchschaute, und ich benutzte sie wie ein Heilmittel. Es gab zwei, die ich besonders liebte, die eine war tiefsonnengelb, die andere war sehr klein und rubinrot. Wenn ich durch die sonnengelbe Scherbe schaute, wurde die ganze Welt hell und warm. Ich kam mir vor wie im Himmel, jedenfalls stellte ich ihn mir so vor: durchflutet von sonnengelbem Licht! Selbst an langen, kaltgrauen Novembertagen konnte sie meine Stimmung heben, wenn ich durch sie hindurchschaute. Mit dem rubinroten Splitter empfand ich ein solches Glück, daß ich nicht selten jubeln mußte.

Es gab außerdem ein helles Blau und ein helles Grün. Diese ließen mich leicht werden, fast schwerelos, als würde ich schweben. Aber ich schaute nie sehr lange durch sie hindurch, außer wenn ich mich mal wieder weit weg wünschte, sonst mußte ich anschließend laut singen und mit den Füßen trampeln, um wieder Boden unter sie zu bekommen.

Wenn ich durch das dunkle Blau schaute – das war meine größte Scherbe –, wurde die Welt tief und geheimnisvoll.

Vierzig Jahre später in einer warmen Augustnacht entdeckte ich auf einer Wanderung einen verlassenen Garten in den Bergen der Toscana. Rings um eine Quelle wuchsen Iris, die das gleiche tiefblaue Leuchten hatten wie die Glasscherbe meiner Kindheit. Ich war fassungslos, denn es war eine dunkle, mondlose Nacht, die alle anderen Farben verschluckt hatte bis auf das Blau, das mich wieder in jene geheimnisvolle Stille versetzte.

Unter den Scherben war auch eine tiefgrüne. Wenn ich durch sie sah, mußte ich immer brummen und mich langsam hin- und herbewegen. Sie machte alles Rot zu braun und wirkte beruhigend.

Nur eine Scherbe benutzte ich sehr selten, sie war von dunklem Graugrün und schluckte alle Farben. Die Welt wurde ganz trist, aber wenn meine Seele genauso gestimmt war, war sie wie ein Trost, denn so wie alles durch die graugrüne Scherbe aussah, erlebte ich mich. Innen und Außen war im Einklang.

Depressive Patienten haben mir oft gesagt, daß es ihnen am schlechtesten ginge, wenn draußen alles ganz hell und alle Welt vergnügt sei. Vor diesem Hintergrund erleben sie ihre farblose Gefühlswelt als besonders unerträglich. Das eigene Empfinden scheint dann wie ein großes, dunkles Loch aus dem schillernden

Gewebe der übrigen Welt zu fallen, und nicht selten werden diese Menschen ja auch so behandelt.

Ich erinnere mich an die Anfänge meiner Arbeit mit autistischen Kindern. Es war eines unter ihnen, das viel Schwarz gebrauchte, oder alles, was es zu Papier gebracht hatte, schwarz übermalte. Die erfahrenen Therapeuten warnten mich, es dies tun zu lassen, weil es seine Depressivität verstärken würde. Die Erfahrungen mit der grauen Glasscherbe kam mir jedoch in dieser Situation zugute, denn ich war sicher, diese dunklen Bilder waren ein Weg aus seiner Sprachlosigkeit, sie waren das Gegenüber, das Zweite, mit dem es sich solidarisch fühlen konnte in seiner Einsamkeit, und sie waren auch der Hilferuf nach Resonanz, der bei mir ankam.

Ein zu großer Rahmen ist wie ein zu großes Kleid, in dem man verschwindet

Als ich fünfzehn Jahre alt war, träumte ich davon, ein großes Bild malen zu können. Es war die Nachkriegszeit, und es war schon schwer, einen kleinen Zeichenblock zu bekommen, an großes Papier war nicht zu denken. Das Glück wollte es, daß meine Eltern ein Zimmer neu tapezieren ließen. Am Abend davor waren sie eingeladen, und ich hatte die Gelegenheit, die Wände zu bemalen. Daß alles am nächsten Tag wieder abgerissen würde, störte mich nicht. Ich wollte mich nur einmal groß ausdehnen dürfen. Pinsel hatte ich. Farben hatte ich mir aus Erde, Pflanzen und Kreide gemacht. Ich konnte das Verschwinden meiner Eltern kaum erwarten, aber es gab eine böse Überraschung, als ich endlich beginnen wollte. Es ging einfach nicht! Meine Erwartungen an mich waren so übergroß geworden, daß ich nicht imstande war, auch nur einen Strich zu tun. Ich stand wie angenagelt vor der großen Wand und konnte meine Arme nicht heben. Vieles kam da wohl zusammen, es waren nicht nur die überhöhten Erwartungen, die ich an mich hatte, es war sicherlich auch die Angst vor der Möglichkeit, so viel Raum für mich zu nehmen, denn Ideen hatte ich genug. Aber ein großes Bild würde mich auch sichtbar machen zu einem Zeitpunkt meiner Entwicklung, an dem ich eher die Tendenz hatte, mich zurückzuziehen, und an dem ich gewiß empfindlich gegenüber Kritik gewesen wäre.

So verbrachte ich viele Stunden tatenlos vor der großen Wand der Möglichkeiten und fühlte mich kleiner und immer elender.

Es war schon lange nach Mitternacht, als ich endlich mit einem Bleistift ein etwa DIN A5 großes Format auf der Tapete umriß und das Porträt meiner geliebten Urgroßmutter darauf malte. Mit einem spitzen Messer schnitt ich es aus, löste es vorsichtig von der Wand und ließ es in meinem Tagebuch verschwinden.

Ein bißchen beschämt war ich schon, als meine Eltern am nächsten Morgen nur das kleine Loch in der Tapete entdeckten, statt eines »großen Kunstwerkes«, aber so, wie es war, stimmte es für mich.

Es sind nicht nur die Farben, die stimmen müssen, es ist offenbar auch der Rahmen, der passen muß. Ein zu großer ist wie ein zu großes Kleid, in dem man verschwindet, oder wie ein zu großer Raum, in dem man sich verliert. Wie oft zerbrechen Menschen daran, daß sie sich zu große Aufgaben stellen, und machen sich handlungsunfähig, während sie in kleineren, ihren Möglichkeiten angemessenen Zusammenhängen Großes leisten könnten. Wie vielen hochbegabten Menschen bin ich begegnet, deren großes Elend es war, sich innerlich nicht auf das einstellen zu können, was ihnen gemäß gewesen wäre, weil sie sich immerfort mit einem noch größeren Rahmen überforderten.

Es gibt bedeutende Maler, wie Paul Klee oder Wols, die vorwiegend kleine Formate wählten und darin große Kunst erblühen ließen. Ich wüßte gern, was passiert wäre, wenn man sie gezwungen hätte, andere Formate zu gestalten. Oder die Japaner:

Mit der ungeheuer verknappten Form ihrer Haikus sind sie durchaus imstande, umfassende Weisheiten in dieser Form zu transportieren oder mit wenigen Worten ein großes inneres Bild wachzurufen.

Und trotzdem gibt es das Kleine auch als Ausdruck der Kraft- und Mutlosigkeit, einfach als Armseliges.

Weitere Stationen des Lernens

Gute Lehrer zu haben ist der halbe Weg, und durch Nebel und Dunkel zu gehen, birgt immer die Chance, an einem neuen Ort anzukommen.

Ich erinnere mich, wie ich mit Zeichenblock und Aquarellkasten versehen und einem riesigen Neufundländer an der Seite in die Wildnis der Rockys zog. Ich war als Kindermädchen auf einer Ranch. Hingerissen vom Indian-Summer versuchte ich, die farbige Symphonie ins Bild zu bringen. Zu meiner großen Verzweiflung gelang es mir nicht.

Vor einigen Jahren fand ich einige der Aquarelle auf dem Dachboden meiner Eltern. Es stimmte, sie waren schlecht, obwohl ich mit Wohlwollen und Nachsicht auf mich als Siebzehnjährige schaute.

Wie kam das? Natürlich war ich noch ungeübt, aber das war es nicht, denn ich konnte Bilder, die ich ein Jahr später in der Schweiz gemalt hatte, mit Interesse betrachten.

Ich glaube, es hatte etwas mit dem »Überwältigtsein« zu tun. Wenn man eine so große Natur auf ein kleines Blatt bannen will, bedarf es einer Übersetzung. Die Übersetzung kann zweierlei bedeuten: Entweder hätte ich einen kleinen Ausschnitt wählen müssen, der – pars pro toto – für das Ganze gestanden hätte, oder ich hätte mit dem Klang antworten müssen, den diese wunderbare Natur in mir ausgelöst hatte.

Beides bedarf aber eines gewissen Abstandes oder besser eines flexiblen Hin- und Herschwingens zwischen Nähe und Abstand. Einer meiner späteren Lehrer an der Kunsthochschule in Hamburg, Emil Schumacher, hat dazu gesagt: »Der Schwebezustand des schöpferischen Augenblickes verlangt eine Konzentration der Sinne, die die Grenze zwischen tiefem Traum und hellem Wachsein erwischt.«

In meiner Aufregung konnte ich die relative Gelassenheit, die dazu gehört, nicht aufbringen. Statt dessen versuchte ich, die Schönheit ins Bild zu zwingen. Nun, sie wehrte sich!

Genau so ist es mit der Therapie. Sie ist nicht weniger eine Kunst, denn es geht um das Erkennen eines Menschen in seiner hochkomplexen Verflochtenheit. Man braucht dafür theoretisches und methodisches Wissen, aber man braucht genauso wie bei der Kunst ein hohes seelisches Engagement, Offenheit und Aufmerksamkeit dem anderen gegenüber, Geduld und Erfahrung sowie eine gemeinsame Vision für den Weg und das Ziel. Das alles ist zwar keine Garantie für das Gelingen, wohl aber die Voraussetzung. Das Gelingen ist offenbar außerhalb unseres Könnens und Wollens.

Ich wollte leidenschaftlich gern Kunst studieren, hatte aber das Pech, während meiner ganzen Schulzeit keinen Kunstunterricht zu haben, denn es war Nachkriegszeit. Fast wäre alles schon in den Anfängen gescheitert, denn ich war sehr naiv. Unter meinen Bildern suchte ich sieben aus, rollte sie zusammen, füllte meine Bewerbungspapiere aus und bewarb mich an der Hochschule der Künste. Ich war erfüllt von Vorfreude und Zuversicht, als mich ein lautes, hämisches Lachen voller Schrecken auf den Boden holte. »Das soll alles sein?« sagte eine Stimme, »das ist ja wohl ein Witz!« Der Mann vor mir wies mit einer ausladenden Geste auf die Mappen, die in großen Massen herumstanden. Da ging die Tür auf und Kurt Kranz, später mein erster Lehrer, kam herein und erkundigte sich, was es denn zu lachen gäbe, er würde gern mitlachen. Ich war irritiert. Der Mann, dem ich meine Unterlagen gegeben hatte, hielt meine Rolle hoch und sagte prustend: »Demnächst kommen die Leute noch mit einem kleinen Zettelchen und bewerben sich für ein Kunststudium!« Ich wurde wütend, riß ihm die Bilderrolle aus der Hand und sagte: »Es ist kein Zettelchen, es sind sieben Bilder, meine Besten!« Kranz schaute mich über seine Brille hinweg ernst an und sagte: »Zeigen Sie mal.« Er betrachtete meine sieben Bilder und sagte: »Zur Prüfung zugelassen.« Ich war selig und war später unter den fünfundzwanzig Bewerbern, die aufgenommen wurden.

Kurt Kranz war Schüler von Klee, Kandinsky und Itten gewesen. Er war ein wunderbarer Lehrer. Mit ihm lasen wir Tagebücher von Klee, van de Veldes *Laienpredigten* und Kandinskys *Über das Geistige in der Kunst*.

Letzteres war ein solches Abenteuer, daß ich manche Nacht nicht schlafen konnte. Er sprach von Linie, Form und Farbe wie von elementaren Gewalten, die Einfluß nehmen, die Ausdruck einer geistigen Potenz sind und Veränderungen bewirken. Monatelang versuchten wir mit einfachsten Mitteln Serien herzustellen, in denen wir zwei oder drei Formen zueinander in Beziehung setzten, um genau die Veränderungen in der Wirkung, die sie in uns wachriefen, zu beobachten. Das war eine sehr meditative Arbeit, die höchste Aufmerksamkeit erforderte und große innere Bewegungen in mir wachrief.

Mit Kranz gingen wir ins »Neue Werk«, sprachen mit Luigi Nono, Stockhausen und anderen über moderne Musik, saßen mit Philosophen, Naturwissenschaftlern und Architekten zusammen und diskutierten die Nächte durch. Etwas von der Universalität aller Disziplinen wurde mir zum ersten Mal in dieser Zeit erlebbar und weitete meine Hoffnungen.

Mein zweiter Lehrer war Emil Schumacher, der etwas Mönchisches an sich hatte. In gewisser Weise war er der Philosoph an der Hochschule. Ernst und einfühlsam machte er die Korrekturen.

Ich hatte immer das Gefühl, nur ein Zipfelchen seiner Person zu fassen zu bekommen, aber das war schon viel. Ich möchte einen Satz von ihm zitieren, den ich oben schon zur Hälfte wiedergegeben habe und der mich lange beschäftigte: »Je tiefer im Unbekannten die Vision des Malers ruht, um so verfeinerter werden die Mittel, dieses Unbekannte ans Licht der Welt zu setzen. Der Schwebezustand des schöpferischen Augenblicks verlangt eine Konzentration der Sinne, die die Grenzen zwischen tiefem Traum und hellem Wachsein erwischt.« Jetzt, da ich mehr therapeutisch arbeite, bewegt mich, wie sehr dieser Satz auch für das Schöpferische in der Therapie steht. Schumacher war nicht nur ein großartiger Maler, er war auch ein großartiger Mensch.

Es war nicht leicht, von Schumacher zu Hundertwasser zu gehen, der kurze Zeit an der Hamburger Kunsthochschule unterrichtete. Er war damals noch jung, im Lehren unerfahren. Es wurde alles zum Abenteuerspielplatz. Anstatt uns zu begrüßen und etwas zu sagen, machte er sich daran, mitten in dem großen Raum, in dem wir wie in allen Klassen unsere Staffeleien aufgebaut hätten, ein Podest zu errichten, das er lila anstrich. Dann stellte er einen roten Tisch darauf und brachte einen blau-weiß gestreiftem Baldachin darüber an. Dorthin schleppte er seine Malutensilien, befestigte noch einen Fleischwolf am Tisch, durch den er sich Körner, Nüsse und Wurzeln drehte. Heute klingt das nicht komisch, aber damals schien es uns einfach verrückt, wenn er, die Hand voll dieses durchgedrehten Gemisches, herumging und uns stumm etwas davon anbot. Unter seinem Stuhl stand ein schwarzer Eisenkochtopf, dessen Deckel er manchmal hochhob, um den Inhalt voller Interesse mit einer Lupe zu betrachten. Es war Schimmel darin, der sich über irgendeiner Sauce ausbreitete. Aufgaben oder Anleitungen bekamen wir nicht. Er saß einfach da und malte Bilder voller Spiralen in leuchtenden Farben.

Wir waren total verunsichert. Unsere Stimmung schwankte zwischen Wut und Amüsement. Irgendwann fing jeder an, sich eine kleine Hütte zu bauen und sie auf seine Weise auszustatten. Manche bestanden aus Decken und Lappen, andere aus bemaltem Packpapier oder Holzwänden. Wir konnten uns in sie zurückziehen, konnten andere einladen und fingen an, uns auf eine Weise in unserer Darstellung selbst zu entdecken, die wir so noch nie erlebt hatten. Es machte Spaß. Irgendwie waren wir mehr als nur Kommilitoninnen einer Klasse, wir waren eher Einwohner einer selbsterbauten Stadt.

Hundertwasser verfaßte Manifeste, die er uns mit pathetischer Stimme vorlas. Alles gehörte zu einem ungewöhnlichen Theaterstück, dessen Inhalt sich uns erst im Laufe der Zeit erschloß. Manchmal waren wir Zuschauer, dann wieder Mitwirkende, aber was wir nun gerade waren, war nicht ohne weiteres feststellbar.

Wenn er sagte: »Wir leben heute im Chaos der geraden Linien, in einem Dschungel der Geraden«, so schien das zunächst absurd. Wie kann etwas Gerades, Überschaubares ein Chaos oder ein Dschungel sein? Aber wenn er dann sagte: »Wenn ich durch die Stadt gehe, hinterlasse ich eine vielfach gebogene Linie, weil ich doch die verschiedenen Dinge und Menschen umrunden muß. Das ist das Natürliche. Alles, was sich gerade, ungeachtet dessen, was auf dem Weg ist, auf ein Ziel zubewegt, ist das Schlechte an sich. Es drückt Engstirnigkeit, Rücksichtslosigkeit und Beziehungslosigkeit aus«, dann machte es auf einmal einen Sinn. Die »gerade Linie« war für ihn das Konformistische schlechthin.

Die Zeit der Nazi-Herrschaft lag noch nicht so lange hinter uns. Die brutalen geraden Linien ihres Denkens waren noch überall in den Falten der Gehirne versteckt. Sie sind immer und überall da.

Sein *Pintorarium* sollte nicht nur eine Schule des Malens sein, sondern auch eine des Lebens und Denkens.

In seinem *Verschimmelungsmanifest* sagt er: »Der Mensch muß seine kritisch-schöpferische Funktion wieder einnehmen, die er verloren hat und ohne die er aufhört, ein Mensch zu sein...« Oder: »Nur die Techniker und Wissenschaftler, die imstande sind, im Schimmel zu leben und Schimmel schöpferisch zu erzeugen, werden die Herren von morgen sein.« Schimmel stand für ihn für das Natürliche, für Wachstum und eine andere Ordnung schlechthin.

Er hat vieles auf seine Weise vorausgenommen, die Ökologiebewegung, die Chaosforschung und manches mehr. Er sagte: »Das Erdstück, das beim Hausbauen zugedeckt und umgebracht wird, muß aufs Dach verlegt werden«, und tat es später.

Gerade diese Gedanken haben mich immer wieder beschäftigt. Sie passen zu meiner Abneigung gegen allzu schlüssige Theorien. Ich selbst bin immer wieder in der Gefahr gewesen, unter diesen geraden Linien die Wirklichkeit mit ihrer unüberschaubaren Vielfalt zu begraben.

Damals schwankte ich zwischen Faszination und Verwirrung. Zwei Monate lang konnte ich nicht malen, bis sich etwas in mir neu geordnet hatte. Auch das war eine unverzichtbare Lehre für meine spätere Arbeit. »Durch Nebel, durch Dunkel zu gehen, birgt immer die Chance, an einem neuen Ort anzukommen, wenn alles sich lichtet...«

Die krummen Wege sind manchmal die direktesten

Manchmal habe ich überlegt, wie es wohl hätte weitergehen können. Kurt Kranz hatte mir eine Assistentenstelle angeboten, aber als ich heiratete, zwei Kinder bekam und mit meinem Mann nach Berlin ging, war mein Hochschulweg beendet. Meine beiden kleinen Kinder ließen mir wenig Zeit zum Malen. Jahrelang malte ich nur nachts. Es war so wichtig für mein inneres Gleichgewicht, daß das für mich weniger anstrengend war, als *nicht* zu malen. Manchmal war ich so müde, daß ich aufwachte, weil mir der Kopf auf den Tisch gefallen war. Oft wußte ich am nächsten Tag gar nicht mehr, was ich gemacht hatte, und nicht selten war ich erschrocken über den Inhalt meiner Bilder. Sie waren wie Träume und waren mir fremd. Ich hatte Hemmungen, sie zu zeigen, weil es mir vorkam, als plauderten sie Geheimnisse aus, die ich selbst nicht kannte. Dadurch, daß ich sie nachts malte, erschöpft vom Tag, kamen sie aus einer tieferen Schicht. Sie waren eigentlich nie schön, obwohl ich es mir immer wünschte. Das Archaische ist nicht schön, es hat meistens etwas Bedrohliches an sich wegen seiner Fremdheit. Trotz allem entspannten mich diese Bilder. Als mir später schwerkranke Kinder und Jugendliche in der Klinik ihre Alpträume malten, die die Betrachter bedrückten, erlebte ich es wieder: Auch sie entspannten sich. Die Fähigkeit, zwischen den verschiedenen Bewußtseinsräumen hin und her zu pendeln, sich die Inhalte vertraut zu machen und als eigene zu akzeptieren, trägt zum inneren Reichtum und zur Versöhnung einer Person mit sich selbst bei.

Und deshalb war das Nachtmalen, obwohl es aus einer Einengung entstanden war, eine ausweitende Erfahrung für mich.

Aus heutiger Sicht scheint mir jeder Schritt in meinem Leben schlüssig, aber er schien es mir damals natürlich nicht. Ich spürte den Konflikt täglich, in dem ich stand. Ich hatte eine Familie und wollte es auch. Ich nahm die Rolle der Frau, Mutter und Hausfrau an und wollte zugleich frei sein und malen können. Natürlich gab es auch Übergänge, in denen sich beide Interessen verbanden.

Meine Kinder engten mich nicht nur ein, sie faszinierten mich auch. Ich beobachtete ihre Malentwicklung mit Vergnügen.

Nach meinen eigenen Erfahrungen als Kind hütete ich mich, sie zu beeinflussen. Ständig tauschten wir Bilder, ich malte ihnen welche, und sie mir. Dabei bereitete es ihnen die größte Freude, wenn sie etwas Neues erfunden hatten. Ich erinnere mich an ein »Kotzepferdchen«, das meine Tochter sich ausgedacht hatte. Von ihm gab es viele Geschichten.

Die Kindermalschule

Da ich Lust hatte, auch andere Kinder bei ihrer Mal- und Zeichenentwicklung zu beobachten, eröffnete ich eine Kindermalschule. Eigentlich war meine Idee, Mütter und Kinder zusammen malen zu lassen. Das klappte aber nicht. Die meisten Mütter hatten mit Malen in ihrer Kindheit oder im Laufe der Schulzeit schlechte Erfahrungen gemacht, weshalb sie auf ihre Kinder bevormundend einwirkten. Die Kinder wurden nicht selten zu einem verlängerten Arm der Mütter, über die diese mit den anderen konkurrierten und damit, ohne es zu wollen, ihre Kinder unter Druck setzten. Die andere Erfahrung war der Neid der Mütter auf die Spontaneität und den Erfindungsreichtum der Kinder. Das zeigte sich meistens als Desinteresse und Abwertung.

Erwachsene, die selbst einmal eine Einengung ihrer schöpferischen Potenzen in großem Maße erlebt haben, denen das aber nicht bewußt ist, sind in der Gefahr, ihre unbewußten Riesenansprüche auf die Kinder zu projizieren. Dann kann nichts gut genug sein, oder sie gehen unbewußt in die Rolle des Aggressors, wiederholen, was sie erlebt haben, und rächen sich auf diese Weise. Keine der Mütter wollte das, wie ich später entdeckte, es geschah einfach, und es war bedrückend, mit anzusehen, wie sich Haltungen über Generationen weiter tradieren, wenn das Bewußtsein sich nicht dazwischenschaltet. Ich glaube, ich hatte eine gute Idee, als ich den Müttern eine eigene »Malzeit« anbot. Als sie selbst malen konnten, wuchsen Interesse und Verständnis für die Bilder ihrer Kinder. Eine Musikerin tat sich mit mir zusammen. Wir entwickelten mit Kindern und Müttern zusammen eine kleine Oper, an der wir über ein Jahr arbeiteten. Dabei wurden alle Möglichkeiten der Kinder angesprochen: ihre Bewegungslust, ihre Freude daran, gemeinsam eine Geschichte zu erfinden, die Personen und Kulissen sowie die Kostüme zu entwerfen und mit den Müttern gemeinsam herzustellen. Die Möglichkeit zu singen, kleine Instrumente zu bauen und ihnen Töne zu entlocken, die schließlich zu einer gemeinsamen Musik wurden – das alles war ein Riesenspaß.

Auch meine Mutter hatte früher mit uns und den anderen Kindern auf dem Gut viel Theater gespielt und musiziert. Es war alles strenger, nicht so spielerisch, und häufig gab es Tränen, aber das Gefühl, etwas Schönes gemeinsam zustande gebracht zu haben, wenn die Aufführung klappte, war eine Erfahrung, die vielleicht die Voraussetzung für die Idee der Kinderoper war. Die Freiheit, die Ermunterung und der Spaß, den wir dabei hatten, das war auch die Erfüllung eines eigenen Wunsches.

Aus dieser Zeit stammen die Erfahrungen mit der Entwicklung des kindlichen Zeichnens, aber auch seiner Störungen. Wer beobachtet hat, wie ein Kind eine menschliche Figur entwickelt, muß Achtung vor diesem Ringen bekommen.

Ich erinnere mich an einen fünfjährigen, leicht geistig behinderten Jungen in der Gruppe, der sich monatelang mit dem Gesicht beschäftigte. Er wußte, daß ein Gesicht Augen, Nase, Mund und Ohren hat sowie Haare. Er zeichnete alles immer wieder neu, wie einen Bausatz, den man nur noch richtig zusammenbekommen muß. Seine Mutter war versucht, ihm das Schema »Punkt, Punkt, Komma, Strich, fertig ist das Mondgesicht« vorzumachen. Ich bat sie, es nicht zu tun. Er bewältigte diese Entwicklung wie in Zeitlupe, aber um so deutlicher war seine ungeheure Freude zu sehen, wenn er etwas an die richtige Stelle gebracht hatte. Es war ein exemplarisches Begreifen, und mir wurde klar, daß es eine große Leistung ist, die Sinne nicht nur im Bewußtsein aufzählen zu können, sondern sie auch noch richtig in Beziehung zu setzen, und daß, wenn einem das auf dieser Ebene durch eigenes Ringen gelingt, diese Erfahrung zum Grundstock der Hoffnung werden kann, auch weiterhin komplexe Zusammenhänge begreifen zu können.

Erste Begegnung mit einem autistischen Kind

Eine besonders gravierende Erfahrung in dieser Zeit war aber wohl die Begegnung mit der kleinen vierjährigen Ursula.

Die Mutter hatte sie als Geschwisterkind mitgebracht. Ursula wirkte völlig teilnahmslos und schien nichts um sich herum wahrzunehmen. Wenn sie sich bewegte, stieß sie an alles, was im Wege stand, als sei sie blind. Kein Gefühl des Schmerzes oder der Verwunderung zeigte sich in ihrem Gesicht. Nichts ließ erahnen, was in ihrem Inneren vor sich ging. Irgend etwas in ihr schien sie zu fesseln, so daß das, was um sie herum war, ihre Aufmerksamkeit nicht erhaschen konnte. Manchmal saß sie wie erstarrt da, dann wieder erfüllte etwas sie mit diffuser Unruhe und trieb sie ziellos umher. Ich hatte so etwas noch nie gesehen und war tief erschrokken, denn Ursula schien zu leben und lebte doch auch nicht. Ein heftiges Bedürfnis, sie von etwas zu erlösen, überkam mich. Ich bat die Mutter, sie mir einmal allein zu bringen. Ich erinnere mich noch genau an ihr müdes Lächeln und ihren Satz: »Was meinen Sie denn, was wir schon alles versucht haben?!« Trotzdem brachte sie mir das Kind wenige Tage später. Ich war sehr unsicher, als Ursula allein mit mir war. Sie reagierte weder auf Sprache noch auf Körperkontakt, und mir war nicht klar, ob sie auf Farben reagieren würde. Eigentlich hatte ich kaum Hoffnung.

Für mich war entscheidend, daß ich es nicht ertragen konnte, einen so kleinen Menschen total isoliert zu sehen. Ich wollte unbedingt mit ihr in Kontakt kommen. Ich wollte wissen, was sie so fesselte.

Ursula stand wie versteinert da, während ich einen roten Punkt, den ich auf einem großen Papier immer mehr ausweitete, an der Staffelei malte. Überraschenderweise nahm sie, als ich ihn beendet hatte, selbst den Pinsel in die Hand und malte auch einen roten Punkt auf einem anderen Papier. Sie brauchte dazu den Rest der Stunde. Keine Bewegung war in ihrem Gesicht zu bemerken, und ich überlegte, ob sie den Punkt ebenso wiederholt hatte, wie sie manchmal kurze Sätze nachsprach. Ich brachte sie zu ihrer Mutter zurück.

Die kommenden Stunden verliefen alle gleich. Ursula wurde gebracht, blieb reglos im Zimmer stehen. Ich schaute das versteinerte Kind eine Weile an und fühlte ein großes Bedürfnis, es zu erreichen. Ich ließ mir eine einfache Form einfallen, und Ursula näherte sich mechanisch der Staffelei. Sie fing immer mit dem roten Punkt an, wiederholte die Formen der anderen Stunden und fügte zum Schluß die letzte hinzu.

Es war abzusehen, daß bald der Zeitpunkt kommen würde, an dem sie nicht Zeit genug haben würde, alles zu wiederholen und eine neue Form dazuzumalen.

Das geschah in der neunten Stunde. Als die Zeit um war und ich sie vorsichtig unterbrach, schaute sie entsetzt durch mich hindurch, öffnete ihren Mund und stieß einen langen, gellenden Schrei aus.

Ich versuchte etwas zu sagen, aber sie schrie immer lauter. Es war ein furchtbarer Schrei, in einem Ton, der mir durch und durch ging, als sei alles Elend der Welt in ihm vereinigt. Es hatte etwas Grauenhaftes, wie dieses Kind dastand und es aus ihm herausschrie. Für dieses Elend gab es keinen Trost. Es war Ausdruck einer furchtbaren Einsamkeit aufgrund von Erfahrungen, die sich nicht teilen lassen. Was ich tun konnte, war, das Schreien zuzulassen, es nicht aus Angst vor meinem eigenen Entsetzen, meiner eigenen Hilflosigkeit abzubrechen, es mit ihr auszuhalten. Dieser endlose Schrei war wie eine Mitteilung, war eine Darstellung ihrer inneren Situation.

Ursula schrie etwa eine Stunde. Sie hatte nie zuvor geweint oder geschrien.

Die Woche danach ging es ihr sehr schlecht. Sie aß nichts und war voller Angst. Als sie auf eigenen Wunsch wiederkam, denn die besorgte Mutter wollte sie eigentlich nicht mehr bringen, malte sie von sich aus fünf Bilder. Das erste war ein Männchen, für das sie drei Farben benutzte: schwarz, gelb, rot.

Zu meiner Verwunderung gestaltete sie es altersentsprechend, obwohl sie zuvor nie gegenständlich gemalt hatte. Die vier weiteren Bilder machte sie nur mit einem roten Filzschreiber.

An den Stummelarmen wachsen lange Finger, die Figur wirkt wie eine Spinne, bis sie sich in den letzten beiden Bildern immer mehr auflöst. Ursula macht sie mit wachsender Erregung und sagt dabei in klagendem Ton: »Aua, Doktor.« Zum Schluß dieser Reihe übermannt sie erneut Entsetzen, und sie schreit wieder lange. Diesmal ist es nicht nur der monotone Ton. Sie wirft sich auf die Erde und schreit wie ein entsetztes, panisch geängstigtes Kind. Ich setze mich neben sie und breite später eine Decke über sie. Als ich ihre kleine, verkrampfte Hand nehmen will, zuckt sie zusammen, wendet ihren Kopf ab und schaut auf ein rosa Schnipselchen Papier, das neben ihr liegt. Dabei beruhigt sie sich. Sie nimmt es mit, als sie weggeht.

Vierzehn Tage sehe ich Ursula nicht. Die Mutter ist sehr beunruhigt. Sie hat Angst um ihr Kind, das beim Malen so außer sich gerät. Als sie sie wieder bringt, schaut Ursula mich eine Weile versonnen an, dann huscht ein Lächeln über ihr Gesicht, als entdecke sie etwas Vertrautes. Auf ihrem angewinkelten Arm liegt das rosa Schnipselchen Papier, es sind hellblaue Tupfen darauf. Sie trägt es wie eine Puppe. Sie hockt sich hin, legt es neben ein Blatt Papier und malt rosa mit hellblauen Punkten. Da hinein malt sie einen Kopf und sagt dazu: »Aua, Baby, Bett.«

Sie nimmt ein neues Blatt, beginnt wieder mit Rosa und hellblauen Punkten und malt ein buntes Bett mit hohen Beinen darüber. Auf dem Bett liegt ein angeschnürtes Kind. Rundherum sind farbige Punkte.

Sie wiegt das Rosa wieder eine Weile stumm auf ihrem Arm, dann beginnt sie ein neues Blatt. Sie malt etwas wie ein gelbes Gitterbett, darin liegt ein rotes, verschnürtes Kind. Die bunten

Punkte rutschen an den Rand. Das Rosa malt sie in die rechte untere Ecke.

Ihre Erregung wächst, als sie ein viertes Blatt nimmt. Atemlos malt sie ein dunkelblaues Bett auf hohen Beinen. Darauf ein dunkelrotes Kind, verschnürt mit schwarzen Strichen. Es gibt keine bunten Flecken mehr und auch nicht das schützende Rosa.

Wieder fängt sie an zu schreien, aber diesmal mischt sich Sprache in ihr Schreien, wiederum etwas wie: »Aua, Baby, Bett.« Es ist nicht mehr so gestaltlos und wird schließlich zu einem tiefen, erschütternden Weinen.

Von der Mutter erfuhr ich, daß Ursula mit zwei Jahren operiert worden war. Man hatte in ihrer Brust einen eingewachsenen Zwilling entdeckt, der sie zu ersticken drohte. Bis zu einem halben Jahr hatte sie sich normal entwickelt, dann wurde sie still und zurückgezogen, bewegte sich kaum und schrie nicht. Ihre ganze Aufmerksamkeit war offenbar auf das Wesen konzentriert, das sich in ihr ausbreitete und damit ihr Leben bedrohte. Die Operation war dann erfolgreich verlaufen, aber Ursula blieb in ihrem Wesen, wie sie war. Sie orientierte sich weiterhin nach innen.

Eine Woche nach diesem Erlebnis kam Ursula noch einmal. Staunend sah sie sich im Zimmer um. Als ihr Blick mir begegnete, trat etwas wie eine stille Verwunderung in ihr Gesicht. Sie schaute auf das Rosa, das sie wieder auf ihrem Arm trug, nahm es und legte es vorsichtig auf meinen Arm. Abwechselnd wiegten wir es. Sie sagte »Rosa« und lächelte. Wir sagten es beide viele Male abwechselnd. Es war wie eine ungeheure Entdeckung. Es gab nichts Wichtigeres als »Rosa«. Es war wie der Inbegriff aller Hoffnung.

Ursula hatte kurze Sätze sagen können, aber sie schienen weder ihr noch ihrer Umwelt etwas zu bedeuten, weil sie an niemanden gerichtet waren und weil sie nicht aufgrund einer Erkenntnis entstanden waren. Jetzt konnte sie anfangen, in einen Dialog mit der Welt zu treten, nachdem sie ihre Aufmerksamkeit aus den Fesseln ihres ungestalteten traumatischen Erlebens entbunden hatte, indem sie ihm Gestalt gab.

Was war geschehen zwischen unserer ersten Begegnung und dem Augenblick, als »Rosa« eine solche Bedeutung bekam? Und wieso habe ich mit einem roten Punkt angefangen, wieso habe ich überhaupt angefangen, etwas zu malen? Mir war nur klar, daß die Sprache keine Ebene war, über die wir in Kontakt treten konnten. Auch auf Körperkontakt reagierte Ursula nicht. Meine Hoffnung war, ihre Aufmerksamkeit für einen Augenblick zu fesseln. Ich bin inzwischen sicher, daß es der rote Punkt war, auf den es ankam, nicht nur, weil er eine Signalfarbe hatte. Während ich ihn malte, mit einem breiten Pinsel – ich ging dabei von einer Mitte aus und bewegte mich in konzentrischen Kreisen immer mehr nach außen –, war ich selbst beeindruckt von dem anwachsenden Rot, und es erfüllte mich mit Unruhe. Trotzdem weitete ich ihn aus, bis seine Peripherie an den Rand des Blattes stieß.

Ich glaube, in diesem roten Punkt war etwas von einer riesigen Verletzung oder Bedrohung, von Ursulas schmerzendem, nicht heilendem Inneren, von dem ich zu dem Zeitpunkt allerdings noch nichts wußte. Es war wie eine Übereinkunft zwischen uns, die sich von ihrer Seite her darin ausdrückte, daß sie den roten Punkt kopierte.

Alle anderen Formen, die ich am Anfang der Stunden malte, waren spontane Einfälle, die für mich etwas mit Ursula zu tun hatten. Und sie nahm sie auf. Daß sie alle wiederholte, immer in der entsprechenden Reihenfolge und noch etwas Neues dazu, habe ich erlebt, als sammele sie zu ihr Gehöriges, denn sie wiederholte alles zusammen auf einem Blatt, indem sie die einzelnen Formen immer kleiner werden ließ. Der Rhythmus, erst Altes, dann etwas Neues, war wie ein langsamer Wachstumsprozeß, indem sie sich immer wieder des schon Gewesenen versicherte. Nur so kann ich ihre immense Erregung verstehen, als die Zeit für die neue Form nicht mehr reichte. Es mußte etwas ihre Identität Betreffendes sein, was sie gestaltete und was da in Gefahr geriet und erneut Emotionen weckte, die aus einem früheren Erleben stammten.

An der Gewalt ihres verzweifelten Schreiens konnte ich ermessen, welche ständige Energie sie gebraucht haben mußte, diese Kräfte in Schach zu halten. Es ging um ganz frühe existentielle Ängste, die auch in mir eine Ahnung anklingen ließen, so daß ich spürte, daß ein Mensch, der dort angekommen ist, nicht getröstet werden kann. Therapie bedeutet dann, miteinander verweilen können, nichts von dieser totalen Bedrohtheit wegzunehmen und die eigene Machtlosigkeit zu akzeptieren, ohne dabei selbst zu dekompensieren.

In Ursulas Schreien, dem wortlosen Ausdruck ihres Elends, formte sich ihre Identität und ließ sie in den fünf »Doktorbildern« eine Form für ihr Erleben finden, wie wenig später in den vier »Aua-Baby-Bett-Bildern«. Aber zwischen diesen beiden Serien hatte etwas Wichtiges stattgefunden. Ursula hatte ihr Interesse an der Außenwelt nicht zurückgezogen, sondern sich in dem rosa Papierfetzen mit den hellblauen Punkten so etwas geschaffen wie ein »Übergangsobjekt« – wie D. W. Winnicott[1] so etwas nennt –, ein Objekt, das, obwohl in der Außenwelt gefunden, für etwas Inneres steht, wie ein Vermittler zwischen beiden Welten, aber auch wie ein Bollwerk zwischen Gut und Böse, zwischen Ordnung und archaischem Chaos. Das »Rosa« war wie die Verkörperung einer Hoffnung.

In der dritten Stunde schien Ursula mich als Gegenüber zu entdecken. Sie nahm Kontakt auf, indem sie und ich abwechselnd das »Rosa« auf unserem Arm wiegten. Es war der Anfang einer bewußten Kommunikation bis hin zu dem ersten hoffnungsvollen Wort, das Ursula aussprach, welches viel mehr als nur »Rosa« bedeutete.

---

[1] D. W. Winnicot: Vom Spiel zur Kreativität, Stuttgart 1973.

Ich selbst hatte in diesen wenigen Stunden eine unterschiedliche Bedeutung für sie. Zunächst war ich etwas von ihr nicht Wahrgenommenes, was für sie ebenso wenig existent war wie ein Stuhl. Aber ihre totale Isolierung löste bei mir ein Bedürfnis aus, zu ergründen, was sie gefangen hielt, und das ging nur, indem wir in irgendeiner Weise in Kontakt traten.

Deshalb fand unsere erste Kommunikation nicht in einem bewußten Bereich statt. Ich fand – ohne zu wissen, wie – Symbole für sie, die sie aufnehmen konnte, in denen sie sich unbewußt widergespiegelt fand, denn sie bekamen eine Bedeutung für sie.

Ursula hatte eine Tür in der Mauer geöffnet, die sie sonst von der Realität trennte. Wir waren in eine frühe Form symbiotischer Beziehung getreten, in der es noch keinen Unterschied zwischen den Bedürfnissen des Kindes und denen der Mutter gibt, weil letztere sich total an das Kind anpaßt. Als die erwartete Bedürfnisbefriedigung – erst alte Formen, dann eine neue – nicht stattfand, brach das Chaos über Ursula herein. Archaische Ängste bedrohten ihre labile Integrität.

Ursula hatte solche Erfahrungen schon gemacht, jetzt erlebte sie Ähnliches, aber das Gefühl brach in Gestalt von Schreien aus ihr heraus. Zum ersten Mal in ihrem Leben fanden ihre Gefühle Ausdruck im Schreien. Ich war in der Rolle eines Menschen, der miterlebt, aber nicht daran zerbricht, wenn archaische Erlebnisse die Struktur zu zerstören drohen. Mit meinem eigenen Erleben spiegelte ich das diffuse, bedrohte Kind zurück, als das es mir erschien, und Ursula erhielt eine – ihre – Identität.

Je mehr Identitätsgefühl sich in ihr entwickelte, desto mehr war sie imstande, die Mauer zu öffnen, die sie gebraucht hatte, um nicht auseinanderzufallen oder von Außeneindrücken überschwemmt zu werden. Als sie sie öffnete, entdeckte sie mich als Gegenüber. Es war wichtig, daß ich ihr so zur Verfügung stand, wie sie mich brauchte, sonst wäre ich eine Bedrohung gewesen. Ich hätte sie auf vielerlei Weise bedrohen können, zum Beispiel indem ich die körperliche Distanz, die sie brauchte, übersprungen hätte. Ich hätte sie nicht berühren können, ohne daß sie sich bedroht gefühlt hätte. Oder ich hätte anfangen können, mit ihr zu sprechen, etwas Tröstendes zu sagen. Dann wäre ich auf die verbale Stufe gegangen, wo sie mit ihren Gefühlen nicht war, und ihre Ängste hätten sich vermehrt. Mit tröstenden Versuchen hätte ich nur erreicht, daß der Strom ihrer so lange zurückgestauten Gefühle unterbrochen worden wäre.

Dieses Kind mußte sein traumatisches Erleben zum Ausdruck bringen, das darin bestand, daß es in einer sprachlosen Zeit seines Daseins erlebt hatte, wie es langsam an etwas Unsichtbarem erstickte, das in ihm wuchs. Ursulas Stummheit war lange Zeit notwendig, um leben zu können. Der Impuls, in ihrer Not zu schreien, mußte unterdrückt werden, sonst wäre sie erstickt. So wurde sie zu einem ausdruckslosen Wesen.

Die Resektion des Zwillings muß Ursula wie einen bedrohlichen Übergriff erlebt haben, denn ihn stellt sie in ihren Bildern dar. Er wird so nur die sichtbare Seite eines unsichtbaren Erlebens, in dem ein Teil ihrer selbst verschwindet, ohne daß sie sich wehren kann. Das, was jetzt fehlt, bleibt wiederum unsichtbar, obwohl es ihr Körperbefinden verändert haben muß. Sie konnte auf einmal besser atmen, sie hätte auch schreien können, ohne zu ersticken. Sie hätte sich lustvoll bewegen können, wie kleine Kinder das in dem Alter tun, aber sie blieb stumm und bewegte sich höchstens wie ein aufgezogenes, mechanisches Spielzeug, indem sie ihre Ärmchen dicht an ihren Körper hielt, als müsse sie etwas festhalten.

Wenn wir davon ausgehen, daß der Mensch in dem, was er tut, sich ständig seiner selbst bewußt wird, so fällt auf, wie wenig sich dieses Kind in seinen Möglichkeiten erfahren haben muß und wie sehr es dagegen durch Beschränkungen und Ohnmacht definiert war.

»Das Kind zeigt den dem Menschen innewohnenden Drang, das dunkel Geahnte, sein Wissen und Denken Übersteigende in einer von ihm selbst geschaffenen Form zum Ausdruck zu bringen und im schöpferischen Prozeß der Formgebung zu bannen und geistig zu bewältigen«, sagt Walter Furer.[2]

In Ursula war dieser Drang gebannt durch die Übermacht ihres bedrohlichen Erlebens, und an keiner Stelle hatte sich die Fähigkeit des Selbstausdrucks entwickelt, es sei denn, man nimmt das erstarrte Kind selbst als Symbol seines inneren Seins. Damit hatte Ursula mich ja auch angesprochen, mich zutiefst beunruhigt und veranlaßt, daß ich stellvertretend für sie etwas übernahm, was sie selbst nicht leben konnte. Sie konnte sich mit meinem roten Punkt und den anderen darauffolgenden Formen identifizieren. Als sie sie wiederholte, machte sie sie zu ihren Formen, ihren Farben.

Mit den Farben und Formen drang etwas von außen durch ihre Mauer und wurde zur Gestalt für ein inneres Erleben, die äußere Form wurde ein Teil von ihr.

Zugleich malte sie in jeder Stunde zu den alten vertrauten Formen jeweils etwas Neues dazu, etwas Schöpferisches, Eigenes. Sie vergewisserte sich dessen, was sie hatte, und war offen für etwas Neues, das sie zu dem Zeitpunkt noch von mir erwartete. Das sukzessive Anwachsen von Formen wurde unterbrochen durch die Zeit, die nicht mehr da war.

Man könnte sich fragen – und ich tat es –, ob es nicht besser gewesen wäre, die Zeit zu verlängern? Zum einen hatte ich nicht geahnt, welche Auswirkung die Unterbrechung des Rituals für Ursula hatte, da ihrem Gesichtchen weder Beteiligung noch Unruhe anzusehen war, zum anderen machte der furchtbare Schrei eruptiv ein Erleben sichtbar, zu dessen Unterdrückung sie all ihre Kraft gebraucht hatte und das niemand ahnen konnte.

---

2 Walter Furer: Unbewußte Kommunikation, Stuttgart/Bern 1969.

Ich möchte deswegen die Behauptung aufstellen, daß die vorausgegangenen neun Stunden lebenswichtig für Ursula waren, nämlich als Erfahrung, sich mit Formen und Farben Ausdruck verschaffen zu können.

Sie war zwar im Augenblick des eruptiven Ausbruchs nicht fähig, eine andere Form für ihr Erleben zu finden als diesen monotonen Schrei. Ich glaube, daß die Integrität ihrer Person zu diesem Zeitpunkt außerordentlich bedroht war, weil es mir trotz meines großen Bedürfnisses, den Kontakt zu ihr nicht zu verlieren, sicher nur ansatzweise gelungen war, bei ihr zu sein, und das nur insoweit, als ich fähig war, meinem eigenen Grauen zu begegnen, ohne mich davon übermannen zu lassen. Aber die lange unterdrückten Gefühle wurden zu dem Material ihrer schöpferischen Fähigkeiten, die sie schon ein Stück erprobt hatte.

In der sukzessiven Auflösung der Form in den »Aua-Doktor-Bildern«, die äußerlich wie ein regressiver Prozeß des Gestaltens – von einer Gestalt zum Kritzeln – anmutet, wird zugleich inneres Erleben immer stärker sichtbar. Die Gestalt des Doktors wird bedrohlicher, bis sie sich schließlich auflöst. Diese Bilder können aber ebensogut für Ursulas Selbsterleben stehen. Sie ist es, die sich auflöst in ihrer Angst.

Das darauf folgende Schreien – als Zeichen dafür, daß die Gewalt der Gefühle das Formvermögen übersteigt – ist modifizierter als das erste Mal. Angst, Wut, Schmerz und Trauer sind erkennbar.

Die ganz eigene Form der fünf Bilder bleibt erhalten als eine Schöpfung des Kindes. Ursula entdeckt etwas bei mir, was sie tröstet: das rosa Schnipselchen Papier, das sie mitnimmt. Als sie wiederkommt, hat sie ihm ihren eigenen Stempel aufgedrückt, es hat hellblaue Pünktchen. Sie kann es sogar abbilden. Es scheint der Ausdruck aller Hoffnungen.

Sie legt sich in das Rosa wie in ein Steckkissen, ein Bett. Für kurze Zeit scheint diese Vorstellung angenehm, dann weckt das

Bett andere Erinnerungen. Das Rosa erscheint auf noch zwei weiteren Bildern, bis es auf dem vierten innerlich keinen Platz mehr hat. Alles ist erfüllt von dem schrecklichen Geschehen des angeschnürten Kindes auf dem hohen Bett. Aber diesmal findet keine formale Regression statt, es entsteht etwas wie ein Symbol.

Die Diskrepanz zwischen innerem Erleben und Ausdrucksfähigkeit ist in solchen Momenten aufgehoben. Das ästhetische Produkt wird zu einem Spiegel, in dem der Schöpfer sich sehen kann. Das Erleben, sich in seinen Produkten ständig neu zu finden, ist verbunden mit wachsendem Selbstgefühl.

Ursula malte nach diesen schweren Stunden viel zu Haus und später in meiner Kindermalschule. Sie hatte eine besondere Beziehung zu ihren Bildern. Sie sprach beglückt mit all den kleinen Wesen, die sie erfand. Lange Zeit war das Rosa mit den hellblauen Pünktchen irgendwo auf ihren Bildern zu finden, bis es verschwand wie ein echtes Übergangsobjekt, das nicht mehr gebraucht wird. Sie lernte zu sprechen und konnte mit sieben Jahren in eine normale Schule gehen. Sie wurde eine gute, wenn auch stille Schülerin und ist heute Ärztin.

Ich muß gestehen, daß ich nie wieder einen so tiefgreifenden, schnellen Erfolg erlebt habe wie bei ihr. Vielleicht bedurfte es dieses starken Anreizes, um mich mehr in die therapeutische Richtung zu ziehen, wovon ich bis dahin kaum etwas wußte.

Obwohl Ursula nicht im eigentlichen Sinn autistisch gewesen war, sondern als Reaktion auf ihre Geschichte lediglich viele Verhaltensweisen eines autistischen Kindes auswies, interessierte mich das Phänomen Autismus zunehmend. Ich besorgte mir Literatur – es gab nicht viel – und suchte autistische Kinder in Berlin auf. Mit Hilfe der Caritas entstand ein Zentrum, in dem autistische mit mongoloiden Kindern betreut wurden – wie sich erwiesen hat, eine sehr gute Kombination! Dort machte ich meine ersten Erfahrungen mit solchen Kindern. Ich arbeitete als Autodidaktin in einer Gruppe von Pädagogen und Therapeuten und konnte viel von meinen Kolleginnen und Kollegen lernen. Am meisten habe ich allerdings in der Arbeit mit den Kindern selbst erfahren.

Die Begegnung mit Uwe

Einer meiner Lehrmeister war Uwe, er war neun Jahre alt und autistisch. Wenn man ihn nicht hinderte, drehte er sich den ganzen Tag um sich selbst, dabei hatte er in der rechten Hand ein weißes Papierschnipselchen, das er vor sein Gesicht hielt, während er mit der anderen Hand darauf schlug. Die ganze Zeit wimmerte er leise vor sich hin. Genau wie die kleine Ursula schien er nichts weiter von der Welt wahrzunehmen. Wenn ihn die Erzieherin auf einen Stuhl zwang, zappelte er am ganzen Körper, innerlich drehte er sich offenbar weiter. Von sich aus aß er nichts. Man steckte ihm das Essen in den Mund, wo er es wie ein Hamster in den Backen hortete, bis er es irgendwann aus Versehen verschluckte.

Vierzehn Tage kümmerte ich mich ausschließlich um Uwe. Ich schaute ihm zu, versuchte ihn anzusprechen und spürte immer qualvoller den Teufelskreis, in dem er steckte. Es schien, als bemerke mich das Kind nicht. Eines Tages brachte ich ein Tamburin mit und schlug leise den Takt seines drehenden Trippelns mit. Das tat ich mehrere Stunden lang, bis sein Rhythmus sich auch mir einprägte, dann versuchte ich ihn ganz langsam zu verändern. Uwe ging mit meinem Rhythmus mit, aber ich spürte nicht nur bei ihm, sondern auch bei mir einen Widerstand gegen diese Veränderung. Eine Weile beließ ich ihn in diesem Rhythmus, veränderte ihn dann abermals leicht. Immer wenn ich das tat, schaute Uwe mich für den Bruchteil einer Sekunde an. Auf diese Weise drang ich mit der Zeit auch optisch in sein Bewußtsein. Nachdem ich dieses Spiel etwa eine Woche lang täglich mehrere Stunden mit ihm gemacht hatte, hörte ich irgendwann auf, den Rhythmus auf dem Tamburin zu schlagen. Obwohl er nichts sagte und obwohl er mich nur beim Rhythmuswechsel für Sekundenbruchteile anschaute, hatte ich immer mehr das Gefühl einer sich vertiefenden Verbundenheit mit ihm, denn sein Rhythmus war bis in meine Atmung hinein auch meiner geworden. Ich wollte uns gemeinsam aus diesem Zwang herausführen. Als ich aufhörte, das Tamburin zu schlagen, war mir, als bliebe mein Herz stehen. Uwe stand erstarrt still und schaute mich voller Panik an.

Warum war dieses Drehen um die eigene Achse so lebenswichtig für ihn? Er kam auf mich zu, zerriß sein Papierschnipselchen und reichte mir die eine Hälfte. Ich nahm es, hielt es wie er vor mein Gesicht, schlug mit der anderen Hand darauf und drehte mich. Wir drehten uns beide im gleichen Rhythmus. Mir wurde schlecht, ich drohte umzufallen oder mich zu übergeben, aber er drehte sich neben mir, und aus seinem Wimmern war ein Summen geworden. Ich machte weiter, eine Art Besessenheit erwachte in mir, zu erleben, was er erlebte. Immer mehr verschwand die Welt um mich herum, es gab nur mich, und dann wieder wurde ich wie die Weltachse. Ich spürte, wie Uwe sich mit mir drehte; noch nie hatte ich mit jemandem so synchron gefühlt. Ich hörte sein Brummen, ich brummte auch, wir brummten beide im gleichen Ton. Gerade als ich dachte, so könnte es in Ewigkeit weitergehen, blieb Uwe stehen. Es kam mir unendlich traurig vor, aber auch wie eine Erlösung.

Von da an drehte sich Uwe nie wieder. Er hatte es jahrelang getan und seine Umgebung damit zur Verzweiflung gebracht, hatte Widerstand herausgefordert und Wut – und hatte das doch gewiß nicht gewollt.

Ich war davon überzeugt gewesen, daß seinem Drehen ein positiver Kern innewohnen müsse, aber ich konnte auch sehen, daß er ihn verloren hatte, denn er war ja nicht glücklich dabei; er wimmerte fortwährend.

Sein Drehen war offenbar der Versuch, diesen positiven Kern wiederzufinden, aber das war unmöglich, wenn die Resonanz von außen verständlicherweise negativ war. Er half mir, diese Entdekkung eines nie zuvor gefühlten Glückes mit ihm zusammen zu machen. In dem Augenblick, als wir es beide gleichzeitig erfuhren, konnte er damit aufhören. Das Drehen war nur Mittel zum Zweck gewesen.

Mir fallen dazu die Derwische ein, die sich drehen, und ich wüßte gern, was sie suchen und finden.

Diese Erfahrung war unser gemeinsamer Boden, auf dem sich alles Spätere entwickelte. Wir hatten nur noch wenige Therapiestunden, bis die Mutter ihn in ein Heim gab. Das wußten wir aber zu diesem Zeitpunkt noch nicht.

Uwe drehte sich zwar nicht mehr im Kreis, aber er war von innerer Unruhe erfüllt. Wie eine kleine Feder, die der Wind treibt, wohin er will, lief er auf Zehenspitzen, ständig die Richtung wechselnd, umher. Ein ununterbrochenes Band von Wörtern und Sätzen kam leise klagend aus seinem Mund, als müsse er etwas loswerden, habe aber eigentlich keine Hoffnung, verstanden zu werden.

Näherte sich ihm jemand, so flüchtete er in einem weiten Bogen. Nur wenn ich seinen Zickzackkurs aufnahm, ließ er mich an seiner Seite laufen und dämpfte lediglich seine Stimme, so daß nur ein leises Klagen zu mir drang.

Ich war verwundert, daß er anfing deutlicher zu sprechen, als ich zu ihm sagte: »Ich möchte dich verstehen.« Er sprach nicht zu mir, vielleicht sprach er zu sich, aber je mehr ich verstand, desto mehr bekam ich das Gefühl, er versuche mit Worten seine sich permanent ändernde innere Welt zu benennen wie einen bösen Spuk. Er sprach von Dingen, die durch die Luft wirbeln, was schwer ist, ist oben, alles Leichte, wie die Wolken, klebt am Boden. Seine Welt hatte sich auf den Kopf gestellt, aber auch darauf konnte er sich nicht verlassen. Er klagte, als gerate ihm alles aus den Fugen und er sei verantwortlich dafür.

Ich versuchte, ihn zum Malen seiner Welt zu bewegen. Zu meiner großen Überraschung ließ er sich darauf ein. Die Bilder, die ich selbst in dieser Zeit malte, stammten auch aus einer Traumwelt, deshalb fühlte ich mich gleich mit ihm solidarisch.

Uwes Mutter, eine große, stämmige Frau mit einer hohen, fast kindlichen Stimme, berichtete mir etwas zu seiner Geschichte. Uwe war bei diesem Gespräch dabei, die Mutter wollte es. Beide sprachen gleichzeitig, wenn auch unterschiedlich. Wie er, so sprach auch seine Mutter ohne Pause. Sie sprach nur lauter und deutlicher, aber alles mutete an wie ein Duell, bei dem sie gewann.

Es war auch wie ein Duell mit mir. Es gelang mir nicht, mit einer Frage ihren Redeschwall zu unterbrechen. So hörte ich ihr zu und hörte Uwes klagende, verwehende Stimme wie eine hilflose Begleitung.

Offenbar war er ein stilles, unauffälliges Baby gewesen, das vollkommen zufrieden schien und sich erst mit einem Jahr aufsetzte. Er krabbelte nicht, lernte aber mit eineinhalb Jahren laufen. Bei diesen ersten Versuchen faßte er mit beiden Händchen an einen heißen Ofen und zog sich Verbrennungen zweiten Grades zu. Seine Handinnenflächen waren vollkommen vernarbt. Wenn man überlegt, wie sehr alles Begreifen über Mund und Hände eines kleines Kindes geht, so läßt sich vorstellen, was es bedeutet, wenn die ersten Erfahrungen auf diesem Gebiet traumatisch sind.

Er hatte bis dahin am Daumen gelutscht. Dieser Trost blieb ihm ab sofort verwehrt, denn über Monate waren seine Hände verbunden. Auch eine kleine Puppe, die er immer bei sich hatte, konnte er nicht mehr anfassen.

Das bis dahin stille und ruhige Kind wurde zunehmend erregt und schlief schlecht. Es fing an, mit dem Kopf gegen das Bett, die Wand und den Boden zu schlagen. Als er zweieinhalb Jahre alt war, wurde er wegen Meningitisverdacht im Krankenhaus untersucht. In den ersten Tagen war er verzweifelt und weinte viel, dann wurde er zunehmend apathischer und in sich zurückgezogener. Gerade in dieser Zeit kam seine Schwester zur Welt. Die Mutter hatte entsprechend wenig Zeit für ihn. Wieder zu Hause, schlief Uwe noch schlechter. Er hatte Angst vor allem, was weiß ist, Angst vor der Dunkelheit und Angst vor Lampen.

Die Mutter fühlte sich völlig überfordert mit Uwe und dem Säugling. Das Verhältnis zwischen ihr und ihrem Mann war sehr angespannt. Sie hatte sich zur Heirat überreden lassen. Ihr Mann war Handwerker, sie hatte sich aber einen Akademiker gewünscht. Es gab oft Streit. Aber obwohl Uwes Vater sehr viel in seinem Handwerksbetrieb arbeitete, kümmerte er sich so oft wie möglich um seinen Sohn und stand auch nachts auf, wenn dieser nicht schlafen konnte.

Erst mit dreieinhalb Jahren fing Uwe an zu sprechen, dafür gleich in ganzen Sätzen. Er habe immer schon so vor sich hin geredet, sagte die Mutter. Sie könne sich nicht erinnern, daß er jemals jemanden angesprochen habe.

Als Uwe vier Jahre alt war, starb sein Vater an Krebs. Den Kindern erzählte die Mutter, der Vater sei jetzt im Himmel. Während die kleine Schwester sich damit tröstete, entwickelte Uwe ein panische Angst vor Wind, Regen und Gewitter. Wieder ließ die Mutter das Kind untersuchen. In der Klinik verstärkten sich die Ängste, ohne daß hirnorganisch irgendeine Auffälligkeit feststellbar war.

Als Uwe wieder nach Hause kam, zerstörte er alles, was die Mutter liebte. Die Mutter hatte inzwischen einen anderen Mann kennengelernt, der im Haus wohnte, als Uwe zurückkam. Sie versuchte, ihn in einem Kindergarten unterzubringen, aber Uwe war voller Panik. Er befürchtete, nie wieder nach Hause zu dürfen, und machte ein fürchterliches Geschrei, wenn die Mutter ihn verließ. Nach etwa einer halben Stunde zog er sich in eine Ecke zurück und blieb dort teilnahmslos sitzen. Hin und wieder bekam er Wutanfälle. Im Kindergarten war er so nicht tragbar.

Man riet der Mutter, ihn erneut untersuchen zu lassen. Da er eine Reihe autistischer Merkmale zeigte wie gravierende Kontaktstörungen, Stereotypien, frei flottierende Angstzustände sowie ein hohes Aggressionspotential, wurde er in das neu gegründete Zentrum für autistische Kinder gebracht.

Die Mutter hatte das alles wie ein überfordertes Kind erzählt. Sie schien Uwes wachsende Erregung nicht zu bemerken: Er hatte sich schließlich ein Blatt genommen und darauf gemalt.

Als die Mutter gegangen war, blieb Uwe. Er wollte noch sein Bild fertig malen. Ich schaute ihm zu, wie er das mit großer Aufregung und zitternden Händen bewerkstelligte.

In der Mitte des Blattes war ein »M-Haus«, wie er später sagte. Das Dach sah wie ein »M« aus, und mir fiel »Mutter« dazu ein oder »Busen«, wenn ich die Form betrachtete. Das Haus hatte ein großes Fenster. In ihm spiegelte sich einiges, was Uwe, als ich ihn fragte, als blauen See, roten Weg, als Sonne und zwei Schnecken bezeichnete. Aber eine Axt habe, wie er traurig sagte, in die Scheibe geschlagen und das »schöne Spiegelbild zerstört«.

Uwes Mutter kam mir in den Sinn. Sie hatte mir das Gefühl gegeben, als spiegele sich ihr Sohn als etwas Kaputtes, Zerstörtes in ihren Augen wider. Ich war erstaunt gewesen, daß sie offenbar nie das Gefühl gehabt hatte, Uwes Verhalten könne ein adäquater Nachklang auf die traumatischen Ereignisse in seinem Leben sein: das Verbrennen der Hände bei seinen ersten Versuchen, die Welt zu begreifen, oder der Krankenhausaufenthalt mit den Untersuchungen auf einen hirnorganischen Schaden. Und zur gleichen Zeit die Geburt der Schwester, der Tod des Vaters, ein zweiter Klinikaufenthalt und das Auftauchen des neuen Freundes der Mutter im Haus, den das komplizierte Kind störte.

Die Scheibe, in der sich eine schöne Weit spiegelte, deren Bild aber durch den Axtschlag zerstört war, war ebensogut ein Bild für die Seele des Kindes. Die Axtschläge waren wie die Schicksalsschläge, die es getroffen hatten.

Über das ganze Haus geht eine Feuerleiter. Die Gefahr ist als Signal da. Aber die Feuerleiter wird man schwer nutzen können, denn in der Mitte fehlen die Sprossen.

»Eine böse Frau und ein böser Mann schimpfen zwei schmutzige Kinder aus«, sagt Uwe. Schmutz und das Schimpfen werden auch später noch eine Rolle spielen. Der tote Vater ist als gefährlicher Wind und als dunkle Gewitterwolke vorhanden. Auf allen Ebenen dieses Bildes lauert Gefahr und Ablehnung, nirgendwo ein Unterschlupf, nirgendwo Hoffnung!

Uwe zittert vor Angst, als er mir sein Bild mit seiner wie verwehenden, leisen Stimme erklärt. Als ich ihm meine Hand hinhalte, legt er die seine, klein und zitternd, wie eine Feder hinein. Ich erlebe diese Begegnung zwischen uns wie einen Pakt, den wir geschlossen haben. Seine Bedrohtheit bewegt mich. Zugleich bin ich ungeheuer gespannt auf ihn. Wir machen aus, daß ich am nächsten Dienstag komme und daß wir zusammen malen wollen.

Als ich in der folgenden Woche komme, ist Uwe auf dem Rasen. Er läuft redend umher. Als er mich sieht, rennt er ins Haus, sagt: »Frau W. kommt jetzt, hört zu«, dann redet er wieder undeutlich vor sich hin. Er rennt vor und sitzt schon am Tisch, als ich in das Zimmer komme. Er fängt sofort an zu malen, als habe er es sehr eilig. In allen Stunden schreibe ich auf, was er sagt. Seine Sprache ist so phantasievoll und ungewöhnlich, daß ich es nicht behalten könnte.

Zunächst scheint Uwe völlig mit sich beschäftigt, er schaut mich in den ersten Stunden kaum an. Trotzdem spricht er viel deutlicher als vorher, und ich fühle diese Worte an mich gerichtet. Er sagt: »Lauter Rollos, überall runtergezogen, man soll nicht reingukken.« Dazu malt er viele kleine blaue Rechtecke. Und weiter: »Da ist Mutti, die schreit. Hat jemand reingeguckt, schimpfender Mund von Mutti mit Zähnen und Zunge und Speiseröhre.«

Er malt kein Gesicht, sondern nur den aufgerissenen Mund, aus jeglichem Zusammenhang gerissen, wie ein Ding für sich, überwältigend und durch nichts gemildert. »Ein Rollo ist nicht heruntergezogen, nicht ganz, da schaut ein böser Krokodilhund raus.« Später redet er vom Freund der Mutter als Krokodilhund. »Die Mutti hat gelogen, der Krokodilhund beißt«, fährt er fort, »der Krokodilhund träumt von Bergen. Da zieht der Krokodilhund die Gardinen zu. Die Mutti sagt: ›Das darfst du nicht, du böses Kind!‹«

»Wir hängen viele Gardinen übereinander, keiner soll etwas sehen«, sagt er. Uwe erlebt sich ausgeschlossen von Mutter und Freund. Aber es gibt nicht nur diese Gardine davor. Viele Gardinen werden vorgezogen vor die angstmachenden Geheimnisse oder Unbegreiflichkeiten, wie zum Beispiel die Frage: »Werden die beiden mich wegschicken?« Das gravierendste Geheimnis für ihn ist aber sicher der Tod des Vaters im Haus und alles, was damit zusammenhängt. »Einer brennt das Zimmer an, der böse Menschenfresser, aber Uwe löscht es wieder.« Auf seinem Bild malt er eine blaue Person mit Pfeife. Sie hat keine Arme und keine Beine, dafür aber etwas, was wie ein Riesenpenis aussieht. Wie immer malt er nur, was ihm wichtig ist. Er haßt den Freund der Mutter und nennt ihn »Menschenfresser«. Vermutlich ist es nicht er, sondern Uwe, der das Zimmer anbrennen möchte, aber er läßt es den Menschenfresser tun und löscht es selbst.

»Der Himmel ist blau, schön blau, aber da kommt ein Riesenblitz.« Wie ein Blitz aus heiterem Himmel sind die traumatischen Ereignisse für ihn gekommen. Er macht kurze hellgrüne, zarte Striche, keinen Riesenblitz. Wie alle schrecklichen Dinge auf seinem Blatt sind die Dinge klein und vereinzelt. Die Zusammenhänge sind zerrissen. Es gibt kein Bild, so wie er sich »kein Bild machen kann« von all dem schrecklichen Geschehen.

»Die Leute sind im Haus, auch der Menschenfresser, er raucht die Pfeife. Das Gewitter schlägt in die Glastür. Wann ist sie kaputt? Was für ein Riesendonner!« Gewitter als rächender Vater und Verbündeter seines hilflosen Sohnes?

»Uwe liegt im blauen Bett. Da kommt der Blitz nicht rein. Anke [seine Schwester] liegt im roten Bett, da schlägt der Blitz rein. Einer schüttet Gas dran, doller brennen soll das, brennen bis alles kaputt ist! Uwe freut sich, wenn Anke verbrennt.«

Er gönnt es sich, ganz offen den Haß gegen die Schwester zu zeigen, mit der die Mutter zusammenhält.

Er sagt: »Die Rollos sind runter, keiner sieht was.« Wenn niemand etwas von seinen Haß- und Zerstörungsideen wüßte, brauchte er keine Angst zu haben. Aber er hat Angst, das zeigt der Fortgang der Geschichte. Das Geschehen verschiebt sich auf eine harmlose Ebene, es wäre sonst zu schlimm. Es zeigt aber auch, wie harmlosere Situationen, in denen die Mutter mit ihm schimpft, von ihm in diesem Zusammenhang gesehen werden und ihn vor dem Hintergrund seines Schuldgefühls ungeheuer bedrohen, so daß der schimpfende Mund so unerträglich werden muß.

»Mutti kommt rein, sagt: ›Ach Gott, unser Teppich!‹ Da haben die Kinder Hähnchen drauf gekippt. Sie schimpft den Hund aus, weil Uwe unschuldig ist. Mutti verliert Sauerkraut auf dem Teppich, sie schreit: Katzenkrokodilhund! Der Hund flüchtet, die Mutti denkt, der Hund hat das Zimmer angezündet, aber es war doch das Gewitter. Armer Hund, wegen dem Sauerkraut auf dem blauen Teppich!«

Das »Verbrennen des Zimmers« wird zum »Hähnchen auf den Teppich fallen lassen«. Der Ärger der Mutter mildert sich nicht, sie schreit: »Katzenkrokodilhund!« Als Uwe das schreit, merke ich, daß es das schlimmste Wort ist, was ihm einfällt.

Gott sei Dank schimpft die Mutter nicht mit ihm, weil er ja »unschuldig« ist. Aber seine Anteilnahme und Angst zeigen deutlich, wie er sich mit dem Hund identifiziert. Eigentlich war es ja das Gewitter (der Vater), aber das ist nicht greifbar und deshalb muß der Hund (Uwe) herhalten. Das hilflose Kind hat in der Familie niemanden, der auf seiner Seite steht.

Uwe malt in dieser Stunde noch ein zweites Bild und erzählt dazu eine Geschichte. Um sie zu verdeutlichen, möchte ich etwas vorwegnehmen, was mir später seine Gruppenbetreuerin berichtete: Anke, seine Schwester, wollte in Uwes blauem Bett schlafen. Da er das aber nicht wollte, tat sie alle seine Tiere in das rote Bett und stellte ihn vor die Alternative, im roten Bett zu schlafen oder alle Stofftiere zu verlieren. Er entschied sich für die Tiere.

Er beginnt: »Ich will nicht in dem roten Bett schlafen. Ich schlafe im blauen Bett. Die Eichel- und Pappelbäume kann ich sehen. Ich male einen ockerfarbenen Weg mit Türkis.« In Wirklichkeit malt er schwarz! »Das Wetter ist schön!« Er malt ein rotes und ein blaues Bett und läßt den schwarzen Weg um die Betten laufen, bis er Ankes Bett ganz schwarz übermalt hat, dann übermalt er auch seins. Es wirkt, als seien sie zerstört. Er konnte sich gegen die Schwester nicht wehren. Sein blaues Bett, welches ein Zufluchtsort für ihn gewesen war, hatte ihm Anke weggenommen. Als beide schwarz waren, sagte er betroffen: »Das wollte ich nicht.«

In seiner Verzweiflung hat er sowohl sein blaues wie das rote Bett zerstört, es unter schwarzer Aggression begraben. Auf einmal personifiziert er das Schwarz: »Das große Schwarze will essen«, sagt er. »Iß doch Kartoffeln!« sagt der Blitz.

Wie wir wissen, stehen Blitz, Sonne und Sturm für den Vater. Es ist, als wolle er in Uwes Phantasie die Situation entschärfen und die bedrohliche Gier des großen Schwarzen auf etwas Harmloses lenken. Er fährt fort, und seine Aufregung eskaliert: »Wenn die Mutter tot ist, wird das Baby kopfstehen, Uwe wirft es aus dem Wagen und macht es ganz kaputt, das blöde Kind.«

Mit Vehemenz brechen Wut und Eifersucht auf die jüngere Schwester in ihm auf. Uwe machte einen verzweifelten Eindruck und schien weit weg zu sein. Trotzdem reagierte er auf mich, als ich zu ihm sagte: »Ich habe gehört, was du mir gesagt hast, und ich habe gesehen, was du gemalt hast.« Er wiederholt: »Frau W. hat gehört, Frau W. hat gesehen, was Uwe gemalt hat.«

Wieder legte er seine kleine zitternde Hand für einen winzigen Augenblick in meine, dann huschte er durch die Tür. Ich sah ihm nach, wie er leise redend die Treppe hinunterging. Ein vollkommen einsames Kind.

Eine Woche später wirkt Uwe noch nervöser. Wenn er spricht, macht er den Eindruck, als ließe er die Luft nicht mit den Worten herausströmen, sondern ziehe sie ein. Aber er hustet in harten Stößen, als schleudere er plötzlich Brocken heraus. Er ist sehr blaß und sieht aus, als könne man ihn zerbrechen oder als würde der Husten ihn in Stücke reißen. Seine zarten Hände können kaum den Stift halten. Etwas führt einen erbitterten Kampf in ihm.

Er fängt an zu malen. Zuerst formt er ein rotes, rundes Gebilde. Es ist ein Junge, der laut weint, weil die Mutter schimpft. Zwei winzige rote Pünktchen sind die Tränen. Doch fließen sie nicht, wie alles Wichtige sind sie verschwindend klein, nur angedeutet. Uwe weint ja auch in Wirklichkeit nicht, aber es zerreißt ihn fast. Als zweites malt er den Kopf der Schwester, der er die Ohren zuhält. Es gibt kein Gesicht, nur die zugehaltenen Ohren an einem leeren Kopf. Das dritte ist die schimpfende Mutter, eine Form mit einem roten Schlund, wie ein Backofen. Dann malt er weitere schreiende Münder und ein Bein, das die Mutter tritt, sicher Uwes Bein, denn die Strafe folgt sofort: »Ein Schwimmbecken, das sehr tief ist, in das der Junge springen soll.«

»Die Mutter hat dem Jungen Vanilleeis mit Kacke und Pipi gegeben. Das will der Junge nicht. Er schreit, bis die Mutter ihm Waldmeister-Eis gibt.« Das schlechte Eis reiht sich rings um den weinenden Jungen, der von schreienden Mündern umgeben ist. »Ein Wind weht sehr doll und macht dem Jungen Angst, ein langer, blauer Wind.«

Wie in den ersten beiden Bildern ist alles ausnahmslos bedrohlich. Das zweite Blatt macht er mit Tusche. Er beginnt mit einem Tisch und einem Stuhl, beides deutlich. Ist es unser Tisch, ist es sein Stuhl?

»Ein roter Blutweg geht über das ganze Blatt und der Nachthimmel dehnt sich darüber aus.«

Uwe springt auf und rennt zum offenen Fenster. Draußen scheint die Sonne auf den Garten. Er ringt darum, die Luft aus sich herauszulassen. Er atmet krampfhaft ein und stockt dann, als könne er nichts aus sich herauslassen, weil ihm sonst nichts mehr bleibt. Als ich aufstehe und auf ihn zugehe, weicht er zitternd zurück. Ich bleibe zurück und male ein Blatt hellblau. Er nimmt es und geht. In der Tür sagt er: »Kein Gewitter heute.«

Es ist fast unerträglich für mich, die tiefe Not und Einsamkeit des Kindes zu erleben, ohne etwas anderes tun zu können, als zuzuhören und zuzusehen. Ein nicht so schwer traumatisiertes Kind würde Schutz und Trost suchen, aber für Uwe war Körperkontakt gleichgesetzt mit Bedrohung und Verlust. Der Ofen hatte ihn verbrannt, der Vater hatte ihn verlassen, die einzige Zufluchtsstätte, sein Bett, war ihm genommen worden. Es ist nicht so, daß andere Kinder nicht Ähnliches erleben, ohne davon so tief gestört zu sein, aber Uwe hatte eine kindliche Mutter, die mit ihrem Schicksal nicht fertig wurde. Sie liebte ihren verstorbenen Mann nicht, trotzdem pflegte sie ihn mehrere Monate zu Hause. Sie war schwanger mit einem zweiten Kind, mußte auch den unruhigen Uwe noch versorgen und fühlte sich mit all dem trotz der Hilfe ihrer Eltern vollkommen überfordert. Sie hatte das Gefühl, um ihre Jugend betrogen worden zu sein, denn sie hatte schon mit achtzehn Jahren geheiratet. Ein Jahr später wurde Uwe geboren, obwohl sie keine Kinder wollte.

Sie war selbst so trost- und unterstützungsbedürftig, daß sie beides ihrem Kind nicht zukommen lassen konnte.

Für Uwe wurde schließlich die ganze Welt zu einem Symbol der Bedrohung oder Bedrohtheit. Wenn die Mutter schimpfte, blieb nichts weiter von ihr übrig als ihr schreiender Mund. Das, was sie ihm zu geben vermag, ist nicht das, was er sich wünscht oder was er braucht. Das eigentlich erhoffte Eis ist mit Exkrementen vermischt und macht es ungenießbar. Von dieser schlechten Nahrung fühlt er sich bedroht, aber sein Weinen provoziert nur weitere schreiende Münder. Es scheint so, als komme er aus der Schuldspirale nicht heraus, denn seine angemessenen Angst- und Enttäuschungreaktionen lösen immer mehr Wut und Aggression aus. Ein Teufelskreis! Selbst der tote Vater tritt wieder als bedrohlicher Wind auf.

Es scheint keine Person zu geben, die positiv besetzt ist, deshalb darf auch ich ihm nicht zu nahe kommen, obwohl ich im Laufe unserer Stunden in unserer Beziehung deutlich eine Veränderung zum Positiven merke. So läßt er sich auf das Malen ein, spricht deutlicher, wenn ich zuhöre, legt vorsichtig seine kleine Hand in meine und traut sich in meiner Gegenwart, die ganze bedrohliche Welt hochkommen zu lassen und – das halte ich für einen großen Fortschritt – kann mein hellblaues Bild als Versprechen annehmen, daß heute nichts Schlimmes mehr geschieht.

»Kein Gewitter heute«, sagt er. Der Vater ist offenbar im Augenblick gut.

Als er das dritte Mal kommt, macht er noch immer einen angestrengten Eindruck. Er geht grübelnd und redend im Garten umher. Als er mich sieht, unterbricht er sich und sagt. »Frau W. ist gekommen, will zugucken, will zuhören.«

Er sagt, daß er wieder zwei Bilder machen will. Wir schaffen aber nur eins. Bild und Geschichte zeigen seine große Verwirrung. Die Welt ergibt kein einigermaßen geordnetes Bild für ihn. Angst und Unwissenheit, Wut und Verzweiflung zerreißen alle Zusammenhänge. Ich werde eingeladen in seine chaotische Welt.

Er beginnt: »Ein Fenster ist zugezogen, damit keiner was sieht. Das Kind fährt mit der Bahn weg, es fährt nach Niendorf.« Er malt eine Autostraße. Neben der Autostraße, so erklärt er, ist »ein großer Scheißhaufen mit Sauce«. »Daneben liegt Sauerkraut, sogar in der Scheiße, das hat das Kind gemacht. Rolfi macht noch mehr Kacke, alles ist voll, es quillt durch die Tür.« Rolf ist ein

Kind in der Gruppe, das öfter einkotet, was Uwe dann in Panik versetzt. Er fängt an zu schreien und hat Angst, ersticken zu müssen. Solche Anlässe mobilisieren anale Phantasien, die wie alles für ihn zugleich lustvoll, aber in ihrer Grenzenlosigkeit auch ungeheuer angstmachend sind. »Die Mutter sagt: ›Ach, was stinkt hier so doll!‹ Mutti stellt die Klimaanlage an, sie streut was rein, dann saugt sie das Ganze weg. Das Kind macht noch mal was, sehr viel!« Dann malt er winzige kleine Pünktchen.

»Der Papa kommt. Er erschrickt ganz doll, er wird ganz dumm. Mutti fällt um. Beide liegen auf der Erde, weil das Kind so viel kackt. Sie sind tot. Da fließt Blut aus einem Blutbecher. Auf dem Schrank steht ein Becher, da kocht Wasser drin. Da hinein schüttet die Mutti Spinat und Heidelbeersuppe. Das kocht und läuft über, aber die Mutti ist groß und kommt dran. Mutti tut die Kakke zum Verbrennen in den Kochtopf.

Der Junge will das sehen, er will auch mal dran, aber der Stuhl bricht, der Junge fällt in die Kiste. Er versucht es noch einmal, steigt auf einen anderen Stuhl. Er will sehen, was in der Kochdose ist. Er hebt die Hände hoch, die Hände verbrennen, die Beine von Muttis Schreibtisch brechen ab. Sie will auf die Brücke gehen und fällt hinein. Hat der Junge sie geschubst? Die Blutkacke kocht über. Mutti schwimmt im Fluß, auch ein Bild und eine Brille, langsam schwimmt ein U hinterher. Armes U im Fluß, in der Scheiße.«

Es ist dramatisch für mich, mitzuerleben, wie sich durch seine Tötungsphantasien – die Eltern sterben vor Schreck über seinen Kot – alles verwirrt.

Die Exkremente werden gekocht, Blut fließt aus einem Blutbecher, und als das Kind das angucken will, brechen die Stuhlbeine ab, und es fällt in eine Kiste. Später verbrennt es sich die Hände, so wie als kleines Kind. Es gelingt ihm nicht, sich zu orientieren. Schließlich schwimmt alles durcheinander in einem großen Fluß. Das Kind hat die Mutter hineingestoßen, aber es ist nicht von ihr getrennt. Es schwimmt als ein armes »U«, das sicherlich für »Uwe« steht, hinterher inmitten des Durcheinanders.

Uwe kann die Welt nicht begreifen. Seine Phantasiewelt ist in die Realität geschwappt und führt dort ein bedrohliches Regiment, in der die Ordnung durcheinandergerät. Seine Aggression ist aus dem Häuschen, denn es ist niemand da, der sie in konstruktive Formen lenkt.

Was ich zu diesem Zeitpunkt noch nicht wußte, Uwe aber zumindest atmosphärisch mitbekam, war, daß der Freund seine Mutter unter Druck setzte, das anstrengende Kind wegzugeben. Sicherlich konnte Uwe an den aggressiven Ausbrüchen der Mutter ihm gegenüber auch spüren, welche Last er für sie war. Möglicherweise setzte er das Verschwinden des Vaters, dessen Tod er nicht begriff, in den gleichen Zusammenhang.

Uwe war vor der nächsten Stunde an einer Mittelohrentzündung erkrankt und scheint nun kaum etwas zu hören. Es ist, als schotte er sich ganz gegen außen ab. Versunken sitzt er vor seinem Blatt und schaut mich kaum an. Er malt ein Gesicht: »Das ist die Mutti«, und ein anderes Gesicht: »Das ist der Junge, er hat ganz lange Haare.« Beide Gesichter lächeln. Der Junge hat noch Hals und Körper. Rote Haare wachsen auf seinem Kopf und breiten sich aus. Uwe fährt fort: »Da holt die Mutti die Schere. Der Junge schreit und läuft weg.« Während er das malt, sieht er geängstigt aus.

Er malt einen neuen Kopf: »Die Haare wachsen, Schuppen fallen aus den Haaren und Tigerohren wachsen am Kopf. Das Kind wird furchtbar, es lacht nicht mehr.« Ihm selbst muß es auch so vorkommen, als müsse er durch sein bloßes Wachsen immer schrecklicher werden. – »Die Mutti hat die Haare abgeschnitten.« Sie hat ihn ins Krankenhaus gebracht und jetzt ins Therapiezentrum, aber es nützt nichts. »Die Haare wachsen wieder und werden grün.« Ein Bild für seine verrückten Gedanken. »Ein Luftballon wächst auch aus dem Kopf mit einer langen grünen Schnur.

Daran wandert der Ballon über den Dogenpalast und den Marcusplatz bis nach Wunstorf.«

Er malt in einem Kästchen das Gesicht eines »glücklichen Kindes«, aber dem folgt das Gesicht eines Kindes, aus dessen Kopf immer mehr Haare quellen, bis es ein Löwenkopf ist.

Verängstigt wimmernd sitzt Uwe am Tisch. Als ich meine Hand auf seinen Arm legen will, weicht er erschrocken zurück. Ich bin ihm zu nahe gekommen.

Er nimmt ein zweites Blatt, auf das er mit Tusche zeichnet. Er beginnt mit einem verdunkelten Fenster. Dann malt er ein Bild an der Wand, in das ein Junge einen Ball geschossen hat. Die Scheibe ist zerbrochen. Die Mutter ist böse. Ein Nudelholz fliegt über den Kopf des Jungen. Er malt mehrere Steckdosen, die er mit Blitzen versieht, um zu zeigen, wie gefährlich sie sind. Er sagt: »Da darfst du niemals reinfassen, die Strafe kommt sofort, du bist tot.« Er malt den Kopf der Mutti, auf dem Strommasten sind. »Hochspannung«, sagt er, »bist du auch tot, wenn du die anfaßt.« Er malt ein »falsches Fenster« und mehrere Hämmer, die es einhauen sollen. Dieses Bild ist voller Verbote: »Du darfst nicht in die Steckdose fassen, du darfst die Mutti nicht anfassen, beides führt zum Tod. Du darfst die Fenster nicht einschlagen, nicht mit dem Ball ins Bild schießen!« Was darf dieses Kind ohne Gefahr und Strafe? Darf es überhaupt leben?

Bevor er hinausgeht, steht er eine Weile mit zugehaltenen Ohren vor mir und schaut mich gequält an, als wolle er sagen: »Du kannst zusehen und zuhören, aber sag nichts, ich höre nichts, weil ich meine Ohren vor all dem Geschrei und den Verboten verschlossen habe.« Ich nicke. Zum erstenmal sehe ich so etwas wie einen Anflug von Lächeln in seinem Gesicht.

Als ich lächele, versinkt er wieder in sich. Intensivere Signale von Anteilnahme erschrecken ihn offenbar.

Nach dieser Stunde waren Ferien, und dadurch bin ich eine längere Zeit nicht bei Uwe gewesen. Nun steht er redend auf dem

Rasen. Er schaut in meine Richtung. Als ich näher herankomme, schaut er durch mich hindurch, aber sein Reden wird deutlicher. Ich höre, wie er sagt: »Du warst nicht da, du warst vielleicht krank, vielleicht auch tot. Vielleicht bist du eine Gewitterwolke oder ein Wind. Wir wissen es nicht.« Abwesenheit, die eine gewohnte Zeitspanne überschreitet, ist offenbar gleichbedeutend mit Tod. Aber ich würde in Uwes Phantasiewelt weiterleben als ein neues, bedrohliches Objekt.

Ich gebe ihm die Hand und sage: »Ich bin keine Gewitterwolke und auch kein Wind. Ich bin nicht tot, ich bin wieder hier.« Uwe atmet tief aus und sagt: »Frau W. guckt zu, hört zu.« Dann rennt er hoch in unser Zimmer und malt ein Bild.

Bis auf einen schreienden Mund und einen Tisch und einen Stuhl bestehen alle Dinge, die er in seiner Geschichte dazu benennt, aus bunten Kritzeln. Zu groß ist offenbar die Angst. Sie läßt keine Formen zu, die erkennbar sind, sie zerstört alle Gestalt.

Es ist interessant, daß Uwe, wenn er allein malt, die Dinge altersentsprechend abbilden kann. Die Bilder, die er in meiner Anwesenheit malt, sind dagegen viel chaotischer.

Er sagt dazu: »Rolf schimpft laut. Im Mund sind die Speiseröhre, die Lunge und die Gedärme zu sehen. Rolfi schreit: ›Olle Scheißziege!‹ Er schmeißt Kacke auf den Boden und an die Wand, nagelt Blitze an die Wand, wirft den Schrank um und den Tisch und den Stuhl. Das Fieberthermometer zerbricht er und das Bild. Willi steht da und sagt: ›Das darfst du nicht, du bist böse!‹«

Willi ist eine kleine Plastikfigur, die Uwe später mal mitbringt. Er hat sie das letzte Mal aus meinem Zimmer mitgenommen. Wenn Willi da ist, herrscht Ordnung. Er weiß, was man darf und nicht darf. »Willi hat ein Bügelbrett. Rolfi kackt darunter, und er macht noch viel mehr auf den Teppich, Riesenkacke und Riesenpipi. Willi fällt auf den Hinterkopf.«

Rolf ist wie eine Verkörperung des Bösen. Er tut alles, was man nicht darf. Damit ist er einer, der tut, was Uwe gern täte, der Ausdruck eines mächtigen Aggressionspotentials, aber er ist auch beängstigend. Mit Willi kommt zum erstenmal jemand dazu, der zwar wie die Mutter Verbote ausspricht, der aber, wie sich später herausstellt, etwas ist, das Uwe schützt. Willi ist zwar noch schwach. Er fällt auf den Hinterkopf, aber er ist schon mal da.

Während der nächsten Stunde habe ich ein Gespräch mit der Mutter. Uwe will unbedingt mit dabei sein. Er malt inzwischen ein Bild, auf dessen einer Seite er eine heile Weit darstellt. Da gibt es ein orangenes Haus. Ein Junge spielt im Garten unter Bäumen Fußball. Eine große Sonne scheint auf diese Seite. Uwe hat Willi mitgebracht, er versteckt ihn in seiner Hand.

Auf der anderen Seite malt er eine »kaputte Welt«. Die Fenster des Hauses sind zersplittert, die Dachziegel heruntergefallen, die Bäume entwurzelt, gelbes Gewitter wütet darüber. Auch die Wege sind zerbrochen.

Uwe fragt mich: »Warum haben die Menschen Angst, wenn alles kaputt geht?« Er fragt mich, nachdem die Mutter weg ist. Es ist die erste Frage, die er an mich stellt. Ich sage: »Man kann nicht in etwas Zerstörtem leben.« Uwe nickt und fängt ein neues Bild an, wieder mit dem orangenen Haus. Plötzlich läßt er dicken, schwarzen Qualm aus dem Schornstein kommen. Er sagt: »Die Fenster sind zersprungen.« Er malt ein Fenster mit Löchern, durch das man ein anderes Haus sieht. Er wird sehr unruhig und fragt: »Warum ist es so kaputt?« Als ich sage: »Jemand hat es zerstört, aber ich weiß nicht wer, ich weiß nur, es ist sehr schlimm«, öffnet er seine Hand und zeigt mir Willi. Er sagt: »Du darfst es nie verraten. Willi ist neu, wenn ihn Rolfi wegnimmt, bin ich tot.« Ich sage: »Willi ist dein guter Geist, nur wir beide kennen ihn, wir werden ihn beschützen.« Er nickt. Plötzlich schüttelt ihn Angst, er versteckt Willi in seiner Hosentasche und malt Striche und Zahlen. Dabei beruhigt er sich wieder.

Es sieht so aus, als habe Uwe in der Stunde, in der sowohl die Mutter und ich da waren, sein Chaos in eine gute und eine böse

Seite geteilt. Mit Willi, der in der vorigen Stunde schon namentlich aufgetaucht war, hatte er so etwas wie ein gutes Introjekt zustande gebracht, im Sinne eines Übergangsobjektes.* Alles, was er an Erinnerungen an eine »gute Mutter« erfassen konnte, war sicher in Willi vorhanden. Daß er das Willi-Geheimnis mit mir teilte, war ein Zeichen seiner wachsenden positiven Übertragung auf mich. Sie war aber noch so neu, daß ihn schließlich doch Angst überkam und er Willi auch vor mir verstecken mußte.

In dem neuen Bild drohte das Chaos erneut Einzug zu halten, aber es gelang ihm zum erstenmal, die Ordnung mit Zahlen und Strichen wieder herzustellen.

Bevor er geht, lege ich meine Hand auf seinen Arm und sage: »Ich bin gespannt auf die nächste Stunde.« Er weicht nicht zurück, sondern nickt ernst.

In der folgenden Stunde sitzt Uwe allein im Gruppenraum und malt. Er hat schon fünf Blätter von beiden Seiten bemalt, aber ich soll sie nicht angucken. Er steht auf und sagt: »Komm, ganz schnell.« Auf der Treppe fährt er leise fort: »Willi ist wieder da und noch andere, aber niemand darf das wissen.«

Er setzt sich hin. Ich bin sehr gespannt und sage ihm das. Er stellt Willi vor das Papier, so daß er zwischen uns steht und sagt: »Ja, du bist gespannt.« Wieder malt er ein großes Fenster, das er mehrfach unterteilt. Die orangenen Gardinen sind aufgezogen. Er sagt: »Man kann raussehen. Da ist ein Baum und ein Haus und eine Raketenbasis.«

Plötzlich wird er unruhig. Er malt eine Heizung. Sehr erregt sagt er: »Eine Heizung ist gefährlich, weil sie Feuer hat und brummt.« Und er fragt mich: »Wie kann man die kaputtmachen? Und was tut sie dann?« Schließlich fährt er fort: »Junge Männer sind schrecklich, besonders wenn sie singen. Scheußlich sind die

---

* Vgl. D. W. Winnicot: Die therapeutische Arbeit mit Kindern, München 1973.

mit Bart, ganz schrecklich! Ich esse nichts mehr bei Mutti am Wochenende, dann schreit sie und schlägt mich mit dem Kochlöffel oder der Milch. Ich esse bei Oma und Opa. Alle Kinder essen bei ihrer Mutti, nur ich nicht. Ich bin ein böses Kind. Mutti könnte eine Kerze anmachen. Feuer ist schrecklich. Mutti liebt Feuer. Mutti hat einen Mann mit Bart, der brummt.«

Ich sage, während Uwe malt: »Du hast Angst vor Feuer. Als du ganz klein warst, hast du deine Hände am Ofen verbrannt, das hat sehr weh getan. Sie haben deine Hände verbunden, und du konntest nichts mehr anfassen. Vielleicht hast du gedacht, wenn man etwas anfaßt, wird man verbrannt. Aber Kinder müssen alles anfassen, das ist gut. Du wußtest nur nicht, daß der Ofen heiß war.«

Uwe dreht Willi zu mir um und malt weiter.

»Jetzt hast du Angst vor Feuer. Feuer kann gut sein und wärmen, aber auch verbrennen, wenn man zu nahe kommt. Die Heizung macht dir Angst, weil sie heiß ist und brummt, so wie Muttis Freund. Wenn er da ist, ist die Mutti manchmal vielleicht nicht lieb zu dir. Sie kümmert sich um den Mann mit Bart und nicht um dich. Der Mann mit Bart ist nicht dein Papa, du magst ihn nicht.«

Die Stunde ist um. Uwe packt Willi in seine Hosentasche und geht, während er sagt: »Du magst ihn nicht, du magst ihn nicht.«

Ich habe die Geschichte mit dem Feuer aufgenommen, weil es deutlich ist, daß die Angst vor der brennenden Kerze mit dem Verbrennen seiner Hände zu tun hat und daß die Mutter etwas Bedrohliches macht, wenn sie eine Kerze entzündet. Als er Willi zu mir dreht, ist das wie eine Zustimmung.

Auch als ich sage, daß er den Mann mit Bart, der nicht der Papa ist, nicht mag, beruhigt er sich. Es ist, als würde er sagen: »Ja, so ist es, endlich sagt es mal jemand, ohne es zu verurteilen.«

Bei unserer nächsten Begegnung sitzt Uwe mit Willi in der Hosentasche auf der Treppe und wartet. Er sagt: »Willi ist wieder da«.

Ich erwidere: »Gut, daß er da ist, er wird uns helfen.« Willi ist etwas Gemeinsames von uns. Willi ist Uwes Erfindung. Während wir die Treppe hochsteigen, redet er leise davon, daß Rolfi Willi nie finden dürfe.

Das Wetter ist schön, und wir schauen eine Weile gemeinsam in den Garten, dann setzt Uwe sich. Ich sage: »Ich bin gespannt«, und lege meine Hand auf seinen Arm. Er hat nichts mehr dagegen.

Uwe fängt auf seinem Blatt mit dem Himmel an, an dem eine Sonne ist. Darunter ein Baum, der teilweise seine Äste und Blätter verloren hat. Bis jetzt sieht alles normal aus. Er will wieder ein orangenes Haus malen mit einer offenen Balkontür. Dahinter sollen zwei Betten sein. Er malt sie außerhalb des Hauses und verliert zusehends die Orientierung. Die Kissen malt er darunter, als gelänge ihm keine Raumvorstellung. Die Betten wecken Erinnerungen, die ihn durcheinanderbringen. Plötzlich verliert auch das Haus seine Ziegel, die Fenstergitter fallen heraus, weil ein »fünfzehn-stärkiger Sturm« alles verwüstet. Dazu malt er fünfzehn blaue Striche untereinander. Der Orkan wirft die Bäume um. Er fragt mich: »Was kann passieren, wenn das so ist? Warum haben die Menschen Angst? Mein Sturm weht in die Tür, er zerstört das Bett.« Fast sieht es so aus, als wecke die Erinnerung an das »Bett« so viel Aggressionen und Ängste, daß wieder alles zerstört würde, aber es gibt eine Wende: Er malt einen orangefarbenen Punkt. »Es gibt ein Land«, sagt er, »da kommt er nicht hin, da kann aber der arme Hund hin, dessen Hütte ein Stein zerstört hat.« Ich sage: »Das ist gut, daß du aufgepaßt hast, daß der Sturm nicht alles zerstört. Du hast ein orangenes Land gefunden für den armen Hund, dessen Hütte zerstört ist. Ich glaube, daß sein Vater gestorben ist, und er braucht sehr viel Ruhe und Wärme.«

Uwe steckt Willi in die Tasche und geht, obwohl die Zeit noch nicht um ist. Im Weggehen sagt er: »Du bist gespannt«, und läuft zufrieden nickend die Treppe hinunter.

Beim nächsten Treffen wartet Uwe im Flur auf mich. Ich war die letzte Stunde nicht dagewesen, weil ich krank war. Er sagt: »Du warst nicht da, warum?« Er kann inzwischen Fragen an mich richten. Er muß offenbar auch nicht mehr denken, daß ich tot bin, wenn ich nicht komme. Er sagt: »Meine Ohren waren auch mal krank.«

Als wir uns an den Tisch setzen, legt er meine Hand auf seinen Arm und lächelt kurz, als ich sage: »Ich bin gespannt.«

Das Kind erfüllt mich mit Neugier und Erwartung. Uwe sitzt eine Weile sinnend da. Das pausenlose Sprechen ist verschwunden. Wenn er spricht, sind seine Worte an mich gerichtet, auch wenn er damit in sich hineinhorcht. Er beginnt: »Mein Tod... Du wirst sehen, ich male etwas ganz Neues.«

Ich bin erstaunt über seinen Anfang. Er malt zwei Fenster, eins mit einer blauen, eins mit einer grün-orangen Gardine. Beide verbindet er mit einem Vorhang. Er fragt mich ohne aufzuschauen: »Wo warst du als Baby?« Ich erzähle ihm, daß ich zuerst im Bauch meiner Mutter war, dann geboren wurde, in einem Bett lag und versorgt wurde.

Uwe sagt: »Ich war im Laufstall mit Paulchen, wir wollten beide nicht rein, aber wir waren drin.« Unvermittelt fragt er mich und schaut mich dabei aufmerksam an: »Hast du meinen Papa gekannt?« Ich sage: »Er war leider schon tot, als ich dich kennenlernte.« Er schaut mich beglückt an und sagt: »Ich habe ihn gekannt, er hatte graue Haare.« Er wiegt sich versonnen auf seinem Stuhl, dann springt er auf und ruft: »Kein Wort mehr, ich werde malen!«

Die Erinnerung an den Vater war offenbar zum erstenmal angenehm. Es war sein Vater mit den grauen Haaren und nicht der tote, rächende Vater, der als Unwetter aufgetaucht war. Daß er diese Erinnerung so schnell abbrechen mußte, war vielleicht der Versuch, Trauer und Sehnsucht abzuwehren.

Er malt eine Straße, die auf einen Berg hinaufführt. Er gibt sich Mühe dabei, und es ist ihm anzumerken, wie wichtig das für ihn ist. Unten ist auch eine Straße. Er sagt, es führen dort viele Autos, malt aber keins. Er fragt mich: »Gibt es Straßen, die in den Himmel gehen?« Ich frage ihn: »Meinst du, ob man auf einer Straße zu deinem Vater kommen kann?« Er sagt: »Nein, mein Vater ist ein Gewitter geworden, mein Vater ist ein böser, hellblauer Wind, mein Vater ist Blitze, mein Vater ist Regen.«

Ich sage: »Dein Vater hat dich allein gelassen. Er ist gestorben, er ist nicht mehr da. Er wollte dich nicht allein lassen, er war sehr krank, die Krankheit hat seinen Körper kaputtgemacht. Du bist böse, daß er dich allein gelassen hat. Du brauchst deinen Papa. Du denkst, er ist böse wie ein Gewitter, so böse wie Donner und Blitz. Es ist sehr schlimm, daß er dich verlassen hat.«

Uwe läßt Willi wütend auf dem Tisch herumtanzen. Dann wird er still und zieht tief Luft in sich ein. Nach einer Weile fragt er: »Und der Regen?« Ich sage: »Das sind Tränen, die der Papa und du hätten weinen können bei eurem Abschied. Glaubst du mir, daß dein Papa sehr traurig war, daß er dich und die Mama zurücklassen mußte? Ihr hättet ihn noch gebraucht, und er hätte euch gern geholfen.«

Uwe sagt verzweifelt: »Der Papa war plötzlich weg!«

Ich halte ihm meine Hand entgegen, und er legte Willi hinein und seine Hand darüber. Ich frage ihn: »Hat Willi es gut so?« Er nickt und sagt: »Der ist beschützt.«

Ich nicke und er sagt: »Wir beide beschützen ihn.«

Ich sage: »So wie Willi in unseren Händen, so liegt dein Papa im Grab.«

Uwe lächelt und schaut mich nachdenklich an. Er hebt seine Hand, neigt sich vor und spricht leise flüsternd zu Willi: »Du bist schon begraben, Willi, ich werde auch bald begraben.«

Es klingt glücklich und zuversichtlich, als er das sagt. Dann nimmt er Willi aus meiner Hand und legt einen Augenblick sein Gesicht in meine Hand. Schließlich geht er und sagt leise: »Ich bin gespannt.«

Wie nah Tod und Leben beieinanderliegen! Als er den Tod begriffen hatte, wuchs die Hoffnung in ihm. Er sagte zum erstenmal: »Ich bin gespannt.«

Die Arbeit mit der Mutter war schwierig. Einmal hatte sie einen sehr weiten Weg, zum anderen war sie sehr abwehrend. Uwe war für sie eine große Belastung. Ihr Freund setzte sie unter Druck, indem er sie vor die Alternative stellte: »Entweder ich oder der Junge.« Vor diesem Hintergrund war es sehr schwer für sie, sich in das Kind einzufühlen, das ihr das Leben schwer machte.

Sie suchte ein Heim für Uwe und fand sehr schnell einen Platz. Es war ein anthroposophisches Heim. Ich nahm auch an, daß es Uwe letzten Endes gut tun würde, aber ich hätte sehr gern noch weiter mit ihm gearbeitet und bat die Mutter darum, Uwe an den Vorbereitungen zu beteiligen.

Zur nächsten Stunde kommt er sehr traurig. Aus seiner Hosentasche zieht er Willi und stellt ihn auf den Tisch.

Er malt ein kleines rotes Männchen mit gespreizten Beinen, die Arme in die Luft gereckt und sagt: »Das ist ein Kind. Erst freut es sich, dann weint es, dann schreit es, weil es nach Frankfurt muß, um zu lernen. Es will nicht lernen, es wird nichts lernen. Das Kind heißt Clara.«

Ich sage: »Armes Kind, arme Clara.«

Uwe fängt an zu zittern. Seine dürren Ärmchen zappeln auf dem Tisch. Ich reiche meine Hand zu ihm hinüber. Er legt mir Willi hinein und sagt: »Paß auf den auf!« Ich nehme Willi und frage ihn. »Und du?« Uwe scheint mich nicht zu hören und wirkt wie erstarrt. Ich warte eine Weile und fühle mich selbst sehr bedrückt, dann rede ich: »Arme Clara, sie wird nicht gefragt, ob sie weg will. Sie denkt, ich bin kein gutes Kind, niemand will mich, sie schicken mich weg, auch wenn ich schreie. Sie sind stärker als ich. Sie machen, was sie wollen, ich kann nicht machen, was ich will. Alles wird böse, wie ein Gewitter.«

Uwe schaut mich lange an, dann malt er das Bild weiter. Clara wird von einem bösen Hund bedroht. Ein Baum verbrennt, Blitze schlagen in ein Haus, so daß es verkohlt ist, ein »achtzehn-stärkiger Sturm«, bedroht das Haus, am Himmel herrscht Chaos. Wie immer, wenn etwas sehr bedrohlich ist, malt er sehr klein.

Ich sage: »So kaputt fühlt sich das Kind, das weggeschickt wird. Alles wird böse, und das Kind hat große Angst.«

Uwe malt ein zweites Bild. Er sagt dazu: »Eine neue Straße wird gebaut, da müssen alle alten Sachen abgerissen, verbrannt und verlötet werden. Es ist nicht traurig, es muß so sein!« Ich verstehe: »Meine Mutter hat einen neuen Mann gefunden, da muß jemand wie ich verschwinden, weil er stört. Aber das ist so in Ordnung.«

Er rationalisiert seine Wut und Verzweiflung weg, denn wie kann er leben, wenn die Menschen, von denen er so abhängig ist, so böse sind?

Er malt ein brennendes altes Haus, einen abgeholzten Wald, einen Mann – nur den Kopf mit Bart –, der mit einer Lötpistole Büsche verbrennt, aber auch ein neues Bürohaus wird zerstört, jemand hat einen Ziegel hineingeworfen, davon ist es völlig zerborsten. Er malt noch einen Öltank und viel »Geld von Leuten, die alte Häuser kaufen und Bäume, um sie zu verbrennen«.

Wieder ist die ganze Welt zerstört, so wie er. Ich spreche mit ihm über das Heim, erkläre ihm, warum die Mutti es gut findet, und sehe, wie er fast verschwindet vor Kummer. Mir fällt nichts ein, was ihn trösten könnte, und ich fühle mich elend mit ihm.

Beim Abschied nimmt er Willi stillschweigend an sich und geht.

In der nächsten Stunde setzt sich Uwe nicht an den Tisch. Er schaut aus dem Fenster. Sein Gesicht wirkt entspannt. Er sagt: »Ich male etwas für dich, Frau W. Ich male den Mond im dunklen Himmel. Manchmal ist er auch schon ganz hell. Ich habe schon mal den Mond und die Sonne zusammen gesehen. Die Sonne strahlt das Abendrot ab in die Luft. Das dauert nicht lange, du kannst zusehen, wie es flüchtet. Der Mond verstärkt sich sehr stark gelb, aber am Morgen wird der Mond sehr schwach. Der Himmel wird jungblau. Die Sonne verstärkt sich, und der Mond verschwächt sich hinter dem Feld. Er fällt in die Jauche, genau in den Jauchewagen, der da steht. Dann wird das Feld mit Mondjauche gedüngt. Der Trecker schleppt den Wagen, er wundert sich, wie schwer er ist, weil der Mond darin ist.«

Er hat das langsam gesagt, mit Pausen dazwischen, so daß das Bild, das er beschreibt, Zeit hatte, in mir zu entstehen. Ich war sprachlos über seine Worte und das Bild, das er mit ihnen malte, während ich sie niederschrieb. Nach einer Weile drehte er sich um zu mir und sagte ernsthaft: »Du brauchst es nicht zu glauben. Mutti sagt, das gibt es nicht, du spinnst. Es gibt das nicht – es gibt das doch. Du wirst es mir glauben.«

Er kommt mir vor, als sei er gar kein Kind. Ich danke ihm für das schöne Bild, was es nicht gibt und doch gibt und sage ihm, es sei das schönste Bild, das mir jemals geschenkt worden sei.

Ich lese es ihm noch einmal vor. Nun setzt er sich hin und malt. Er malt ein großes Bauernhaus mit Fachwerk und einem großem, schwarzen Dach mit Schornstein. Daneben ist ein riesiger Heuhaufen. Auf der anderen Seite des Hauses malt er eine große Blumenschale mit roten Tulpen darin. Alles sieht klar und kraftvoll aus. Dann quetscht er eine rote Fabrik dazwischen, die aus sieben roten Schloten schwarzen Qualm bläst. Davor ist ein schwarzer Weg. Das Dunkle und das Starke halten sich die Waage.

Als er geht, sagt er: »Ich hatte Willi dabei, er ist in meiner Hosentasche.«

Ich bin sehr erstaunt über diese Stunde. Nach der letzten hatte ich erwartet, daß er die Zerstörung fortsetzen würde. Irgend etwas hatte ihn in seiner Not gefestigt und fähig gemacht, diese beiden Bilder hervorzubringen. Sein Leid hatte kein Chaos, sondern eine schöpferische Ordnung erzeugt.

Zum erstenmal wollte er mir etwas schenken.

In den folgenden Stunden kommen die Zweifel erneut. Ich bin froh, daß er sie in den verbleibenden Stunden noch zeigen kann.

Am Beginn der nächsten erwartet mich Uwe vor der Tür. Wir stehen uns eine Weile wortlos gegenüber. In seinem Gesicht ist eine Frage, die ich abwarten will. Er macht Bewegungen mit dem Mund, aber er sagt nichts. Schließlich nimmt er meine Hand. In seiner ist Willi. Bis zur Tür ist Willi in unseren Händen, während wir wortlos die Treppe hochsteigen.

Er stellt ihn auf den Tisch mit dem Gesicht sich zugewandt.

Er sagt: »Ich mach' einen Jungen, der heißt Ulli, der hat seine Schuhe nicht an. Da ist ein blauer Himmel drüber und eine Sonne. Da kommt 'ne schwarze Wolke und macht die Sonne weg. In der Wolke regnet das, ist so'n Gift, davon geht alles tot, Menschen, Tiere, Pflanzen. – Ich mal noch 'ne Sonne.« Er will sie wieder schwarz übermalen, malt aber nur einen schwarzen Haken darüber. Er sagt: »Die Sonne ist warm – sie ist heiß – sie verbrennt alles. Auf der Wiese wächst ein Baum, ein großer, starker Baum, ganz alt, 5000 Jahre alt, ein Frühlingsbaum mit vielen Blättern. Da kommen böse Menschen und schlagen den Baum ab, sie reißen auch die Wurzeln raus und säen Gras darüber. Niemand weiß mehr, daß da ein Baum gestanden hat. – Wie stirbt was? – Wie stirbt ein Vogel? – Wie stirbt ein Blatt? – Wie stirbt ein Mensch? – Laß, ich will es nicht wissen!«

Er sieht sehr gequält aus, aber er will keine Antwort. Wir sitzen uns gegenüber. Uwe wirft Willi unter den Tisch. Ich hebe Willi auf, stelle ihn zwischen uns und sage: »Wir brauchen Willi.« Uwe fängt an, mich mit seinen Füßen zu treten, mit seinen Händen krallt er sich in meine Arme. Ich bin froh, daß ich so seine Verzweiflung fühlen kann.

Er nimmt Willi und schmeißt ihn in die Ecke. Ich sage: »Du bist verzweifelt, ich kann das fühlen, meine Beine tun weh und meine Arme, aber in dir tut es noch viel mehr weh, ich weiß das. In mir tut es auch weh, wenn du weggehst. Fast könnte man denken, Willi nützt so wenig wie ich. Ich kann es nicht verhindern, daß du weg mußt. Ich will es nicht, und ich will es doch, weil ich hoffe, daß es gut für dich ist.«

Uwe legt den Kopf auf die Arme und sagt nichts mehr. Dann steht er auf, holt Willi aus der Ecke und geht, ohne mich anzusehen.

In der letzten Stunde sieht er aus, als sei er nicht ganz da. Er begrüßt mich kurz, schaut mich dabei einen Augenblick forschend an, als müsser er sich, wie im dichten Nebel, anstrengen genauer zu sehen, setzt sich an den Tisch und fängt wortlos an zu malen, nachdem er zuvor Willi kurz aus der Hosentasche geholt und wieder zurückgesteckt hat. Ich bin froh, daß Uwe Willi hat.

Daß er ihn nicht mehr auf den Tisch stellt, zeigt, daß er sich zurückzieht. Er muß das auch, denn bald muß er vorübergehend allein fertig werden, bis er wieder jemanden gefunden hat, mit dem er Willi teilt oder der Willi überflüssig macht. Willi tröstet, er gibt Kraft, steht für Ordnung gegen Uwes Chaos, was ihn immer wieder bedroht. Er verkörpert die Hoffnung auf einen Dialog, der Uwe erst ermöglichen kann zu leben und sich zu entwikkeln.

Uwe malt in dieser Stunde fünf Baumgruppen, die jeweils aus zwei großen und zwei kleineren Bäumen bestehen, die nur klein aussehen, weil sie weiter weg sind.

Zur ersten Gruppe sagt er: »Da sind zwei starke Frühlingsbäume mit Frühlingslaub. Dazwischen sind zwei kleine, die sind auch schon groß, aber weiter weg.«

Zur zweiten Gruppe sagt er: »Da siehst du die Bäume wieder, davor ist ein böser Mann, der hat mit einem Messer die Rinde kaputtgemacht. Weißt du, wie schlimm das ist?«

Bei der dritten atmet er tief und wie um Luft ringend ein. Seine Hände fangen an zu zittern, aber er macht weiter, malt erneut zwei große Bäume: »Hier sind noch mal die beiden Bäume, die haben so viel Laub und sind so stark. Aber da ist der böse Mann, der hat die Sonne in der Hand und eine Axt. Er wird den einen Baum verbrennen und den anderen abhauen. – Ich habe solche Angst.«

Mich rührt die Unerbittlichkeit des Schicksals, die Uwe mit seinen Bäumen aufzeigt, sehr. Ich würde gern etwas für ihn tun, aber ich spüre, daß er das erst zu Ende bringen muß, und bewundere, wie mutig das zarte Kind sich mit seiner Angst und Bedrohtheit konfrontiert.

Zur vierten Baumgruppe sagt er: »Jetzt brennt der eine Baum mit ganz viel Qualm. Die böse Sonne! Für mich ist die Sonne immer böse, für manche nicht.« Die Sonne ist offensichtlich die böse Mutter, die ihn nicht vor seiner Angst schützt, die ihn wegschickt. Oder der wärmende Ofen, der ihm schmerzhaft die Hände verbrennt.

»Für manche Kinder ist die Mama lieb. Der andere Baum ist abgehackt. Wenn sie ihn ganz schnell wegfahren, können sie noch Möbel daraus machen.«

»Es ist alles verbrannt«, sagt er zur fünften Baumgruppe, »da, wo der Baum war, ist ein Loch. Ein Bulldozer wird die Blätter wegfahren und das Loch zumachen, dann sieht niemand, daß da mal ein Baum gestanden hat. – Ich habe ein trauriges Bild gemalt.«

Wir sitzen beide eine Weile schweigend vor seinem Bild, dann sprechen wir miteinander.

Ich: »Glaubst du, daß es auch Menschen gibt, denen es so geht wie deinen Bäumen?«

Uwe: »Ja, sprich weiter!«

Ich: »Dein Bild macht mich traurig, aber es ist auch, weil ich jetzt nicht mehr mit dir malen werde, weil du von hier weggehst.«

Uwe: »Sprich weiter!«

Ich: »Ich könnte mir vorstellen, du bist sehr traurig, vielleicht hast du auch große Angst, du weißt nicht, wohin du kommst.«

Uwe: »Ja, sprich weiter.«

Ich: »Du fühlst dich von der Mutti weggeschickt, vielleicht denkst du, sie mag dich nicht. Ich verhindere auch nicht, daß du wegkommst. Vielleicht denkst du, ich mag dich nicht.«

Uwe: »Sprich weiter.«

Er zieht Willi aus der Tasche und stellt ihn zwischen uns, mit dem Gesicht zu mir.

Ich: »Willi schaut mich an. Fragt er mich: ›Magst du Uwe, Frau W.?‹«

Uwe: »Ja, das fragt er.«

Ich: »Dann will ich Willi antworten. Ich mag Uwe sehr gern.«

Uwe: »Sprich weiter.«

Ich: [zu Willi gewandt] »Ich glaube, Uwe ist so verzweifelt, daß er weg muß von allen Menschen, die er liebhat und von allen Räumen, die er kennt, daß er denkt, er wird kaputtgemacht wie die großen schönen Bäume. Was ganz schrecklich ist, ist, daß später nichts mehr zu sehen ist. Das ist, wie wenn keiner mehr weiß, daß es Uwe gegeben hat. Das ist schlimmer als tot.«

Uwe hält sich die Ohren zu und schreit: »Nicht weiter.« Ich schweige eine Weile, dann frage ich, ob ich Willi noch etwas sagen dürfe. Er nickt, und so fahre ich zu Willi gewandt fort.

Ich: »Aus einem abgehackten Baum kann man schöne und wichtige Sachen machen, Willi. Vielleicht einen Stuhl oder einen Schrank oder...«

Uwe: »Oder ein Kinderbett, ein blaues.«

Ich: »Oder so etwas wie Uwes geliebtes blaues Kinderbett. Ich glaube, es ist schön für Bäume, wenn daraus Möbel gemacht werden. Wenn du von hier weggehst, ist das für dich, als würdest du abgehackt, aber vielleicht wirst du viel lernen und neue Menschen finden, die du liebhast und die dich liebhaben. Und später wirst du ein tüchtiger Mann, wie dein Papa.«

Uwe: »Weißt du, der hat auch mit Holz Tische gemacht und auch mein Bett.« [Er läßt Willi hüpfen.]

Ich: »Ich bin sehr gespannt, was du alles können wirst, wenn ich dich wiedersehen werde. Ich werde dich vermissen und deshalb werde ich traurig sein. Ich bin sicher, daß ich dich nicht vergesse. Ich hoffe, du wirst groß und stark.«

Uwe: »Vielleicht kann ich schon ein Bett machen, wenn ich wiederkomme.«

Ich: »Das wäre schön.«

Uwe schaute mich lange forschend an, dann sagte er: »Du magst mich.« Dann fiel die Trauer über sein blasses Gesicht.

Ich fühlte meine Ohnmacht angesichts seines Schicksals. Es hätte keinen Sinn gehabt, mit der Mutter und ihrem Freund daran zu arbeiten, das Kind bei sich zu behalten. Es war ihnen nicht möglich vor dem Hintergrund ihrer eigenen Geschichte. Ich mußte für Uwe hoffen, daß er im Heim jemanden finden würde, der ihn liebte und dem er sich mit seinem neuen Fünkchen Hoffnung verbinden würde.

Mir war dieses anscheinend kontaktgeschädigte Kind so nahe gekommen und hatte mich so tief berührt, daß der Abschied von ihm einen großen Verlust für mich bedeutete.

Uwe war wie ein Zittergras, das ständig beim leisesten Wind bebt. Er schien kaum Grenzen um sich zu haben, alles drang wahllos in ihn ein, wenn er nicht Mauern dagegen aufbaute. Sein ständiges Drehen verstehe ich heute als den Versuch, sich zu zentrieren. Wenn man sich dreht, löst die Welt ihre Konturen auf, sie schwingt in dem Rhythmus, den man bestimmt, um einen herum. Man wird zur Achse aller Drehbewegungen und zum Zentrum des Strudels und ist doch allem verbunden. Es gibt das bedrohliche Einzelne nicht mehr, das Einfluß ausübt, vielleicht zerstört oder in eine Richtung lenkt, die man nicht möchte. Alles hängt miteinander zusammen, nichts fällt heraus. In der Mitte, der Achse, obwohl sie das Zentrum der Bewegung ist, entsteht irgendwann Ruhe, weil alles andere sich darauf bezieht.

Das war die beglückende Anfangserfahrung, die wir beide gemeinsam machen konnten. All das, was Menschen untereinander zu ihrer Verständigung benutzen, das Anschauen, die Sprache der Mimik und Gestik, die der Berührungen oder die verbale Sprache, war nur rudimentär oder stark verändert vorhanden, und trotzdem verstanden wir uns sehr tief.

Er breitete seine chaotische, angstmachende Welt vor mir aus. Ich konnte sie nicht verändern, und ich konnte sie nicht ordnen. Ich konnte sie aber mit ihm anschauen, und ich konnte sie miterleiden. Gerade in der letzten Stunde wurde deutlich, daß es darum ging, daß ich nur zum Schluß seine geschilderten Baumschicksale auf ihn bezog. Jedesmal sagte er: »Ja, sprich weiter.«

Es strukturierte und stärkte ihn, seine Wirklichkeit zu benennen und mitzuteilen. Sein »Frau W. guckt zu, hört zu« war das, was ihn zu weiteren Äußerungen ermutigte.

Durch ihn lernte ich, wie man die Welt nur begreifen kann, wenn man dazu liebevoll angeleitet wird, und wie sie sich verwirrt und ein dämonisches, zerstörerisches Unwesen entwickelt, wenn diese Unterstützung fehlt.

Ich lernte aber auch, daß man die Hoffnung wiedergewinnen kann, wenn man jemanden findet, der mit einem das Chaos durchschreitet. Und Hoffnung ist die Grundvoraussetzung für das Leben. Manchmal sprießt die Zuversicht aus der Asche tiefster Hoffnungslosigkeit. So war es, als Uwe sein langes letztes Bild beendet hatte, eine fortlaufende Kette von Zerstörungen. Es gibt einen Punkt, wo es nichts mehr zu verlieren gibt, von da an kann man nur gewinnen.

Mir fiel ein, daß man aus abgeschlagenen Bäumen Möbel bauen kann. Uwes Vater war Tischler gewesen. Und Uwe konnte dieses Hoffnungsbild übernehmen, indem er sagte: »Vielleicht kann ich ja, wenn ich wiederkommen, schon ein Bett bauen, ein blaues.«

In diesem Satz war sehr viel Hoffnung zusammengefaßt:

- Ich werde wiederkommen.
- Ich werde etwas lernen, etwas, was mich positiv mit meinem Vater verbindet.
- Und ich kann mir selbst etwas ersetzen, was ich einmal verloren habe. Ich werde mir Geborgenheit geben.

Uwe hatte das große Glück, in dem anthroposophischen Heim, in das er kam, einen väterlichen, liebevollen Betreuer zu finden. Als ich ihn nach einem halben Jahr besuchte, schenkte er mir ein Brettchen, daß er an den Ecken abgeschmirgelt hatte, und beim zweiten Besuch hatte er unter der Anleitung seines Betreuers ein kleines Bord gebaut. Als ich ihn das letzte Mal sah, war er sechzehn Jahre alt, ein stiller, nachdenklicher Junge, der eine Tischlerlehre angefangen hatte, auf den Spuren seines so früh verstorbenen Vaters.

Wenn ich Uwe begegnete, konnte ich in seinen ernsten, aber sanften Augen das tiefe Leid seiner Kindheit spüren. Er schien mir wisssender als die meisten seines Alters. Er mußte nicht gleich sprechen, das Schweigen war aber auch keine peinliche Leere.

Er war bei sich und gab seinem Gegenüber die Möglichkeit, auch bei sich zu sein, bevor man sich ohne Hast, aber mit wachsender Freude aufeinander zubewegen konnte.

Er verströmte die Zuversicht derer, die erfahren haben, daß selbst dann, wenn alles grau in Schutt und Asche liegt, es jemanden geben kann, der das Fünkchen Leben darunter entdeckt und es mit dem Hauch der Hoffnung zu einer leuchtenden, warmen Flamme erwecken kann. Gibt es ein größeres Kapital als diese in tiefem Leid errungene Zuversicht? Und ich frage mich auch: Kann es einen anderen Weg geben, diese tiefe Erfahrung zu machen?

Jeder Verlust kann der Anfang neuer Möglichkeiten sein

Auch für mich bedeutete die Erfahrung mit Uwe das Ende meiner Tätigkeit im Therapiezentrum für autistische Kinder, an dem ich nur noch ein halbes Jahr, nachdem er gegangen war, arbeitete. Auch ich war verzweifelt, etwas, das ich mit aufgebaut hatte, verlassen zu müssen. Immer wieder in meinem Leben mußte ich etwas aufgeben, woran mein Herz hing.

Wenn ich jetzt zurückschaue, so gibt es nicht eine Situation, in der dem Verlust nicht neue Möglichkeiten folgten. Nie waren sie für mich sofort sichtbar, immer mußte ich eine Strecke im Nebel durchlaufen, ohne daß sich ein Ziel gezeigt hätte. Ich versuchte zwar, an dem neuen Ort mit meinen gemachten Erfahrungen ein neues Zentrum für autistische Kinder zu initiieren, aber es war zu schwer. Ich fand sogar Menschen, die es mit mir gemeinsam machen wollten, aber sie hatten andere Vorstellungen, die meinem Bild vom Erleben dieser Kinder nicht entsprachen. Aber ich war nun mal keine Fachfrau, ich war ohne Kompetenz. Von meinem Denken her hatte ich einen eher psychoanalytischen Ansatz, sie aber einen verhaltenstherapeutischen. Viel später, als ich schon mehrere Jahre in der Psychiatrie arbeitete, begegnete ich Verhaltenstherapeuten, zu denen ich durchaus eine Brücke schlagen konnte, und umgekehrt sie zu mir. Es hing wohl eher damit zusammen, daß alle, die mit autistischen Kindern arbeiten wollten, noch viel zu unsicher waren, was ihre Position betraf, mich mit eingeschlossen, als daß sie offen hätten miteinander reden und arbeiten können.

Ich war damals sehr unglücklich über das, was ich verloren hatte, aber auch über das, was nicht ging. Es war wohl der Druck dieses Unglücks, der mir die Kraft gab, den nächsten Schritt zu tun und durchzusetzen: Ich wollte psychoanalytische Kindertherapeutin werden. Das Dilemma war, daß ich die Voraussetzungen, die ich mitbringen mußte, nicht erfüllte. Ich war weder Psychologin noch Pädagogin noch Sozialarbeiterin. Der Leiter eines in Frage kommenden Instituts machte mir das ganz nüchtern klar und ließ sich auf keinerlei Diskussion ein. Ich konnte das nicht akzeptieren und versuchte es noch einmal bei der Ausbildungsleiterin. Ich hörte dasselbe, aber sie hörte mir wenigstens zu, als ich ihr erzählte, daß ich schon sechs Jahre im Therapiezentrum für autistische Kinder Erfahrungen gesammelt hatte. Sie bedauerte die Vorschriften, aber die seien nun mal so. Ganz im Gegensatz zu dem, was sie sagte, wuchs in mir die Überzeugung, daß ich diese Ausbildung machen müsse. Ich redete und redete, um auch sie zu überzeugen, obwohl ich sah, in welche Not ich sie brachte. Nach etwa zwei Stunden schließlich stand sie auf, gab mir die Hand, bedauerte, daß sie nichts für mich tun könne, und ging aus dem Zimmer. Ich blieb sitzen, ich konnte einfach nicht aufgeben. Eine halbe Stunde blieb ich allein. Die Überzeugung, daß ich unbedingt Psychotherapeutin werden müsse, erfüllte mich. Als sie schließlich wiederkam, stöhnte sie und bat mich dringend zu gehen. Ich spürte aber, daß es ihr schwerfiel. Mit der ganzen gewachsenen Überzeugung der letzten zweieinhalb Stunden startete ich erneut einen Werbefeldzug für mich. Nach wiederum einer halben Stunde versprach sie mir, sich für mich in der Ausbildungskommission zu verwenden. Ich bin ihr noch immer ungeheuer dankbar dafür, denn es ist ihr gelungen, daß ich zur Aufnahmeprüfung zugelassen wurde und schließlich die Ausbildung, die eine wunderbare Zeit für mich war, machen konnte.

Anfänge in der Psychiatrie

Etwa zeitgleich mit der psychoanalytischen Ausbildung bewarb ich mich in der Psychiatrie. Per Zufall war mir ein Buch von Hans Prinzhorn in die Hand gekommen, das mich vollständig überzeugte. Es war seine 1921 erschienene *Bildnerei der Geisteskranken*. Prinzhorn, ein österreichischer Psychiater, war fasziniert von den merkwürdigen Bildern seiner Patienten und sammelte sie. Sie waren Ausdruck ihres inneren Erlebens. Manche von ihnen erinnerten mich an meine eigenen, die ich jahrelang übermüdet in der Nacht gemalt hatte. Obwohl sie so anders waren als die meiste Kunst, waren sie mir sofort vertraut, so als seien sie bar jeglicher Verkleidung, ganz direkter Ausdruck der Seele.

In seinem Vorwort schreibt Prinzhorn selbstkritisch, daß es zwei »methodisch reine Lösungen« für das Thema gäbe. Zum einen der »naturwissenschaftlich beschreibende Katalog der Bildwerke nebst klinisch und psychopathologischen Darstellungen der Fälle«, zum anderen »eine durchaus metaphysisch verankerte Untersuchung über den Vorgang der bildnerischen Gestaltung«. Beides wählt er nicht. Er erinnert an Tolstois Auffassung von Kunst, der hinter der als ästhetisch und kulturell zu bewertenden Schale des Gestaltungsvorgangs einen »allgemein menschlichen Kernvorgang« annimmt. »Das wäre in seinem Wesen das gleiche in der souveränen Zeichnung Rembrandts wie in dem kläglichen Gesudel eines Paralytikers.«

Diese Vorstellung hatte mich fasziniert. Meine Hoffnung war es, in den Bildern psychotischer Menschen jenem gemeinsamen

Ursprung zu begegnen – so wie in den Bildern von Kindern. Ich vermutete, daß diese Menschen Zugang zu anderen Welten hatten, daß sie im Alltag Grenzen überschreiten konnten, so wie wir es im Traum tun.

Wie furchtbar entgrenzte Zustände sein können und in welche Engen diese Patienten durch ihre Ängste gerieten, indem sie ihnen mit zwanghaften Ritualen zu begegnen suchten, wußte ich damals noch nicht.

Da ich weiß, wie schwer es für junge Kunsttherapeutinnen und -therapeuten ist, eine Anstellung in dem Bereich zu finden, der sie interessiert, möchte ich ihnen zum Trost erzählen, wie mein Anfang in der Psychiatrie war. Ich fand offene Ohren und Interesse bei dem damaligen Chef der Psychiatrie. Er sagte, er wisse zwar nicht, wie er mich finanzieren solle, aber wenn ich wolle, könne ich einfach mal anfangen, er werde es so schnell wie möglich regeln. Intern schaffte er mir alle Möglichkeiten, die ich vorschlug, war auch jederzeit bereit, mit mir über meine Erfahrungen mit den Patienten zu sprechen und mich in bezug auf Material und Räume zu unterstützen.

Ich fühlte mich wohl. Meine Bewerbungsunterlagen mit einem Begleitschreiben meines Chefs waren schon lange beim Personalleiter. Viele Anfragen und Erinnerungsschreiben hatten meine Bewerbungsmappe im Laufe des Jahres zu einem dicken Aktenordner anwachsen lassen. Noch immer arbeitete ich ohne Vertrag und ohne Geld. Zuletzt ging ich zum Personalchef. Obwohl er mir einen Termin eingeräumt hatte, ließ er mich eineinhalb Stunden vor der Tür warten. Als er mich schließlich hereinrief, mußte ich noch eine Zeit vor seinem Tisch stehen, während er in irgendwelchen Akten blätterte. Schließlich schlug er mit der Faust auf eine dicke Akte und fragte ironisch: »Wie hoch wollen Sie die denn noch wachsen lassen?« Ich erwiderte. »Um keinen weiteren Brief mehr, deshalb bin ich ja hier.« Er darauf: »Vernünftig! Also ich werde Sie nicht anstellen, demnächst bewerben sich noch Dachdecker, Straßenkehrer und Eisverkäufer in der Psychiatrie!«

Ich fand seinen Ton unverschämt, dann fiel mir ein, daß er mich für eine »Anstreicherin« halten könne. Ich sagte deshalb, ich hätte Kunst studiert. Er lachte und sagte: »Also ein Schmierfink!« Ich öffnete die Tür zum Sekretariat. Er schrie mich an, ich solle die Tür schließen. Ich sagte, ich brauche eine Zeugin für seine Unverschämtheiten. Die Sekretärin schaute mich aber so voll Angst an, daß mir klar wurde, sie würde nie etwas gegen ihren Chef sagen. Also schloß ich die Tür wieder. Nach einer Weile fing er an zu fragen: »Sind sie Ärztin? Sind sie Psychologin? Sind Sie Sozialarbeiterin? Sind Sie Schwester?« Ich daraufhin: »Sie wissen, was ich bin, warum fragen Sie?« Und er wiederum: »Also anderes können wir nicht gebrauchen.« Ich war empört über diesen Umgang mit mir, aber ich dachte an die Patienten, die in diesem Jahr Vertrauen zu mir gewonnen hatten, an denen mir lag, um deren Würde und Verständnis ich gerungen hatte. Ich konnte nicht aufgeben.

Ich hörte ihn fragen: »Sind Sie Putzfrau?«

Ich wußte, daß er mich damit erledigen wollte, und fragte ihn, weshalb er das wissen wolle. Er sagte, das sei die einzige Möglichkeit, eine völlig Ungelernte wie mich in der Psychiatrie arbeiten zu lassen. Ich sagte: »Einverstanden.«

Jetzt war er verdutzt. Ich würde also bezahlt wie ein Putzfrau: 6,80 DM Stundenlohn. Ich bestand darauf, den Vertrag gleich mitzunehmen. Intern fanden wir eine Regelung: Ich arbeitete weniger, dadurch wurde mein Stundenlohn höher. Natürlich könnte man sich ärgern: ein Jahr ohne Bezahlung und ein weiteres für einen äußerst kärglichen Lohn.

Dann wurde der Personalchef jedoch ausgewechselt, und ich bekam einen anderen Vertrag, weil ich ja nun schon zwei Jahre Erfahrungen gesammelt hatte. Was mir in dieser Zeit klar wurde, war, daß Geld allein nur eine Seite der Bezahlung und Anerkennung meiner Arbeit war.

Was für mich entscheidend hinzukam, war der Blick in eine andere, bis dahin nur geahnte menschliche Wirklichkeit: das Vertrauen und die Liebe, die mir meine Patienten entgegenbrachten, und der Austausch mit Kollegen. So empfand ich die Gesamtentlohnung meiner Lehrzeit als gut. Hätte ich das Jahr Erfahrung in der Psychiatrie nicht gehabt und wäre gleich zu Anfang dem unverschämten Personalchef begegnet, hätte ich mich sicherlich gegen diese Art von Behandlung gewehrt, und ich bin einigermaßen sicher, daß ich die Anstellung als Putzfrau nicht akzeptiert hätte. Der Affront wäre bei mir als Person hängengeblieben. Ich hätte mich als Mensch und Frau abgewertet gefühlt, aber mit meiner Beziehung zu den Patienten stand ich nicht nur als die, die ich war, sondern auch als Vertreterin dieser armen Menschen, die sich nicht selbst für sich einsetzen konnten, vor dem Personalchef. Das half mir, wenigstens einen Teil seiner Unverschämtheit an mir abgleiten zu lassen, was meine Position stärkte.

Später, wenn ich Gedanken öffentlich äußerte, die nicht medizinkonform waren, bin ich oft solchen Abwertungen begegnet, die mich in meiner Rolle als Vermittlerin – ich habe das einundzwanzig Jahre an der Medizinischen Hochschule Hannover versucht – zwar trafen, aber letzten Endes nicht zerstörten, weil ich als Mensch nicht unmittelbar getroffen war, sondern nur in meiner Rolle.

Damals war die Arbeit mit Bildern bei psychisch kranken Menschen so gut wie unbekannt. Inzwischen ist sie es durchaus nicht mehr. Kliniken oder andere therapeutische Institutionen haben Stellen eingerichtet für Kunsttherapeuten, und das Berufsbild ist nicht mehr so fremd. Der Kampf um die Töpfe der Krankenkassen ist entbrannt. Eine Weile sah es so aus, als gewänne die Kunsttherapie an Anerkennung. Nach Absprache übernahmen einzelne Kassen Therapien, aber jetzt, wo unser Gesundheitssystem zu kollabieren droht, sind die Kunsttherapeuten die ersten, die wieder gestrichen werden.[3] Ich sehe eine Gefahr darin, wenn an den Instituten parallel zu den schwindenden Stellen die Bedingungen immer höher geschraubt und die Studenten in ihrer Freude und Kreativität, wie ich sie viele Jahre erleben konnte, gebremst werden durch Zukunftsangst, der sie durch alle möglichen Sicherungen wie den Heilpraktikerschein, der ihnen für ihre eigentliche Arbeit nicht von Nutzen ist, zu begegnen suchen. Genauso kleinlich fand ich die bald auftauchende, zeitverschwendende Frage, ob es sich bei bestimmten Arbeiten mehr um Pädagogik oder mehr um Therapie handele und wie das auszuweisen sei. Anstatt zu sagen, immer gehe es um die Entwicklung der kreativen Kräfte eines Menschen mit bildnerischen Mitteln, das heißt, die Möglichkeit, sich als ganze Person zu erfahren, sich mit der Welt in Beziehung zu setzen, seine Aufgaben zu entdecken und in der Erfüllung seinen Sinn zu finden, kurz: um die Möglichkeit, aktiv an der Schöpfung teilzuhaben. Das hat auch etwas mit Freiheit zu tun.

Die Psychiatrie, in der ich arbeitete, war eine, die gegen die Ausgrenzung der Kranken war. Ein wesentliches Ziel war für sie die möglichst schnelle Reintegration der Patienten. Es war eine Sozialpsychiatrie. Große Ärzte waren Vorbilder wie zum Beispiel Klaus Dörner in Gütersloh. Sie versuchten einerseits die Psychiatrie zu öffnen und offensiv Menschen aus der Stadt einzuladen, andererseits waren sie bemüht, Patienten so bald wie möglich in ihre vertraute Umgebung zu entlassen, um Hospitalisierung zu vermeiden. Mir gefiel die Idee sehr, knüpfte sie doch an die Normalität dieser Menschen an. Was ich aber bald merkte, war, daß davon nur Patienten profitieren konnten, die vorübergehend in eine Krise geraten waren, oder solche, die zwar »verrückt« waren,

---

3 Eine Ausnahme gegen diesen Trend ist u.a. die »Innungskrankenkasse Hamburg«.

sich aber ganz gut in ihrer Besonderheit zurechtfanden. Die anderen aber lebten in ständiger Angst davor, wieder in die für sie bedrohliche Welt gestoßen zu werden wie jemand, der mit entsetzlichem Lampenfieber auf die Bühne geschubst wird, kein Wort herausbringt und gedemütigt und voller Scham wieder abtritt. Es ist vorstellbar, daß sich dieses Trauma mit jedem weiteren Auftritt verschärfen muß. Diese Menschen konnten sich aber auch in der Klinik nicht niederlassen und zu Hause fühlen, weil sie ja wußten, daß das nicht erwünscht war. Sie wurden teilweise zu heimatlosen Geschöpfen ohne zuverlässig stützenden Bezugsrahmen.

Ich spreche von denen, deren Wahrnehmung und Deutung der Welt anders war als die der Normalen, sie waren eben aus den vertrauten Normen gerückt. »Verrückte« durfte man sie nicht nennen, denn das galt als Abwertung, aber sie waren es ganz tief und durch und durch, und wenn man das nicht anerkannte, verloren sie ihre Identität. Ich habe im Kontakt mit ihnen erlebt, wie sehr sie meine Wahrnehmung erweiterten und daß manche von ihnen etwas hatten, was ich nicht besaß und nicht einmal geahnt hatte. Ich glaube, sie öffneten mir die Tore in andere Welten. Manchmal waren sie wunderbar und manchmal tief erschrekkend, aber nichts davon war mir wirklich fremd, es war nur so, als hätte ich es vergessen. Der Wahn jedes einzelnen war ganz einmalig, und deshalb lernte ich sie in ihrer Tiefe erst in den Bildern des Wahns kennen. Aber der Wahn wurde im Rahmen des sozialpsychiatrischen Denkens wie ein Fehlverhalten angesehen, das man am besten bekämpft, indem man es wie bei trotzigen Kindern nicht weiter beachtet.

Die Patienten wurden in ein Arbeitsprogramm eingespannt, das grundsätzlich in Gruppen stattfand, als kontrollierte Einübung normalen, sozialen Verhaltens. Der einzelne sollte mit seinen Problemen erst gar nicht in Erscheinung treten. Es sollte sich nicht lohnen, »verrückt« zu sein. Ich fand immer mehr, daß etwas

Wesentliches dieser Menschen auf diese Weise nicht wahrgenommen wurde.

Eine Geschichte möge das verdeutlichen: Herr lbschi war Jugoslawe, er war schon über ein Jahr immer wieder in der Tagesklinik. Er war still, nicht sehr selbstsicher und wurde deshalb immer wieder entlassen, kam aber bald, meistens zusammengeschlagen und vollkommen verängstigt wieder zurück. Da er kaum sprach, wußten wir nur wenig von ihm: Er war siebenunddreißig Jahre alt, lebte allein und war bei der Müllabfuhr gewesen. Herr lbschi fiel mir auf, weil er immer eine ganz bestimmte, viel zu große Jeans trug, die er am Gürtel mit einer Schnur zusammengebunden hatte. Die zu langen Hosenbeine waren mit Sicherheitsnadeln in die richtige Länge gerafft. In der Gruppe saß er neben mir, schaute mich vergnügt an, malte aber nicht, noch sprach er. Mir gefiel seine Aufmachung. So wie die Melone von Charlie Chaplin war diese Hose sein Markenzeichen. Ich konnte auch akzeptieren, daß er nichts tat, denn sein Ausdruck war nicht erstarrt wie bei manchen anderen. Hin und wieder lächelte sein Mund, in dem dann seine Zahnlücken sichtbar wurden, und sein Kopf bewegte sich wie zu einem heftigen »Ja« oder »Nein«. In seiner Phantasie schien er in einem Stück mitzuspielen. Dabei wollte ich ihn nicht stören, wenn es ihm gutging.

Eines Morgens fand ich ihn nicht auf seinem gewohnten Platz neben mir am Tisch, er saß zitternd in der Ecke. Zuerst dachte ich, er sei krank, dann sah ich, daß er eine andere, passende Jeanshose anhatte. Verwirrt zupfte er an der neuen Hose herum. In seiner Not fing er an zu sprechen. Ich verstand, daß man ihm seine Hose abgenommen hatte, dafür hatte er die neue bekommen, die er anziehen mußte. Er wirkte wie einer, der sich vollkommen verloren hat. Als die Malstunde beendet war, ging ich mit ihm ins Stationszimmer, um zu fragen, was geschehen war. Ich erfuhr, daß man seit Wochen versuchte, ihm die Hose zu entwenden, um ihm rein äußerlich zu helfen, nicht so aufzufallen. Es war ein Therapieziel, um ihm den Übergang bei der nächsten Entlassung zu erleichtern. Das klingt einleuchtend. Aber mich interessierte, was ihn so aus der Bahn geworfen hatte.

In seiner Not erzählte er mir seine Geschichte: Die Hose zeichne ihn als Chef und Leiter eines Unternehmens aus, das ganz Deutschland, Österreich und Ungarn mit einem Netz von Straßen überzog. Er habe viele Arbeiter und Maschinen, sei ein wichtiger Mann und leiste bedeutsame Arbeit. Jetzt, ohne seine Hose, wisse niemand mehr, wer er sei und welchen Rang er habe. Man könne ihn erneut entlassen und demütigen.

Ich war betroffen von seinem Schicksal, und seine krankhafte Einbildung schien mir sinnvoll, notwendig und schlüssig. Mit seinem Wahn schaffte er sich die verlorene Achtung zurück. Er war ein Bollwerk gegen die Ohnmacht, die er erlitten hatte, und gegen die Bedeutungslosigkeit, in die man ihn getreten hatte. Sieben Jahre war er mit einem Deutschen auf dem Müllwagen gefahren. Dieser hatte ihn offenbar so lange schikaniert, bis Herr Ibschi ausrastete und in seiner Verzweiflung zuschlug. Danach hatte ihn der andere fertiggemacht. Mit seinem schlechten Deutsch konnte er sich nicht verteidigen und verlor seine Stelle. Er hatte weder Freunde noch Familie in Deutschland. Weil die Arbeit seine Kraft erschöpft hatte, war er fast immer ins Bett gegangen, um für den nächsten Tag fit zu sein. Diese Arbeit war alles für ihn gewesen. Mit ihrem Verlust hatte er alles verloren.

In seinem Wahn schuf der aus allen Bezügen gefallene Mann mit seinen Straßen eine Verbindung zwischen den Ländern, die die Beziehungen und den Kontakt untereinander erleichtern konnte. In dieser Vorstellung fand sein Wunsch nach Anerkennung ihren Ausdruck.

Wer das nicht wußte, konnte nicht ahnen, was er ihm mit dem Entwenden seiner Hose antat.

Ich versuchte, das meinen Kollegen zu erklären, und bat sie, mir zu sagen, wo die Hose hingekommen sei. Es gab ein lautes

Stöhnen und Kopfschütteln. Wochenlang hatte die Sozialarbeiterin mit ihm daran gearbeitet, jetzt wollte ich dieses Therapieziel zunichte machen.

Ich verstand das Dilemma. Wir hatten unterschiedliche Vorstellungen. Die Sozialarbeiterin arbeitete engagiert an seiner Reintegration, dazu mußte er so normal wie möglich werden. Ich dagegen wußte nicht einmal, an was ich arbeiten wollte.

Ich wollte ihn nur erst einmal wahrnehmen und aus ihm heraus verstehen. Sein Wahn war dabei ein wichtiges Tor zu seiner inneren Wirklichkeit, vor der ich Achtung hatte. Er hatte mich berührt, da klang etwas in uns zusammen, ein nie zuvor wahrgenommener Akkord, der war mir kostbar – weiter wußte ich noch nicht. Auf Umwegen gelang es mir, im letzten Augenblick seine Hose zu retten. Sie war mit anderem Müll in die Verbrennungsanlage gekommen. Ich glaube, ich habe noch nie so viel Freude bei einem Menschen erlebt wie bei Herrn Ibschi. Es war, als hätte ich ihm das Leben gerettet.

Von da an hat er mich offenbar in sein System mit eingebaut. Er fragte mich schüchtern, ob er mich »Schnuggemäuschen« nennen dürfe. Ich vermute, daß es »Schnuggelmäuschen« bedeuten sollte, was er offensichtlich einmal als ein zärtliches Wort gehört hatte. Wenn ich ihn jetzt irgendwo in den Klinikgängen traf, in denen er, in Gedanken versunken, immer dicht an der Wand entlang ging, strahlte er mich an und sagte geheimnisvoll und stolz: »Schnuggemäuschen, wir haben schon wieder hundert Kilometer geschafft. Seit du dabei bist, geht alles viel besser.« Ich freute mich mit ihm eine halbe Minute zusammen, dann ging er weiter, um Straßen zu bauen.

Als er wieder entlassen wurde, war er sogar bereit, die anderen Jeans anzuziehen, denn seine Identität hatte sich gefestigt, und seine Hose hatte er immer in einer Tasche bei sich.

Heute denke ich, vielleicht wäre es der Sozialarbeiterin gelungen, ihn zu reintegrieren. Manchmal treffe ich ihn auf der Straße.

Er hat nun keine Zähne mehr, außer einem, aber noch immer strahlt er, wenn wir uns begegnen. Er lebt in einer therapeutischen Wohngemeinschaft und arbeitet in einer Werkstatt für geistig Behinderte. Dort macht er Kleiderbügel aus Holz. Es gefällt ihm.

Er ist kein kaputter Mensch. Vielleicht hat er jetzt den Schutz, den er braucht. So scheint sein Leben für ihn lebbar. Sicherlich entspricht er den Normvorstellungen von Gesundheit und Normalität nicht, aber es sieht so aus, als sei sein Leben erfüllt – und auf was sonst sollte es ankommen?

Wir alle werden von einem Strom innerer Bilder durchflossen. Meistens sind wir zu unaufmerksam, sie wahrzunehmen, und doch haben sie Einfluß auf uns, genauso wie unsere Träume. Wir kennen plötzliche Stimmungsschwankungen, die nicht aus unserem alltäglichen Leben gespeist sind, die wir uns deshalb nicht erklären können. Es ist, als sei plötzlich eine Weiche gestellt worden, die uns auf einem anderen Gleis fahren läßt.

Diese Bilder werden vermutlich aus zwei Quellen gespeist: einmal aus den Bildern des Alltags, zum anderen aus den Bildern des Unbewußten, die sich miteinander verknüpfen. Im Unbewußten sammeln sich die Erfahrungen, die verdrängt werden mußten, weil sie zu unerträglich wurden, aber auch das, was C. G. Jung das kollektive Unbewußte nannte: uraltes, unser eigenes Leben weit übersteigendes Wissen.

Wir, die wir uns im Spektrum der »Normalität« bewegen, haben diesen Bilderstrom gut unter Verschluß, öffnen ihn nur manchmal für die Träume der Nacht. So schützen wir uns automatisch vor den Abgründen und schwindelnden Höhen unseres menschlichen Daseins. Vielleicht ist das gut so für uns, aber wir müssen vorsichtig sein, daß wir nicht alles andere verteufeln, sonst sind wir in der Gefahr, jeden, der auf einer anderen Schiene fährt, auf unser Gleis herüberzuretten.

Gewiß gibt es Menschen, die das möchten und uns um Hilfe dafür bitten, weil sie aus der Spur geraten sind. Aber es gibt auch die anderen, die einen anderen Weg gehen müssen, nicht selten voller Angst, Leid und Zweifel.

Wir können sie höchstens begleiten, wenn sie es wünschen. Wir dürfen dabei nicht der Versuchung erliegen, uns als Führer durch das Land des Grauens anzubieten. Denn Führer kann nur sein, wer die Gegend mit all seinen Möglichkeiten und Tücken kennt. Da wissen die Betroffenen besser Bescheid als wir.

Was wir ihnen anbieten können, ist höchstens unsere Zuversicht, daß die Bilder des Grauens nicht die ganze Wirklichkeit sind. Wir können bei der Begleitung, an der Hand unserer Patienten den Bereich des Ungeordneten, Archaischen erfahren, der auch ein Teil jedes Menschen ist.

»Das, was du siehst, ist das leere Haus von Tamara. Wer war das bloß?«

Tamara war eine junge Frau, die in solchen Abgründen lebte. Sie war in meiner Gruppe, sah meistens dumpf vor sich hin und rauchte permanent. Die Zigaretten drückte sie auf ihren Armen aus, die schwarz und vernarbt waren. In ihrem Gesicht war keine Spur von Schmerz, wenn sie sich mit der Glut der Zigarette verbrannte. Manchmal neigte sie ihre Nase zu der frischen Wunde und sog den Geruch verbrannten Fleisches ein, als müsse sie sich an etwas erinnern, dann entzündete sie nervös die nächste Zigarette und schaukelte angestrengt hin und her. Zuweilen schaute sie mich aus ihren schwarzen Augen, die plötzlich aufmerksam geworden waren, voll Wut und Verzweiflung an und sagte mit tiefer Stimme: »Du warst es, du hast mich zerstört.« Obwohl ich wußte, daß ich für jemanden stand, ging es mir jedesmal unter die Haut. Wer hatte sie zerstört und auf welche Weise?

Auf der Station war sie bei niemandem beliebt. Sie paßte sich nicht an, wehrte sich gegen alles und galt als heimtückisch. Sie bekam hochdosierte Psychopharmaka und schrie jedesmal, als wollte man sie umbringen, wenn man ihr diese verabreichte.

Sie war in Berlin geboren. Ihre Mutter war Prostituierte, ihr Vater kam aus Ghana, aber sie hatte beide nie gesehen. Als Baby war sie in ein Heim gekommen. Danach war sie bis zu ihrem siebzehnten Lebensjahr noch in verschiedenen anderen gewesen. Sie erinnerte sich nur an eine Betreuerin, die das kleine, dunkle Mädchen mit dem schwarzen Lockenkopf gern gehabt hatte. Das war zwischen ihrem fünften bis sechsten Lebensjahr gewesen. Danach hatte sie sich offenbar an niemanden mehr angeschlossen. Ihre Kindheit und Jugend hatte sie komplett vergessen. Mit siebzehn hatte jemand ihr Heroin gespritzt. Es war ein Horrortrip für sie geworden, ein riesiger Strudel, der alles von ihr mit in die Tiefe gerissen hatte. »Das, was du hier siehst, ist das leere Haus von Tamara. Wer war das bloß?« sagte sie qualvoll grübelnd, als wir das erstemal allein waren.

Sie wußte nicht, wer sie war. Nur einmal in meinem Leben bin ich einem so geschichtslosen Wesen begegnet wie ihr. Sicherlich ist es schwer, eine grausame Vergangenheit zu haben, aber das ist wenigstens etwas, worauf man sich beziehen kann. Sie hingegen hing irgendwo im luftleeren Raum, nicht einmal ihr geschundener Körper war ihr geblieben. Sie nutzte ihn wie einen Aschenbecher, er antwortete ihr nicht mit Schmerz. Einmal geriet sie in Panik, als sie ihren großen Zeh sah, der sich bewegte. Entsetzt fragte sie: »Was ist das, das soll weg.« Sie warf eine Tasse voller Wucht auf ihn, und als er anschwoll, sagte sie empört: »Jetzt macht sich das noch dicker!«

Ihre Seele irrte offenbar umher und fand das Haus nicht mehr, das ihr zugedacht war. Deshalb konnte sie auf ihren Körper nicht aufpassen, er war ständig in Gefahr.

Sie war damals einundzwanzig Jahre alt, aufgedunsen von den Medikamenten, aber man konnte noch sehen, daß sie ein schönes Geschöpf gewesen war.

Während der Gruppensitzung saß sie mir meistens rauchend und hin- und herschaukelnd gegenüber. Irgendwann ergriff sie blitzschnell ein Papier, als drohte es sonst im Nu vorbeizuhuschen, und zeichnete sich. Ganz aufgeregt war sie, als schmelze das Bild in ihrem Kopf wie Eis in der Sonne. Oft blieb es rudimentär.

Fast immer bekam die Zeichnung dann ein Eigenleben. Da sie sich nicht als ihr Urheber begreifen konnte, ohne Substanz, wie sie sich erlebte, wurde die kleine Zeichnung zu einem bedrohlichen Gegenüber, das ihr die Daseinsberechtigung absprach. Dann mußte ich das Blatt schnell in einer Mappe verstecken, damit es nicht zu groß wurde und ihr den Lebensraum einschränkte. Dreimal mußte ich danach die Mappe verschnüren, damit sie sich beruhigte. Andererseits durfte das sie bedrohende Blatt nicht zerstört werden, denn es war jetzt ein Teil von ihr.

Als sie einmal versuchte, eine Zeichnung zu verbrennen, mußte ich sie löschen, weil sie in Panik schrie: »Ich verbrenne, ich verbrenne!« An den Armen und dem Hals zeigten sich Verbrennungssymptome, obwohl sie mit der Flamme nicht in Berührung gekommen war. Ihre Seele konnte offenbar wandern, konnte in der brennenden Zeichnung und vorübergehend in ihrem Körper sein, als trüge sie das Feuer hin und her.

Diese Flüchtigkeit ihrer Seele führte dazu, daß ich oft das Gefühl hatte, sie könne meine Gedanken lesen. Noch bevor ich dazu kam, etwas zu sagen, konnte es sein, daß sie mir antwortete, ohne daß zuvor ein Gespräch stattgefunden hatte.

Sie entwickelte eine intensive Beziehung zu mir und fing an, mir zu vertrauen. Wenn ich ihr die Medikamente gab, nahm sie sie ohne zu murren, und es ging ihr besser danach, wenn auch immer nur für kurze Zeit, dann kam völlig unerwartet der nächste Einbruch.

Was sie ständig beschäftige, war, wer sie war und woher sie kam. Immer wieder zeichnete oder malte sie sich. Dazu schaute sie in einen Spiegel und sprach mit ihrem Spiegelbild, als habe sie ein entzückendes kleines Mädchen vor sich. In solchen Augenblicken strahlte sie ein großes Glück aus. Ihre Augen leuchteten und ihr Gesicht wurde schön. Aber immer wieder, wenn sie sich malen wollte, war das, was um sie herum war, so mächtig, daß die Ansätze ihrer Person sich im Chaos auflösten. Lange mußte ich sie festhalten, damit sie sich wieder wahrnahm. Manchmal waren ihre Bilder so, als versuche sie, aus den Anfängen der Welt aufzusteigen, wie ein Wesen, dem nichts vorausgegangen ist und das deshalb unendlich einsam und bedroht ist, wie auf einem solchen Bild, auf dem sie wie ein dunkler Vogel aus einem endlosen Meer steigt. Die roten Punkte um ihn herum sind sein Leben und sind seine Angst, die ihn zurücktauchen lassen in das Gestaltlose, weil er die Einsamkeit nicht aushält.

Später gelingt es ihr, ein menschliches Gesicht zu malen, aber es droht von bunten Strukturen überwuchert zu werden. So war auch unsere Beziehung. Sie brauchte mich, aber je wichtiger ich für sie wurde, desto bedrohlicher war ich auch für sie, weil sie sich nicht von mir abgrenzen konnte. Innerlich war sie ständig auf der Suche nach ihrer Mutter. Sie sehnte sich nach Zugehörigkeit und Liebe, aber das Urbild Mutter war für sie mit tiefer Enttäuschung verbunden. Ihre Mutter hatte wie auf diesem Bild keine Arme für Halt und Zärtlichkeit, ebensowenig wie das Kind, das auf ihrem Schoß sitzt. Über beiden ist eine Sonne, die nicht wärmt, nichts erhellt, sondern hämisch und bösartig eine lange dunkle Zunge nach ihnen ausstreckt und ihre Strahlen wie Pech auf sie regnen läßt, von dem ihre Kleider bedeckt sind.

Nach diesem Bild riß sich Tamara verzweifelt die Kleider vom Leib und wälzte sich auf dem Boden, als brenne sie. Ich zog meine Jacke und Strümpfe aus und zog sie ihr an, dann setzten wir uns vor den Spiegel, und ich sagte ihr, daß sie ein schönes und liebes Geschöpf sei und daß ich sie schützen würde. Sie beruhigte sich, hielt meine Hand fest und schaute zärtlich auf ihr Spiegelbild. Solche Augenblicke waren wie kleine Oasen für sie.

Wenn ich kam, fand ich sie meist nach vorn gebeugt, rauchend und schaukelnd auf einem Stuhl.

Wenn ich im Flur war, hörte ich sie sagen: »Du bist schon da, Tamara ist noch nicht hier, die hat sich verlaufen.« Dann schaute sie mich teilnahmslos an, als müsse sie erst mal zurückfinden in ihren Körper. Manchmal riß sie verzweifelt an ihrem Arm und an ihrem Hals herum oder steckte die Glut ihrer Zigarette an ihre Beine und stöhnte: »Da, da, da!«, als müsse sie auf dieses unbewohnte Haus hinweisen.

Wenn ich dann ihre Wunden versorgte, schaute sie mir zu, als ginge es nicht um sie, aber irgendwann kam ein schmerzlicher Ausdruck in ihr Gesicht, und ihre Lippen sagten »Ma – Ma« wie ein kleines Kind, das sprechen lernt. Dann war sie wieder gut und glücklich. Sie sagte, ich brauchte nicht zu sagen, daß ich ihre Mutter sei, sie würde mir auch alles vergeben, aber sie sei so glücklich, mich wiedergefunden zu haben.

Mit dieser Vorstellung stabilisierte sie sich. Ich sagte weder, daß ich ihre Mutter sei, noch stritt ich es ab. Mit mir schuf sie sich ein lebenswichtiges Bild. Ich war ihre innere Mutter, mit der sie ein neues Leben wagte. Sie malte phantasievolle, hoffnungsvolle Bilder. Sie gebar sich auf ihnen als ein neuer Mensch.

Auf einem Bild ist nicht ein undefinierbares Wesen, sondern ein kleines Baby zu sehen, geborgen wie Moses in einem Körbchen, von Wasser getragen, in der Hoffnung, gefunden zu werden. Auf der Station waren alle zufrieden mit ihrem Zustand. Manchmal konnten wir in die Stadt gehen und Eis essen oder etwas für sie einkaufen. Sie war glücklich. Eines Tages bekamen wir eine neue Stationsärztin.

Jung und engagiert, wie sie war, kontrollierte sie alle Medikamentengaben. Tamaras Medikamente hatten in der letzten Zeit reduziert werden können. Das fiel ihr auf. Beim ersten Gespräch mit Tamara veränderte sie die Dosierung, worauf diese ruhig sagte, sie müsse erst ihre Mutter fragen. Die Ärztin schaute in die

Akte, sah, daß Tamara diese nicht kannte, und sagte ihr das. Als Tamara noch immer ruhig sagte, ich sei ihre Mutter, ließ mich die Ärztin rufen. Tamara kam mir mit ängstlichen Augen entgegen und sagte: »Ich vertraue dir, du bist meine Mutter, was immer du sagst, ich vertraue dir.«

Auf die Frage der Ärztin, ob ich ihre Mutter sei, sagte ich: »In gewisser Weise ja«, bat sie aber allein mit ihr sprechen zu können. Tamara stimmte sofort zu, aber die junge Ärztin bestand darauf, daß sie dabeiblieb.

Im Laufe des Gespräches machte sie ihr klar, daß die Vorstellung, daß ich ihre Mutter sei, zu ihrem Wahn gehöre, daß zu ihrer Gesundung aber Wahrheit vonnöten sei. Es sei wichtig, daß Tamara ihre leibliche Mutter kennenlerne, die als Prostituierte in Berlin lebe. Sie werde es veranlassen. Grundsätzlich hatte sie natürlich recht, aber Tamara wollte diese Mutter nicht kennenlernen. Sie zitterte am ganzen Körper, ihre Augen waren erstarrt. Tonlos flüsterte sie immer wieder: »Aber du bist doch meine Mutter.« Sie war noch so unsicher, daß sie eine enttäuschende Mutter zu diesem Zeitpunkt nicht verkraften konnte.

Ist eine Mutter, die ihr Kind gleich nach der Geburt weggegeben hat, eine Mutter? Wie wird man zur Mutter? Hat ein verstoßenes Kind nicht das Recht, sich eine Mutter zu suchen, damit es überhaupt leben kann? Und ist es nicht ein großes Unrecht, einem solchen Menschen diese Stütze zu entziehen, weil eine leibliche Mutter, nur weil sie das Kind auf die Welt gebracht hat, eine realere Mutter sein soll als eine aus Not gewählte? Das ging mir durch den Kopf.

Es waren zwei unterschiedliche Vorstellungen aufeinander gestoßen. Aber anders als bei Herrn lbschi, konnte ich Tamara nicht helfen. Die Stationsärztin setzte sich durch. Als ich im Urlaub war, fuhr der Sozialarbeiter mit Tamara nach Berlin, um ihre Mutter kennenzulernen. Diese Begegnung war offenbar ein großer Schock für sie. Sie war als Person noch zu schwach, um eine solche

Enttäuschung zu verkraften. Vor dem Hintergrund ihres schweren Lebens hätte sie ein gutes und positives Mutterbild gebraucht wie alle Menschen am Anfang ihres Lebens, und damit hatte sie doch gerade angefangen. Die fremde, verkommene Frau, die nichts mit diesem verwirrten Wesen zu tun haben wollte, hatte all ihre Hoffnungen zunichte gemacht. Aber sie konnte auch nicht zu mir zurückfinden. Ich hatte sie nicht vor all dem bewahren können und, um leben zu können, hätte sie jemanden gebraucht, der sie zu diesem Zeitpunkt vollkommen geschützt hätte.

Ich fühlte mich wütend und ohnmächtig dieser Situation gegenüber und mußte zusehen, wie sich die mühsam gewachsene Person unter den Blicken böser Augen auflöste, die in ihr ihr Unwesen trieben. Sie hatte die Tür verschlossen aus Angst vor Unheil von außen, während innen die Dämonen wüteten. Hin und wieder fand ich sie auf kleinen Zetteln, die sie bekritzelte. Das Baby im Körbchen auf dem Wasser war nicht von einer Prinzessin gefunden worden wie Moses. Es trieb in einem Fluß unheimlicher Metamorphosen, die sie panisch ängstigten, wenn sie zum Beispiel das Gefühl hatte, sie würde plötzlich ein Mann und ihr wüchse ein riesiges, unverbergbares Geschlecht. Wenn sie dann in Panik randalierte, bekam sie einen »Beschluß« – das heißt, sie durfte die Station nicht verlassen – und stärkere Medikamente, als hätte die von Angst geschüttelte junge Frau es in der Hand, ihre Panik zu beherrschen, und als sei es reine Bosheit, wenn sie es nicht täte. Ein Bild, von dem die junge, ehrgeizige Psychiaterin ausging und dem entsprechend sie handeln mußte. Sie hatte qua Position die Macht.

Ich saß ohnmächtig an Tamaras Seite, die ihr Vertrauen zu mir verloren hatte. Wenn ich meinen Arm um das erstarrte Wesen legte, spürte ich, daß sie nicht erreichbar war. Ihre Seele irrte umher. Wenn ich an Tamara zurückdenke, so ist mir, als hätte ich versucht, einen Menschen aus dem tosenden Meer zu retten, in das er gestürzt war, als sei es mir eine Weile gelungen, ihn über Wasser zu halten, aber als habe ihn eine große Woge schließlich von mir weg ins Meer zurückgerissen.

Was hat unsere Begegnung für mich bedeutet?

Vielleicht die Erfahrung, daß es Menschen gibt, die fast ohne Boden leben müssen und ohne Grenzen. Das ist schrecklich, aber nicht nur. Durch ihre Entgrenztheit war Tamara mir offenbar so nah, daß sie jederzeit, auch in meiner Abwesenheit, Kontakt mit mir aufnehmen konnte. Zum Beispiel war ich einmal mit meiner Familie am Meer. Meine Kinder und ich spielten mit einem Wasserball. Ich dachte nicht an Tamara. Plötzlich durchfuhr mich ein diffuser Schreck, und ich hörte mich laut sagen: »Nein, du kannst nicht fliegen!« Mein Sohn schaute mich verdutzt an und sagte lachend: »Hab' ich auch nicht gesagt.« Ich wußte das und war etwas irritiert über mich und spielte weiter.

Ich hatte diesen Vorfall längst vergessen. Als ich wieder in der Klinik war, erzählte mir Tamara, daß sie fast aus dem neunten Stock vom Balkon gesprungen wäre, weil sie sicher war, sie könne fliegen. Aber ich hätte es ihr verboten mit den Worten: »Nein, du kannst nicht fliegen!« Das war genau zu dem Zeitpunkt, zu dem ich den für mich irritierenden Satz zu mir sagen hörte, ohne zu wissen, zu wem und warum ich ihn gesagt hatte.

Ein Teil von mir stand offenbar mit Tamara in Verbindung, auch wenn es mir nicht bewußt war. Damals war das für mich erschreckend. Ich wollte es für einen Zufall halten, denn es gab auch ein Bedürfnis in mir, mich von ihr abzugrenzen.

Heute denke ich anders darüber. Sie hat mir gezeigt, daß es eine Verbindung zwischen allen Menschen gibt und daß unsere Gedanken, Gefühle und sogar unbewußten Einstellungen Einfluß aufeinander haben und daß wir eine große Verantwortung tragen für unsere Art, miteinander umzugehen.

Tamara hatte mich manchmal gewarnt, sie könne mir schaden. Ich hatte ahnungslos gesagt, sie brauche keine Angst zu haben, ich würde schon auf mich aufpassen.

Es ist ein Unterschied, ob unser Seelenhaus unstabil und löchrig ist und wir aus ihm herausfallen, weil es uns nicht zuverlässig bergen kann, oder ob es ein fest umgrenzter innerer Raum ist, aus dem wir bewußt hinaustreten in der Gewißheit, sicher zurückkehren zu können. Tamara sehnte sich nach einem sicheren inneren Ort, aber sie fand kein Zuhause bei sich.

Wie oft sagen wir, wir müßten erst mal bei uns sein, weil wir davon ausgehen, daß es diese innere Heimat gibt, in der wir Ruhe und Geborgenheit finden. Kleine Kinder, die ruhig für sich spielen, haben ein solches Heim. Auch wenn es im späteren Leben in Krisen durcheinandergerüttelt, vielleicht sogar zerstört wird, so können sie es sich wieder aufbauen.

Aber die, die nie einen solchen Boden bekommen haben und nicht das Wissen, wie man sein Heim baut, die wandern einsam durch die Welt. Je nachdem, ob sie fähig sein werden, ein Zelt an den Orten aufzustellen, wo sie gerade sind, oder ob ihnen nicht einmal das zur Verfügung steht, werden sie sich als Nomaden oder Heimatlose fühlen.

Tamara war eine solche Ausgestoßene und Heimatlose. Vielleicht hätte sie sich stabilisieren können, wenn sie mich als positives Mutterbild in sich hätte aufnehmen können. Irgendwann hätte sie an der Vorstellung, ich sei ihre reale Mutter, nicht mehr festhalten müssen, wenn sie mich sicher genug introjiziert hätte. Aber zu diesem Zeitpunkt, als ihre Hoffnung und ihr wachsendes Vertrauen noch wie eine zarte Pflanze waren, war die Konfrontation mit ihrer leiblichen Mutter zerstörerisch. Vielleicht hätte ich im Laufe einer längeren Zeit wieder etwas mit ihr aufbauen können, aber die Psychiatrie wurde umstrukturiert, und sie mußte als Langzeitpatientin in eine andere Klinik. Ich habe sie noch einige Male besucht, aber sie konnte mich nicht mehr erkennen und fing an, sich vor mir zu fürchten. Trotz allem ist sie in mir mein Kind geblieben. Ich hoffe, daß bei all ihrer Unabgegrenztheit etwas von meiner hilflosen Liebe zu ihr durchdringt.

»Den Irreführern habe ich das Haus verboten.«

Ein anderer dieser Nomaden war Bruno. Als ich ihm zum erstenmal begegnete, stand er auf den Händen und ging, als sei das üblich, schnell und geschickt durch den Aufenthaltsraum der Tagesklinik. In einer Ecke sackte er etwas herunter und stand auf dem Kopf. Seine wasserblauen, weißbewimperten Augen schauten mich ruhig an, so daß ich mir nach einer Weile unseres Auge-in-Auge falsch herum vorkam. Gerade da sprang er mit erstaunlicher Behendigkeit auf die Beine.

Durch seine Augen konnte man wie durch offene Tore fallen. Ich ging instinktiv einen Schritt zurück. Er war ein kleiner, muskulöser Mann mit kurzgeschnittenen blonden Haaren. Als er lächelte, wurde sein Gesicht kindlich sanft.

Eine leuchtend rote Narbe an seiner Halsschlagader fesselte mich und preßte mir das Herz zusammen. Er hatte etwas von einem Kind, einem Raubtier und einer sich häutenden Schlange an sich. Wie ich später hörte, hatte er mehrfach versucht sich umzubringen. In der Schweiz hatte er eine Clownsausbildung gemacht, war aber psychotisch geworden. Er hatte Tiere, die er eigentlich liebte, grausam mißhandelt, aber auch sich selbst. Sein Leben hatte er scheinbar nicht richtig an sich genommen und drohte aus dieser Schwäche heraus, es alle paar Wochen zu verlieren.

Er war sehr kreativ und malte mit Vergnügen große Bilder auf den Fußboden, die faszinierend in ihrer Farbigkeit und ihrem Bildaufbau waren.

Meistens war er guter Laune, aber wie aus heiterem Himmel konnte er von einem Zerstörungsdrang ergriffen werden, der sich häufig gegen ihn wendete. Es gelang mir, wenn diese Anfälle kamen, ihn darauf zu verpflichten, daß er nicht sich, sondern wenn schon, seine Bilder zerstörte. Das führte allerdings dazu, daß von seinen ersten Bildern kaum eins übrigblieb.

Er begleitete mich schweigend zurück. Als er sich verabschiedete, sagte er: »Ja, so werde ich es abbauen, das ist eine würdige Form, denn alles ist in Bewegung, man darf die Bewegung nicht stoppen, das wäre Frevel.«

Ich hätte ihn gern gefragt, was er vorhatte, aber man brauchte ihm keine Fragen zu stellen, weil er nicht antwortete – nicht aus Trotz oder sonstigem Widerstand, sondern weil seine Gedanken ihren eigenen Weg gingen.

Wie ich zwei Tage später hörte, als ich ihn wieder in der Tagesklinik vorfand, hatte er alles angezündet. Für ihn war das das würdige Ende dieses Stückes Lebensgestaltung gewesen. Man konnte ihn nicht zur Rede stellen und in die Verantwortung zwingen, denn er hatte ja in seinem Koordinatensystem verantwortlich gehandelt. Die Vorstellungen der anderen gingen ihn nichts an.

Es gab noch eine Situation, die mir das in extremer Weise verdeutlichte. Das war während eines Sommers als er umherwanderte und ich ihn oft wochenlang nicht sah.

Mein Mann war auf einem Kongreß, die Kinder auf einer Klassenreise. Gegen 22 Uhr klingelte es. Als ich öffnete, stand Bruno vor der Tür. Er sah bedrückt aus. Ich bat ihn herein. Er hatte ein schmales, langes Päckchen bei sich und legte es auf den Tisch. Noch nie hatte ich ihn so bedrückt gesehen. Langsam fing er an, das Päckchen aufzuschnüren und beförderte ein großes Messer zutage. »Ich werde Sie heute abend umbringen«, sagte er. Ich erschrak und bat ihn, zu sagen, warum.

Er erzählte mir, daß am nächsten Tag die Welt unterginge. Er habe einen Traum gehabt. Es sei grauenhaft gewesen. Es gäbe drei Menschen, denen er diesen Untergang ersparen möchte, das seien ich, sein Arzt und ein anthroposophischer Lehrer. Wir seien ihm am wichtigsten. Er habe viel von uns bekommen und müsse aus Dank diese Tat vollbringen. Ich brauche keine Angst zu haben, es sei nur ein kurzer schneller Schmerz.

Mir war klar, daß ich keine Chance hatte, Hilfe zu bekommen, und auch keine, ihn umzustimmen. Seltsamerweise verschwand meine Angst. Er erzählte mir von seinem Höllentraum und schilderte mir dann die Freuden des Paradieses. Ich spürte seine tiefe Zuneigung und Verantwortlichkeit mir gegenüber, und irgendwann war ich so weit in seinem System, daß ich alles einleuchtend und schlüssig fand. Ich konnte ihn vollkommen verstehen.

Es war, als seien wir auf dem untersten Grund eines Strudels angekommen, wo ich zugleich auf seiner und auf meiner Ebene war. Als ich ihm jetzt in voller Würdigung seiner Motive sagen konnte: »Ich danke Ihnen herzlich, aber das darf niemand von Ihnen verlangen! Wenn es dann so wäre, daß morgen die Welt untergeht, so wollen wir alle, Sie, ich, Ihr Arzt, Ihr Lehrer und alle Menschen, die wir lieben, gemeinsam untergehen«, da weinte er vor Erleichterung, packte sein Messer wieder ein und ging. Es war inzwischen zwei Uhr morgens.

Nie hätte er diesen Satz von mir am Anfang seines Besuches annehmen können. Ich mußte mich erst mit ihm durch seine innere Welt aufmachen. Nur da, wo wir einen gemeinsamen Boden betraten, da, wo ich ihn vollkommen verstand – und das mit weit mehr als nur mit dem Kopf –, da konnten wir in einen Dialog treten, da konnte er sich auch meinen Argumenten öffnen, da ließ er sich die schwere Aufgabe von den Schultern nehmen. Danach hat er nie wieder einen Menschen – auch nicht sich selbst – oder Tiere, die er liebte, verletzt.

»Eine Stimme, die mir einreden will, ich solle etwas zerstören, was ich liebe, kann keine gute Stimme sein, das habe ich auf einmal erkannt«, sagte er das nächste Mal. »Den Irreführern habe ich das Haus verboten.«

Die Gespräche mit ihm waren etwas Besonderes. Er entwickelte seine eigene Philosophie, die sich von Augenblick zu Augenblick wandelte. Wenn man sich seinem Gedankenstrom anvertraute, gelangte man an ungewöhnliche Schauplätze, auf denen

Wir standen an einer befahrenen Straße. Sie war in Hausschuhen losgelaufen, um Brötchen zu holen; die Tüte hatte sie in der Hand. Wir schauten beide darauf, als könne man so etwas Normales wie Brötchenholen nicht mehr machen, wenn sich ein junger Mensch erhängt hat.

Ich sah sie mit tonloser Stimme etwas sagen, aber ich verstand nichts, denn auf einmal war der brausende Lärm der Straße wieder da. Ich neigte mich zu ihr und hörte: »Wer kann das verstehen? – Wir haben doch alles für ihn getan.« Und: »Zeit heilt Wunden, es ist jetzt drei Jahre her.« Aber in ihrem Gesicht war die Fassungslosigkeit des ersten Augenblickes. Es gibt Erlebnisse, die werden nie alt. Sobald man sie erwähnt, geht der Vorhang auf und alle Scheinwerfer an, und das Stück wird erneut gespielt. Ich sah das Ende nicht in voller Schärfe, aber ich sah in unerbittlich deutlicher Zusammenschau das Stück von Jakobs Leben, das ich kennengelernt hatte. Wie ein dunkler Teppich war es sichtbar.

Er war von seinem achten bis zwölften Lebensjahr bei mir in Therapie gewesen. An Rumpelstilzchen hatte er mich erinnert, ein kleiner, zarter Junge, der wie ein Kleinkind und ein Greis zugleich aussah. Er hatte sich sofort auf einen Hocker gesetzt, hatte seine Beine miteinander verknotet und seine Arme fest vor seiner Brust verschränkt, als müsse er sich an sich selbst festhalten oder sich verpanzern. Er strömte einen intensiven Angstgeruch aus, und jeder Muskel in seinem schmalen Gesicht war angespannt. Er hatte nicht kommen wollen, aber er wollte nirgendwohin. Ihn aus seinem Zimmer herauszubekommen, war jedesmal ein angstvolles Angehen. Er spielte nie auf der Straße, und sein Schulweg und die Stunden in der Schule waren ein einziges Martyrium für ihn. Das hatte mir seine Mutter gesagt. Jakob saß da, als ginge es nicht um ihn.

Er sei erst mit sieben Jahren eingeschult worden und habe dann die erste Klasse wiederholen müssen, weil er rein nichts gelernt habe, völlig wie vernagelt sei er gewesen vor Angst, hatte die Mutter weiter gesagt und hatte ihn besorgt angeschaut. Plötzlich hatte er blitzschnell seinen Kopf in ihre Richtung gedreht und sie angezischt: »Schlampe!«

Sie hatte nicht reagiert, aber ich war zutiefst überrascht und erschrocken über den plötzlichen Wechsel von der Angst in eine pfeilscharfe, gezielte Aggression.

Dann hörte ich seine auf einmal altkluge Stimme sagen: »Es fehlte die Unterstützung, denn alle Unterstützung läuft selbständig.« Wieder war ich überrascht und verstand ihn nicht. Ich schaute ihn an, wie er da saß, er schien mir wie ein Herrscher in einem winzig kleinen Einmannreich, in dem es nichts festzuhalten gab, außer sich selbst.

Die Lehrerin habe sie geschickt, sagte die Mutter. Er sei vielleicht nicht ganz so dumm, wie es aussähe, das sollte hier mal rausgefunden werden. Die Mutter sprach, als ginge es um die Beurteilung einer fremden Ware.

Als beide gegangen waren, war ich benommen von so viel Einsamkeit und von der Hoffnungslosigkeit, sie jemals überwinden zu können.

Aber die Frau, die da vor mir auf der Straße stand, war eine andere, eine leidende und gereifte Frau, der ich mich ganz nahe fühlte, die ich in den Arm nehmen konnte, mit der ich mich mit einer Frage verband: Was waren wir ihm schuldig geblieben, so daß er sich hatte umbringen müssen? Schmerz und bange Fragen hatten alle Mauern durchbrochen, waren zu unserem gemeinsamen Boden geworden mitten im Getöse der Straße.

Mein Therapieraum hatte viele Nischen oder Höhlen, die andere Kinder aus Matratzen, Decken und Kissen gebaut hatten. Wenn Jakob kam, steuerte er auf den Hocker zu, auf dem er in der ersten Stunde gesessen hatte, stellte ihn in die Mitte des Raumes, verknotete seine Beine, umschlang sich eng mit seinen Armen und fing an, vor sich hinzureden. Immer war er schweißnaß, und

die Familie des Mannes, wo sie zwei Zimmer bekamen, sonst blieb alles wie zuvor. Die junge Frau nahm das Baby mit in den Kiosk, versorgte ihren Vater und kochte abends für ihren Mann. Seit das Baby da war, bekam jeder von ihnen fünfzig Mark.

Die trostlos überfordernde Situation wurde für beide unerträglich. Als der Sohn acht Jahre alt war, entschloß sie sich, ihren Mann zu verlassen. Sie ging zu ihren Eltern zurück; nicht weil sie sie so liebte, sondern weil ihr keine andere Wahl blieb.

Nach dem Umzug stellte sie fest, daß sie schwanger war. Sie war verzweifelt. Wie sollte sie ein zweites Kind durchbringen? Viermal versuchte sie, es abzutreiben. Sie wurde schwerkrank, aber das Kind blieb. Sie mußte zu ihrem Mann zurückkehren.

Die Geburt von Jakob war schwer, eine Steißgeburt. Er trank nicht und mußte ein Jahr künstlich ernährt werden. Aber er hatte neben seinen Eßproblemen auch schwere Schlafstörungen. Eine große Unruhe ging von dem Säugling aus. Mehrmals war er im ersten Jahr im Krankenhaus.

Für die Mutter war er das Wesen, das sie gezwungen hatte, zu ihrem Mann zurückzugehen. Das war schon schlimm genug für sie, aber mit seiner ständigen Unruhe und seiner Essensverweigerung ging er an den Rest ihrer spärlichen Reserven.

Wie auf seinem Bild waren Mutter und Sohn fest miteinander verbunden: sie, die Mutter, durch die Schuldgefühle, daß sie ihn hatte abtreiben wollen und daß sich dieses Bedürfnis immer wiederholte und das Schuldpotential täglich anwachsen ließ, und er mit der typischen Reaktion eines Weggestoßenen, der sich wie ein Schiffbrüchiger mit aller Kraft an das Boot klammert, von dem man ihn wegen Überladung herunterstoßen wollte.

Wie konnte er unter solchen Umständen ruhig schlafen? Und wie konnte er unter solchen Umständen von seiner Mutter Nahrung annehmen, die ja auch immer die ganze Mutter repräsentiert? Das Leben in dieser Familie war für ihn Bedrohung und die Nahrung wie Gift, vor dem er sich hüten mußte.

Die Mutter, die natürlich nicht nur Gefühle der Abneigung empfand, sah sich aller Mittel beraubt, in dieser Situation wieder etwas gutzumachen. Die Beziehung zwischen Mutter und Sohn war wie ein Teufelskreis von Enttäuschungen.

Wie auf seinem Bild konnten sie sich nicht anschauen, das heißt, sie konnten auch ihre gegenseitige, gemeinsame Not nicht wahrnehmen. Sie wollten nur noch auseinander, aber das ging nicht ohne den Tod beider, denn auf einem zweiten Bild malte er, daß beide durch einen gemeinsamen Blutkreislauf verbunden seien.

Eine Beziehung zum Vater gab es nicht. Da die Mutter dem Vater täglich vorhielt, Jakob sei ihm wie aus dem Gesicht geschnitten und habe das gleiche fürchterliche Verhalten, versuchte sich der Mann mit seinem geschundenen Selbstbewußtsein von seinem Sohn abzugrenzen. Der neun Jahre ältere Bruder hatte nie Kontakt zu seinem Bruder gefunden. Jakob war vollkommen allein. Wie hatte er so überleben können?

Eines Tages steuerte Jakob nicht auf seinen Hocker zu, sondern auf eine große Papierrolle. »Schneid' ein großes Stück davon ab«, sagte er gebieterisch, »und lege es auf den Boden.« Ich tat es. Es war zum erstenmal, daß er mich anredete. Er nahm einen dicken Pinsel und ummalte den Rand des Blattes damit wie eine Mauer. Sein Atem wurde stiller. Dann malte er Wände hinein, die Räume bildeten, alles von oben gesehen. Undeutlich redete er vor sich hin. Als er fertig war, erhob er sich und sagte: »Phantastisch! Das Ganze 1000 Millionen Kilometer tief in der Erde, und niemand kommt dahin, niemand, niemand!« Er tanzte wie ein Rumpelstilzchen auf einem Bein. Er schien zufrieden und ging mit hocherhobenem Kopf an mir vorbei. Das Bild war etwa 1 auf 1,50 Meter groß. Es war der Anfang einer Serie von Bunkerbildern, die er in einem Zeitraum von einem Dreivierteljahr bei mir malte.

Bei den ersten Bildern war ich bedrückt. Die Vorstellung, ich müsse in einem 1000 Kilometer tief in die Erde gebauten Bunker

brauchte all seine Zeit zur Kontrolle der eventuellen Annäherung eines Feindes.

Wie furchtbar mußte die Bedrohung im Mutterleib für den Embryo gewesen sein, wenn er nun solche Bilder malte. Was mit Lust und Gemütlichkeit zu tun hatte, konnte sich Jakob nicht einmal vorstellen. Alle Aufmerksamkeit ging in die Sicherung seiner Existenz. Ich selbst spielte in dieser Phase als Person noch keine Rolle. Vielleicht war ich der Rahmen, in dem er gestaltete.

Im Laufe der nächsten Monate richtete er in seiner Festung, die er immer wieder neu malte, einen Kontrollraum mit Computern, Schreibtisch und einem Stuhl ein. Schließlich konnte König Jakob sogar seinen Sessel etwas zurückklappen, um sich hin und wieder etwas auszuruhen. Eine Waffenkammer wurde eingerichtet, aber auch ein Vorratskeller. Jakob freute sich sichtbar auf seine Stunden. Nach neun Monaten, ich kniete immer mit an seinem Blatt auf dem Boden, ließ er in der Außenmauer, da, wo ich hockte, eine Lücke. Ich spürte meine Aufregung, als ich sah, daß er mich zum ersten Mal nicht mehr aussperrte. Ich legte vorsichtig eine Hand in die Lücke. Plötzlich sprang er auf und schrie: »Täuschung, Täuschung! Alles ist wie immer!« Es war zuviel gewesen. Aber in den nächsten Stunden ließ er immer da, wo ich war, eine Lücke. Ich spürte die Öffnung, spürte, daß er sich auf mich bezog, aber daß ich stillhalten mußte.

In der Stunde vor Weihnachten, seiner zweiunddreißigsten bei mir, legte er sich auf einmal auf das Blatt, rollte sich wie ein Embryo zusammen und schlief ein. Es berührte mich tief: Endlich hatte er einmal seine Kontrolle aufgeben können.

Als er erwachte, schaute er mich erschrocken an. Ich sagte: »Wie schön, daß du da bist, ich habe die ganze Zeit hier an der Mauer deiner Festung auf dich gewartet.« Er schaute mich zum erstenmal lange ernst an. Dann richtete er sich auf und krabbelte vom Blatt herunter. In dieser Stunde nahm er seine Festung mit als lange Rolle und legte sie zu Hause unter sein Bett.

»Ich schlafe jetzt besser«, sagte er das nächste Mal, »denn ich habe jetzt immer meine Schutzfestung bei mir.«

Die bedrohlichen Anfangserfahrungen seiner Existenz stammten aus einer so frühen Phase, daß er sie nie hätte benennen können. Seine Festungsbilder, tief im Erdinnern, drückten symbolisch all seine Angst, seine Einsamkeit, seine Bedrohtheit und sein Mißtrauen aus. Allein darin, daß er sie gestaltete, steckte ein Stück Zuversicht. Auch wenn er mich lange nicht als Person wahrnahm, so konnte er mich doch offenbar als eine Art tragende Umgebung ansehen, die es ihm erlaubte, sich mit all dem zu konfrontieren und sich einen Schutz gegen die Bedrohung aufzubauen, so wie es seine Arme schon für seinen Körper taten.

Mit jedem Bild schrieb sich die Überzeugung in ihn ein, sich schützen zu können, wie er es ja letztendlich auch im Körper seiner Mutter geschafft hatte. In seinen Bildern lebte er als der König Jakob, als ein Herrscher, wenn auch als ein einsamer.

Ohne Vertrauen kann man nicht leben, man kann nur vegetieren. Als er sich auf sein Blatt legte und einschlief, mußte sein Vertrauen gewachsen sein, sein Entschluß, sich der Welt anzuvertrauen. Ich glaube, das war seine zweite Geburt. Er war fast zehn Jahre alt und mußte lernen, zu leben.

Von seiner Mutter hörte ich, daß sie ihn bis zu dem Zeitpunkt, als er die Bildrolle unter sein Bett geschoben hatte, jeden Abend fest in Decken wickeln mußte, im Sommer wie im Winter, weil er furchtbare Angst vor einer Riesenspinne hatte, die kommen würde, um das Blut aus seinem Herzen zu saugen. – Vielleicht umschlang er deshalb auch tagsüber seinen Brustkorb mit seinen Armen. – Seit Jahren verbringe er die Nächte schweißgebadet und voller Angst.

Als ich ihn daraufhin ansprach, legte er den Finger auf den Mund, zog die Augenbrauen hoch und sagte in seiner merkwürdigen Art: »Die Spinne kreist Löcher ins Gewebe, schlürft brunnentiefes Feuerwasser.« Dann sagte er leise mit erhobenen Händen. »Ich lege doch die erdtiefe Festung über mich, den Weg kennt die Spinne nicht.«

So hatte er einen Teil seiner Ängste gebändigt.

Manchmal, so erzählte die Mutter, säße er in der Ecke seines Zimmers, eingerollt in seine Festung, und brumme mit tiefer Stimme. Er sei viel ruhiger, aber vielleicht noch zurückgezogener geworden, schlafe aber endlich.

Sobald er allerdings auf die Straße trat, schienen ihn Dämonen zu hetzen. Immer stürzte er völlig außer Atem mit oft aufgeschlagenen Knien und Händen in meine Praxis. Wie gerettet kniete er sich dann sofort vor sein Bild und fing an zu malen. Wenn ich fragte, was passiert sei, bekam ich keine Antwort.

Eines Tages bestand ich darauf, ihn nach Hause zu bringen. Wie ein von Hunden gehetzter Hase schlug er Haken, war plötzlich auf der anderen Straßenseite oder verschwand hinter meinem Rücken. Auf einmal war er wie vom Erdboden verschwunden. Ein kleiner Ast, der mir auf den Kopf fiel, ließ mich nach oben gucken, er saß in der Baumspitze und zeigte mit zitternder Hand auf einen Hund. Jakob hatte eine ausgeprägte Hundephobie. Auf dem kurzen Weg von meiner Praxis zu seiner Wohnung schien es nun auch mir, als sei unsere Stadt fast ausschließlich von Hunden besiedelt, und ich fing an zu ahnen, durch welche Hölle er auf dem Weg zu mir und zurück mußte.

In der nächsten Stunde stürzte er wieder vorbei an mir auf sein Blatt zu und kniete sich mit seinen blutigen Knien hin. Ich bat ihn, aufzustehen, weil ich ihm ein Pflaster auf seine aufgeschlagenen Knie kleben wollte. Er reagierte nicht, sondern steckte den Pinsel in die Farbe. Als ich mich ihm gegenüber an sein Blatt kniete, sah ich, daß aus seinem Mund auch Blut lief. Er spuckte einen Zahn in die rote Farbe und vermalte sie mit dem Blut. Kein Zucken war in seinem Gesicht.

Ich ging zu ihm herüber, nahm ihm den Pinsel aus der Hand und nahm ihn – er war nicht größer als ein Fünfjähriger – auf den Arm und trug ihn durch das Zimmer. Da fing er auf einmal an zu weinen wie ein ganz kleines Kind. Ich trug ihn zum Waschbecken und wischte ihm vorsichtig das Blut ab. Er wimmerte, er, der sich immer auf seine zerschundenen Knie gekniet und offenbar nichts dabei empfunden hatte, empfand auf einmal Schmerz.

Wie ich später feststellte, hatte er kein richtiges Körperempfinden entwickelt. Wenn ich ihn abholte und zurückbrachte, um besser festzustellen, wieso er sich so verletzte, war ich erstaunt zu sehen, daß er sich plötzlich gegen eine Mauer warf, weil er einen Hund auf der anderen Straßenseite sah, so, als sei sein Körper ein Sack, den er wegwerfen wolle, um schneller vorwärts zu kommen. In seiner panischen Angst hatte er sich offenbar aus dem bedrohten Gehäuse zurückgezogen.

Das bedeutete aber auch, daß er seinen Körper nicht beherrschte, und da er ihn nicht kontinuierlich bewohnte, auch nicht schützte. Viel später habe ich mit einem Kind, das keinen Schmerz empfinden konnte, erlebt, in welcher Lebensgefahr es permanent war. Er war es auch.

In dieser Stunde fiel mir nun zum erstenmal auf, daß seine Haut von Warzen bedeckt war. Wie seine Mutter später sagte, hatte er sie schon als Kleinkind.

Die Angst umwob ihn wie ein großer, alles verdeckender Mantel, hinter dem er selbst verschwand. So sehr hatten mich offenbar seine Panik und sein Malen in Anspruch genommen, vielleicht auch die Scheu, diesem unabgegrenzten Kind mit Blicken zu nahe zu treten, daß ich ihn kaum angeschaut hatte. Die Haut, das wesentlichste Kontaktorgan eines Menschen, hatte sich bei ihm zur Schutzmauer gestaltet.

Jakobs Bilder seiner Festung im Erdinnern veränderten sich. Es gab Konferenzräume und Parkplätze, aber immer noch war alles mit Raketen umgeben, die jeden, der sich näherte, abgeschossen hätten. Als ich ihn einmal fragte, ob König Jakob nicht allein sei und sich manchmal einsam fühlte, sagte er mit Vehemenz: »Es ist sein größtes Glück, allein zu sein, denn alle wollen ihn ja mit Kontaktgiften töten.«

Und trotzdem veränderte sich etwas gerade in dem Augenblick, als ich mich in seine Festung als Lebensraum so eingefühlt hatte, daß ich mich darin mit ihm wohlzufühlen begann, weil ich nicht mehr unter der totalen Abgrenzung litt, sondern ihren Schutz spürte. Vielleicht war es der Augenblick, in dem ich das Ausmaß seines Schutzbedürfnisses in mir selbst erlebte und zugleich eine tiefe Bewunderung dafür empfand, daß er uns diese Sicherheit gestalten konnte. Ich war mit ihm identifiziert, und er konnte diese Identifikation zulassen. Auf diese Weise war ich mit ihm in seiner Festung. Seine Raketen hatten mich nicht abgeschossen. Auch in mir gab es Anteile, die sich wünschten, manchmal unerreichbar, unbeeinflußbar zu sein. Als ich das spürte, waren wir offenbar auf einer Erlebnisstufe. Jakob schaute mich kurz an und sagte: »Jetzt haben wir den Erdmittelpunkt erreicht.« Er hatte zum erstenmal »wir« gesagt. Das war sehr viel für ihn. Den Erdmittelpunkt erreicht zu haben bedeutete auch, den tiefsten Punkt erreicht zu haben. Das war totale Geborgenheit und Schutz, das war wie ein guter Mutterleib, das war Anfang.

Seine Bilder veränderten sich, er näherte sich mit ihnen der Erdoberfläche. Er tauchte langsam auf. Dazu baute er Raketen, mit denen er sich hin und wieder aus dem Erdinneren durch die Erdoberfläche in den Weltraum schoß, als müsse er das Gebiet der bedrohlichen Menschen so schnell wie möglich durchstoßen, um sich auf der anderen Seite in Sicherheit zu bringen. Von da ab veränderten sich seine Bilder. So malte er einen Tresor, der darauf hinwies, daß es Schätze in seiner Festung gab. Er erkannte ein Stück seines Wertes. Aber es kamen auch andere Themen.

Auf einem Bild thematisiert er die Löslösung von der Mutter mit einer Unterwasserstation. Neben dem zeltartigen Gebilde, das mit allem Notwendigen, aber auch mit einem Schwimmbad, einem Schlafzimmer, mit Natur, einem Krokodil und einer

Schlange ausgestattet ist, steht eine Rakete, auf die er seinen Namen geschrieben hat. Sie ist mit vielen Drähten und Schnüren am Mutterschiff festgebunden. Er muß sich abkoppeln, wenn er in den Weltraum will oder nur an die Wasseroberfläche, wo ein Elefant in einer Art Gondel lebt, der sein Freund ist. Diese Phantasie ist sehr wichtig, das Abkoppeln der Rakete vom Mutterschiff wird erst denkbar, wenn ein neuer Kontakt möglich ist. Die Phantasie ist noch angstbesetzt. Wird die Rakete sich lösen können oder an den Kabeln und Verbindungen hängenbleiben? Diese Frage beschäftigt Jakobs Phantasie lange, dann entscheidet er sich zu glauben, es gelänge ihm, seinen Freund in einer Schwimmblase zu besuchen.

Danach malt er ein großes Schiff, das auf dem Wasser fährt. Es ist zwar weit draußen auf dem Ozean, aber es ist schon auf dieser Erde. Jakob zeichnet es mit einem schwarzen Filzschreiber. Gegen seine anderen Bilder wirkt es noch blaß und ängstlich, als traue er seiner verwegenen Phantasie nicht recht. In einer oberen Kabine zucken Blitze wild durcheinander, so wie es bei ihm manchmal ist, wenn in der Angst seine Gedanken in Verwirrung geraten. Es gibt schon einen eingerichteten Raum mit Bett, Fernseher, einem Tisch und zwei Stühlen. Über allem hängt eine brennende Lampe. Auf meine Frage hin sagt Jakob, der zweite Stuhl sei für den See-Elefanten, seinen Freund. Im Augenblick schwimme der im Meer, um König Jakob zu bestaunen, der von einem Fünfzehn-Meter-Sprungbrett in sein Schwimmbecken springen wolle. Über dem zweiten Schwimmbecken im Schiff wacht ein großes dunkles Auge voller Argwohn, daß kein Feind sich nähern kann.

Bald beginnt er aber mit überlebensgroßen Figuren, die ihn darstellen. Es ist nicht mehr der König Jakob, sondern es ist Zorro oder ein Pistolenheld. Er rückt der Realität immer näher. Eines seiner Bilder hängte er in den Türrahmen. Immer, wenn er kam, reichte er ihm die Hand und sagte: »Angenehm, dich zu sehen, sehr angenehm.«

Sein erstes Haus auf der Erde – er hat einen Teil einer technischen Zeichnung übernommen – wirkt noch sehr unsicher. Wie auf Stelzen steht es da, der Boden scheint wenig tragend, und das Haus ist weitgehend leer, nur von einem großen Treppenhaus in der Mitte durchzogen, in dem ein Fahrstuhl die Verbindung von unten nach oben schafft. Ganz oben in einem Glashaus wohnt König Jakob, er muß nach allen Seiten einen Überblick haben und sehen, ob Feinde sich nähern. Wenn sie kommen, wird er den Fahrstuhl nach oben ziehen und die Raketen, die in dem Raum unter ihm sind, abfeuern. Aber die Idee, Häuser zu entwerfen, macht Jakob Spaß. Das Starre verschwindet immer mehr.

Wie wild fuhrwerkt er auf seinem Blatt herum. Die Bewegung macht ihm offensichtlich Freude. Er lächelt verschmitzt, sagt, es hat sich ein Tier eingeschlichen. Er weiß, daß ich einen Kater habe. Ich sage: »Das Tier sieht aus wie ein Katze.« »Es ist noch jemand da«, sagt er und malt einen lachenden Kopf und nach einer Weile: »Wir sind zu dritt.« Dann malt er das Dach, es sieht aus, als brenne es. Als ich ihn frage, sagt er. »Das ist Phantasie, das ist toll, mein Vater könnte es wohl nicht decken, aber du mußt dich jetzt entscheiden, ob du mit Robby [mein Kater] und mir da wohnen willst.« Mir war klar, daß ich schon lange innerlich mit ihm in seinem Haus mit den verwirrenden Gedanken wohnte, aber jetzt war es ihm auch bewußt, und er bot es mir von sich aus an. Er malte uns ein großes Schwimmbad und für Robby ein Unterseeboot mit Schnorchel, weil Katzen doch kein Wasser mögen. Er hüpfte vor Vergnügen auf einem Bein, als ich sagte: »Was für ein wunderbares Haus wir haben!«

Er entwarf weitere Häuser und packte sie in eine Mappe, die ich ihm gegeben hatte. Immer wieder fragte er mich: »Freust du dich über meine Ideen?« Das erste Haus für uns drei nahm er mit nach Hause, er wollte es seinen Eltern zeigen. In der nächsten Stunde brachte er es zusammengeknickt wieder und schenkte es mir. Er sah traurig aus, wollte aber nichts sagen.

In dieser Zeit kommt Jakob mit einer Fibel aus der ersten Klasse. Er kann die meisten Buchstaben schreiben und entziffern, aber er ist nicht imstande, Worte zu lesen oder zu schreiben. Er will mit mir Lesen und Schreiben lernen. Immer wieder verwirrt sich ihm alles. Seine Enttäuschung ist groß. Irgend etwas in ihm scheint ihm zu verbieten zu lernen. Ich lasse ihn eine eigene Schrift erfinden. Jakob fängst begeistert an zu kritzeln, kritzelt ganze Hefte voll. Da ich seine »Geheimschrift« nicht lesen kann, lasse ich sie mir vorlesen. Er tut dies mit Hingabe. Dabei sitzt er nah bei mir, und ich kann spüren, wieviel ihm daran liegt, daß ich zuhöre und verstehe. Die Geschichten sind phantastisch, verrückt. Es ist, als habe Jakob, dessen vorherige Bilder eine starre Struktur aufwiesen, um sich zusammenzuhalten, seine Angst verloren und wage es, sich in meinem Schutz zu destrukturalisieren und neu zu ordnen, wie es in den Hausbildern schon anklang.

Jakob malte viele Bilder und schrieb dazu in seiner Geheimschrift. Wenn er sie mir dann übergab und mich aufforderte, sie zu lesen, war seine Freude offensichtlich, daß es mir trotz Anstrengung nicht gelang. »Siehste, so ist das in der Schule!«, sagte er, »aber ich mach' dich nicht fertig, ich helf dir.« Manchmal half er mir nicht, dann nahm ich es als Geheimnis an mich, und er nickte ernst mit dem Kopf.

In die Phase der Destrukturalisierung gehört auch ein Bild, das verrückt anmutet. Jakob hat es »Schlaraffenland« genannt. Man sieht darauf Kopffüßler, die auf einem Schwanz gestützt – vielleicht ein aufkeimendes Bewußtsein seiner Männlichkeit – sich einem Brunnen nähern, aus dem braune Milch fließt. In der oberen Ecke ist, wie er sagt, eine verrottete Schule, in der die Körper der Kopffüßler verwesen. In einem Fluß werden ihre Innereien weggespült. Jakob hat immer panische Angst vor der Schule gehabt, die für ihn ein Ort der Qual und Niederlagen war. Sie hatte ihm offenbar alles genommen, außer dem Kopf, mit dem er denken sollte, und den Füßen, die ihn an diesen Ort brachten. Wenn die Kopffüßler von der braunen Milch tranken, bekamen sie – wie der Mensch, der am Brunnen steht – ihren Körper zurück, so wie Jakob in der Therapiestunde seinen Körper entdeckt hatte, indem er seinen Schmerz wahrnahm.

Es gibt auch ein Auto, das nur auf seinen vier Rädern und dem Fahrgestell, ohne Steuer, ohne Motor, ohne Karosserie zum Brunnen gerollt ist – auch das ist ein Symbol für ihn –, das die braune Milch getrunken hat und dem jetzt alles Fehlende wächst, so daß es vor Freude braune Milch verspritzt, die die Kopffüßler trinken können. Unten rechts in der Ecke sitzt der Knautschsack, in dem er mir seine Geschichten vorgelesen hat, und lacht. Wenn die Kopffüßler ihre Körper zurückhaben, können sie an den Limonadenfluß gehen und sich Süßigkeiten herausfischen. Was soviel heißt, daß Jakob, wenn er ein ganzer Mensch ist, auch seine lustvollen Bedürfnisse leben kann. Auf diesem Blatt halten sich Bedrohliches und Lustvolles die Waage. Es ist ein Bild voller Hoffnungen, obwohl es so verrückt wirkt.

Die Gespräche, die ich mit den Eltern hatte, waren zu Anfang sehr mühsam für uns gewesen. Wohl wie auf dem Rummelplatz saßen sie stumm und starr nebeneinander und wagten kaum zu antworten. In der ihnen fremden Umgebung waren sie wie Jakob meist voller Angst. Deshalb beschloß ich, zu ihnen zu gehen. In ihrer Wohnung fühlten sie sich sicherer, die Mutter kochte Kaffee, und ich spürte ihre Freundlichkeit. Ich konnte den Vater in seinem kleinen Betrieb erleben und die Würde, die ihn in diesen Räumen umgab. Es entstand eine stille Zuneigung zueinander, in der wir nur hin und wieder einen Satz sprachen und dann wieder Kaffee tranken. Und doch kam auf diese Weise schließlich alles Wichtige zur Sprache.

Es gelang mir, die Mutter aus der aggressiven und autoaggressiven Bezogenheit zu ihrem Sohn herauszuholen, indem sie ihre eigenen verschütteten Bedürfnisse wiederentdeckte. Sie nahm Gitarrenstunden und begann eine Ausbildung, die ihr Freude machte. Damit konnte sie auch den Kontakt zwischen Vater und Sohn tolerieren. Der Vater baute mit Begeisterung Seifenkisten mit seinem Sohn, was er sich selbst schon als Junge gewünscht hatte. Übers Wochenende fuhren die beiden in verschiedene Städte, um an Rennen teilzunehmen. Jakob war zwar immer furchtbar aufgeregt und bekam Magenschmerzen, aber er erzielte mehrere Preise. Vater und Sohn waren sehr stolz.

In der letzten Therapiephase malte Jakob weniger, er wollte mir viel erzählen und ließ mich teilnehmen an seiner Freude und seinem Kummer. Da er sich jetzt nicht mehr innerlich zurückzog – er war inzwischen auf einer Gesamtschule –, litt er sehr darunter, daß er wenig beliebt war und seiner Kleinheit wegen geärgert wurde.

Er ging oft zu seinem Revolverhelden, den er neben die Tür in meiner Praxis gehängt hatte. Er war stark, überlegen und schnell, und alle hatten Hochachtung vor ihm und wollten ihn zum Freund haben, aber er war nur mit Jakob befreundet. Immer, wenn er zu mir kam, verneigte er sich tief vor ihm und begrüßte ihn mit Handschlag. Er phantasierte, was die anderen Kinder zu ihm sagen würden, und freute sich an der Vorstellung, daß sie umsonst um seine Freundschaft warben. »Wenn ich geärgert werde«, sagte er zu mir, »denke ich an ihn und sage mir: wenn ihr wüßtet! Dann geht es mir besser.« Jakob brauchte diesen Helden noch zur Stütze seines Selbstwertgefühls. Einige Stunden vor dem Ende der Therapie stand er lange vor mir, dann fragte er mich. »Wie lebt es sich so klein?« Ich mußte sehr lachen und sagte ihm: »Es lebt sich gut.« Er nickte ernst und sagte nichts, dann nahm er seinen Helden von der Wand und schenkte ihn mir. Er brauchte ihn nicht mehr.

In der Therapie hatte sich vieles geändert, auch in der Familienstruktur, was Jakob und der ganzen Familie neue Möglichkeiten brachte. Seine Phobien waren verschwunden, sogar seine Warzen, wie er mir in der letzten Stunde sagte. In der Schule hatte er es geschafft, und der Kontakt zu seinem Vater war wichtig. Vielleicht litt er mehr als früher, seit er in die Realität zurückgekehrt war und die immensen Defizite an Wissen und Lebenserfahrung an sich wahrnahm, aber er lebte und hoffte.

Er lernte ein Mädchen kennen, das einen schweren Hüftschaden hatte. Er half ihr, beschützte sie vor den Angriffen der Klassenkameraden und lud sie zu den Seifenkistenrennen ein, die er mit seinem Vater fuhr. Es tat ihm gut, jemanden zu haben, der ihn bewunderte.

Zum Schluß möchte ich noch einmal die Frage stellen: Welche Bedeutung hatten die Bilder für Jakobs gestörte Entwicklung? Dafür muß ich auf die Art seiner Störung zurückkommen.

Jakobs Symptomatik war eine tiefe Kontaktgestörtheit in bezug auf andere Menschen, aber auch in bezug auf die ihn umgebenden Dinge.

- Seine Unfähigkeit, sich als eigenständiges, abgegrenztes Wesen zu erleben.
- Er konnte keinen körperlichen Schmerz empfinden,
- nahm die Realität nicht adäquat wahr,
- litt unter diversen Phobien
- und konnte sich nicht konzentrieren.
- Er hatte seine Gefühlte abgespalten und lebte fast ausschließlich in seiner Phantasiewelt.

Man rechnete ihn zu den Borderline-Patienten oder kindlichen Psychosen. In der Psychoanalyse geht man davon aus, daß alle pathologische Symptomatik letztendlich eine Regression auf die Entwicklungsstufe ist, in der die größte Traumatisierung stattgefunden hat. Zum normalen Erleben in der Entwicklung eines jeden Menschen gehört die frühe Symbiose zwischen Mutter und Kind. Indem die Mutter sich ganz auf die Bedürfnisse des Säuglings einstellt, schafft sie ihm ein Gefühl der Omnipotenz, das heißt, der Säugling will etwas, und schon geschieht es. Da Lust- und Unlustgefühle des Neugeborenen noch ungerichtet sind und er zum Beispiel nicht unterscheiden kann, ob er Hunger hat, gewiegt werden will oder naß ist, ist er auf die emphatische Einfühlung der Mutter angewiesen, die seinen diffusen Bedürfnissen eine Form gibt, indem sie sie befriedigt. Auf Jakobs erstem Bild ist zu sehen, daß Mutter und Sohn nicht getrennt sind. Sie haben sogar noch einen gemeinsamen Blutkreislauf, als sei er noch nicht geboren. Aber das Bild läßt weder die Qualität einer Geborgenheit im Mutterleib anklingen noch die der frühen Symbiose. Es zeigt ein qualvolles und dumpfes Aneinandergekettetsein.

Sein zentralstes Bedürfnis war deshalb nicht die Verschmelzung mit einem Menschen, das hatte er offenbar nur traumatisch erlebt, sondern die Loslösung, das Abgrenzen gegen Kontakt, den er sich nur als Kontaktgift vorstellen konnte. In seiner Imagination der unterirdischen Festung, deren Höhepunkt erreicht war, als er auf dem tiefsten Punkt, dem Erdmittelpunkt, angekommen war, schuf er sich die Geborgenheit einer Urmutter, der Mutter Erde, die ihn total aufnahm und total schützte. Seine Phantasie, sein Bild, hatte in diesem Augenblick die Qualität einer ihn tragenden Realität. Als er auf seinem Bild lag, in seiner Festung im Erdmittelpunkt, waren für mich das Bild des Lebens und des Todes eins. Ich glaube, daß das auch eine Qualität der Geburt ist. In diesem Augenblick entstand in ihm eine Vorstellung von »Wir«: »Jetzt sind wir auf dem tiefsten Punkt angekommen.« Wenn ich meiner selbst sicher bin, darf es auch den anderen geben. Aber Jakob fühlte es nur einen Augenblick, dann kam die Bedrohung wieder. Er brauchte Zeit, bei sich zu sein.

Melanie Klein[5] sagt in bezug auf die Empfindungen des Säuglings, er spalte die Mutter in eine gute und eine böse Brust. Brust deshalb, weil die Mutter durch sie repräsentiert wird, und »gut«,

---

[5] M. Klein: Das Seelenleben des Kleinkindes, Stuttgart 1962.

soweit sie seinen Bedürfnissen entgegenkommt, beziehungsweise »schlecht«, soweit sie ihn frustriert. Sie nennt das »paranoid schizoide Position«, die im ersten halben Lebensjahr des Säuglings vorherrscht. Auch Jakob spaltete in seinen Bildern: Seine Festung in der Erde entsprach der »guten Brust«, alles andere war absolut zerstörerisch und wurde zur »schlechten Brust«. Die Qualität seiner Ängste und auf der anderen Seite seines wenigstens kurzen Wohlbefindens war die eines Säuglings. Dorthin war er zurückgekehrt. Meine Funktion in der ersten Zeit der Therapie war die, ihm Schutz vor Überflutung seiner zerstörerischen Phantasien zu geben, indem ich mich mit ihm auf sein Bild konzentrierte. Ich war für ihn noch keine reale Person, durfte sie nicht sein. Wenn ich nicht ein Teil von ihm gewesen wäre, hätte ich nicht da sein können, da alles Äußere ihn ja bedrohte.

Jakob hatte viele Gefühle, die ein Baby in der zweiten Hälfte des ersten Lebensjahres normalerweise entwickelt, nicht entwikkeln können. Da ihm die erste Unterscheidung, die Mutter als Nichtselbst wahrzunehmen, nicht richtig gelungen war, war auch der weitere Schritt, sie als eigenständiges Wesen zu begreifen, nicht gelungen. Er hatte damit auch nicht die Fülle der Gefühlsmöglichkeiten wie zum Beispiel die Freude darüber, daß sie da ist, die Trauer und Verzweiflung, wenn sie weg ist, die Befriedigung und das Wohlbefinden auf der einen Seite und die Enttäuschung und Wut auf der anderen, das Erleben, mit Lächeln, Strampeln, Plappern und den verschiedenen Arten von Schreien, einen Einfluß auf sie auszuüben, der ihm ein Gefühl von Omnipotenz vermittelt. Es entstehen auch Ansätze zum Mitfühlen, zu Schuldgefühlen und Wiedergutmachungstendenzen. Rudimentär scheinen alle Möglichkeiten, Gefühle zu leben, schon in dieser Zeit vorhanden zu sein. Jakob kannte Freude nur als Schadenfreude, er kannte Wut nur als Verachtung, Bedrohung nur als Panik, und seine Omnipotenzgefühle waren nicht durch positive Erfahrungen entstanden, sondern waren ein übersteigerter Versuch, seine

Minderwertigkeit zu leugnen. Das bedeutet: Allen Gefühlen fehlte die Qualität des Lebens, sie waren weder warm noch wild, noch heiß oder anderes – sie waren kalt, hatten keinen Hintergrund mehr. Auch mit seinen Gefühlen hatte er einen frühen Abwehrmechanismus, den der Spaltung, benutzt, um zu überleben. Jedes Baby kann nur eine geringe Menge an Frustrationen verkraften, da sein Selbstgefühl so sehr von der Mutter abhängt. Es hofft auf ihr Lächeln, ihr freundliches Streicheln und Wiegen, ihre Stimme und ihre Wärme, weil alles ihm signalisiert: Du bist, du bist liebenswert, erfreust mich, bist schön, bist mächtig, bist wichtig. Es kann das nicht aus sich heraus entwickeln. Es kann nicht einmal seine Oberfläche, seine Grenzen wahrnehmen, wenn es sie nicht durch ihre Hände, ihren Körper wahrnimmt. Wenn ihre Hände es nur flüchtig berühren, nimmt es sich nicht wahr.

Wenn sie es aggressiv berühren, entsteht in ihm das Gefühl, schlecht und böse zu sein. Weil dann seine Freude, die Mutter zu sehen, zugleich mit existentieller Angst und Enttäuschung verbunden ist, die es zu zerstören drohen. Deshalb koppelt es die Gefühle ab, damit es existieren kann.

Später wird dann zum Beispiel Freude überhaupt nur noch vorstellbar als Schadenfreude, das heißt als Freude darüber, nicht selbst betroffen zu sein. Die aufsteigende Wut, die aus der Enttäuschung entsteht, wäre eine zusätzliche Belastung für das schwache Selbst, sie wird deshalb im Abwehrmechanismen der Projektion nach außen anderen zugeschoben. So sind Jakobs Phobien entstanden: seine Angst vor Hunden, die ihn zerreißen wollen, oder die Riesenspinne. Sie waren einerseits Ausdruck seiner relativen Wut und andererseits ein Bild für die Mutter als Urheberin dieser Gefühle. Man kann sich deshalb vorstellen, daß es keinen Sinn hat, einem solchen Kind zu erklären, es gäbe keine Hunde auf der Straße, die es zerreißen wollten, denn sie repräsentieren ja Geschöpfe einer inneren Welt, und es müßte nur ein anderes Bild dafür suchen oder in diffuse Angst verfallen, und das wäre noch ein Schritt weiter zurück. Jakob malte mir diese wilden, bösen Hunde. Indem ich sie anschaute und ihre Gefährlichkeit fühlte – sie hatten keine Augen, das heißt, auch keine für die Not ihres Opfers –, erlebte er: »Ja, du hast recht, ich fühle es auch, sie sind ganz furchtbar.« Das war wichtig für ihn, er hatte ein Gefühl, daß jemand anderes seine Not nachfühlen konnte. Aber es war noch mehr: Indem er malte, war er auch wie ein Magier, der diese Ungeheuer auf das Bild bannen konnte, sie sichtbar werden ließ. Das ist ein aktiver Vorgang. Er ist der Handelnde, nicht das Opfer. Auf das Blatt gebannt, mußten sie sich anschauen lassen. Zuerst waren sie so ängstigend, daß Jakob sie schnell in eine Mappe packte, die er fest verschnürte, aber als er das letzte Mal Hunde malte, fingen wir beide an zu bellen, solange, bis sie nie wiederkamen. Wir hatten sie im Griff. Aber »Wir« hieß zu diesem Zeitpunkt noch, daß ich ein Teil von Jakobs Omnipotenz war; ich war noch kein eigenständiges Wesen, sondern gehörte zu seinem idealisierten Teil. Er konnte an mir nichts Enttäuschendes wahrnehmen, sondern war darauf angewiesen, mich zuverlässig und ihm angepaßt zu erleben. Das ist wichtig, denn das Baby im zweiten Halbjahr seines Lebens leistet die Arbeit der Integration der enttäuschenden und der positiven Anteile als zwei Seiten einer Mutter nur, wenn sie zuvor auch als gut, emphatisch und tragend genug erlebt werden konnte. Da Jakob aber kein Baby war, sondern ein Kind mit traumatischen Erfahrungen, mußte viel in die andere Waagschale gelegt werden, um ihm Mut zu machen für den Integrationsprozeß.

Während Jakobs dreieinhalbjähriger Therapie hatte ich manchmal Stunden verschieben müssen wegen anderer Termine. Er hatte darauf nicht reagiert. Ein halbes Jahr vor Beendigung seiner Therapie hatte ich wieder einmal eine Stunde verlegen müssen. Er kam zu früh und war plötzlich ungeheuer empört, als jemand anderes bei mir war. Ich war also auch nicht zuverlässig, ich zog ihm ein anderes Kind vor, ich betrog ihn. Als er hereinkam, schaute er mich mit kaltem Haß an und sagte: »Toll willst du sein, ein Scheißdreck bist du!« Er malte eine Fratze und sagte: »Das bist du!« Ich sagte: »Sprich mit ihr.« Er beschimpfte sie verachtend, schließlich wütend und fing dann plötzlich heftig zu weinen an. Er weinte seine lange Enttäuschung über die enttäuschenden Mütter heraus. Das war wichtig. Ich war nicht mehr nur ein idealisierter Teil von ihm, sondern ein Mensch mit guten und schlechten Anteilen. Wenn er sich mit mir identifizierte, durfte auch er ein Stück unvollkommen sein und hatte nicht nur eine Existenzberechtigung als Held. Als Jakob nach dieser Stunde seinem Helden die Hand gab, war es der kleine elende Jakob, der den anderen als Freund und Beschützer brauchte, also als Gegenüber und nicht nur als Spiegelbild, das seine Kleinheit und Ohnmacht wegdrängt.

Dieses Bild konnte also auch verschiedene Funktionen übernehmen. Zuerst hatte es einen eindeutig kompensatorischen Zweck, es war der Held Jakob, hinter dem der arme kleine Junge versteckt war. Das hieß aber auch, daß er nicht leben durfte, sondern ersetzt wurde durch eine Attrappe. Mit der Zeit wurde die Attrappe von ihrer Scheinrealität zu einem Wunschbild, mit dem er sich identifizierte. Erst als er seine Geschicklichkeit, seinen Mut trainierte und sein Wissen erweiterte, ermöglichte das Bild ihm Leben, während es zuvor Leben verhindert hatte. Jakob gab großen Teilen in sich, die zu einem Scheindasein verdammt waren, Leben. Das war wie eine schmerzhafte Geburt. Geboren war der arme, vielfach verletzte Jakob. Hatte er mit seinen Stürzen und meiner Versorgung seiner Wunden die Geburt der Wahrnehmung seiner Körpergrenzen eingeleitet, so war er jetzt ganz da und mußte sich nun in Beziehung setzen zu mir als einer zugleich zuverlässigen und unzuverlässigen Mutter. Ich war stellvertretend für die schöne und die schlechte Welt.

Das Auftauchen aus dem Schutz der Erde in seinen Bildern hatte die Qualität des Probehandelns. Er probierte sich in den verschiedenen Situationen aus und erlitt die Angst und Hoffnungen in seinen Imaginationen. Sie waren nicht Surrogate für Leben, sie waren selbst Leben und hatten die Qualität von Momentaufnahmen seines Seins. Sie waren auch die sicheren Stufen erreichter Positionen, die seinem Innern Struktur gaben und mir, seiner Therapeutin, die Chance, an seiner Entwicklung teilzunehmen. Er bestimmte, auf welche Weise sie sich vollzog und mit welcher Geschwindigkeit. Ich schuf den Raum der Hoffnung, in dem sie stattfand.

Soweit hatte ich seine Entwicklung mitbekommen, denn ein halbes Jahr später war ich weggezogen und hatte all die Jahre, bis ich seine Mutter auf der Straße traf, nichts von ihm gehört. Für mich hatte er große Schritte gemacht. Wie mir die Mutter erzählte, war er noch weitergekommen. Fast hätte er es geschafft, Abitur zu machen. Die Freundin war mit ihm zusammengeblieben. Er hatte ein Motorrad und wollte den Betrieb des Vaters übernehmen. Das alles war viel mehr, als ich erwartet hatte. Warum hatte er sich mit neunzehn Jahren umgebracht? Keiner konnte es sich erklären. Es hatte Streit gegeben mit seiner Freundin, aber das gab es manchmal, sagte die Mutter, sie liebten sich trotzdem. Sie hatten am nächsten Morgen in den Urlaub fahren wollen.

Wie kann ein junger Mensch, der mit unendlicher Mühe so viel erreicht hat, auf einmal seinem Leben ein Ende setzen? War trotz aller Erfolge die Angst vor dem Leben größer als die Hoffnung, es sinnvoll gestalten zu können? War der Boden, auf dem er stand, zu brüchig?

Hatte die frühe Erfahrung, nicht gewollt zu sein, sich so tief in alle Bewußtseinsschichten eingegraben, daß er dagegen nicht ankam, so daß jegliche Zurückweisung zu einer generellen wurde, weil sie in die alte Kerbe schlug? Reichte seine Kraft letztendlich nicht aus, sein Leben zu leben, weil sein Vertrauen zu tief erschüttert war?

Er setzte seinem Leben das Ende, nur das wissen wir.

»Wenn du vor mir stehst und mich ansiehst,
was weißt du von den Schmerzen, die in mir sind,
und was weiß ich von deinen.
Und wenn ich mich vor dir niederwerfen würde
und weinen und erzählen,
was wüßtest du von mir mehr als von der Hölle,
wenn dir jemand erzählt, sie ist heiß und fürchterlich.
Schon darum sollten wir Menschen voreinander
so ehrfürchtig, so nachdenklich stehen
wie vor dem Eingang der Hölle.«[6]

Und ich möchte hinzufügen: wie vor dem Eingang des Himmels.

[6] Franz Kafka: Gesammelte Werke, Frankfurt 1989.

Malen mit Kindern – Erfahrungen mit der Organtransplantation

Wechsel in die Kinderklinik

Der Wechsel in die Kinderklinik geschah keineswegs, weil mich die Arbeit in der Psychiatrie langweilte. Obwohl ich eine andere Vorstellung von Schizophrenie und Psychose hatte als die Sozialpsychiatrie, so arbeiteten wir doch alle mit großem Engagement, und es gab sehr viel mehr Zeit zum gegenseitigen Austausch als später in der Kinderklinik. Mich interessierte die Seinsweise psychotischer Menschen sehr. Vieles fand eine Resonanz in meinem Inneren. Manche Patienten erlebte ich nicht als krank. Wie eine Schnecke zogen sie mit ihrem Gedankenhaus durch die Welt, versteckten sich manchmal darin oder verfolgten ihre Spur. Sie hatten etwas Unbeirrbares. Oft habe ich gedacht, ob wir ihnen nicht den Stempel »verrückt« aufdrücken mußten, weil es uns beunruhigte, daß wir sie so wenig beeinflussen können. Ihr Denkgebäude war hin und wieder eng, aber es war ihnen vertraut und wieder groß wie ein Zirkuszelt, und sie kletterten behende darin herum und machten die ungewöhnlichsten Kapriolen. Sie konnten sehr glücklich sein, dann leuchteten ihre Augen wie die kleiner Kinder, sie konnten einen auch so unverwandt und ohne Scheu anschauen. Ich habe mich viel mit ihnen gefreut. Aber sie ließen sich nicht gut einordnen. Sie achteten mehr auf ihre inneren Stimmen als auf die Stimmen von außen.

Uns geht es meistens umgekehrt. Wie oft hören wir unsere inneren Stimmen überhaupt nicht mehr. Gerade die Tüchtigsten, die Erfolgreichsten unter uns entsprechen nicht selten voll den von außen gestellten Erwartungen. Sie sind eigentlich genauso unflexibel wie die Psychotiker, soweit sie vollkommen abhängig von ihrer inneren Welt sind. Aber man würde einen Bankdirektor nicht als krank einstufen, wenn er zum Spielball äußerer Notwendigkeiten geworden ist. Jedenfalls nicht, bevor er zusammengebrochen ist.

Daß alles so ganz anders sein konnte, als ich es mit meinen Denkgewohnheiten kannte, faszinierte mich. Aber es gab auch die anderen, die in ihren Vorstellungswelten eingesperrt waren, die infernalische Züge hatten. Sie litten, ohne Frage, und es beschäftigte mich, welchen Sinn es hat, wenn Menschen so unabgegrenzt und deshalb von allem bedroht oder vereinnahmt ihr Leben leben müssen. In meinem Ringen darum, das zu verstehen, was in den Menschen vor sich ging, die dort Zuflucht und Hilfe suchten, war mir Gaetano Benedetti, der große Schweizer Psychiater und Psychotherapeut, die größte Hilfe mit seinen Büchern. Einige Male hatte ich das Glück, mich länger mit ihm austauschen zu können. Dieser Mensch, der selbst gezeichnet war durch eine schwere Krankheit und seine Sprache neu hatte lernen müssen, fand Worte, die so klangen, als seien sie gerade neu geschaffen und noch ganz unverbraucht und unverdorben.

Wenn Teilnehmer in einer Diskussion dumme, oft auch eitle Fragen stellten, schwieg er eine Weile. Und so, als hätte er sie in seinem Inneren abgetastet nach dem, was dahinter steckte, machte er eine gute und wirkliche Frage daraus, die den Fragenden nicht beschämte, sondern aufwertete, und fragte freundlich, ob er sie so richtig verstanden habe. Er glaubte ganz tief daran, daß jeder Mensch ein Suchender sei und machte sich mit ihm gemeinsam auf den Weg.

Der Grund, weshalb ich trotzdem in die Kinderklinik überwechselte, war ein sehr persönlicher. Meine Tochter war mit vierzehn Jahren plötzlich schwer erkrankt. Zehn Tage lang bereitete uns das Warten auf eine vielleicht hoffnungslose Diagnose die Hölle. Als es sich schließlich herausstellte, daß ihre Krankheit heilbar war, kam es mir vor, als wachte ich aus einem Alptraum auf. In den zehn Tagen des Wartens war ich sicherlich unerträglicher als die meisten Mütter kranker Kinder, die ich später kennenlernte. Ich war weit davon entfernt, den eventuellen Verlust meines Kindes zu akzeptieren, und setzte Ärzte und Laborleute unter Druck, mir zu sagen, was der Stand der Dinge sei. Als sich die Krankheit meiner Tochter als behandelbar erwies, spürte ich, wie ich in Versuchung geriet, das ganze Elend so schnell wie möglich zu verdrängen. Die andere Seite war eine tiefe Dankbarkeit.

Ich hatte das Gefühl, daß, wenn ich mit sterbenskranken Kindern arbeitete, sie mir dabei helfen könnten, mich weiter mit dem Thema »Verlust meines Kindes« auseinanderzusetzen. Mit dieser Arbeit wollte ich aber auch meinen Dank ausdrücken, daß ich mein Kind behalten durfte. Trotz allem hatte ich sehr große Angst. Zu dem Zeitpunkt schien mir der Tod eines Kindes oder Jugendlichen die Weltordnung auf den Kopf zu stellen. Kinder waren für mich der Inbegriff von Zukunft.

In der Psychiatrie war ich mit meiner Arbeit anerkannt gewesen. In der Kinderklinik mußte ich von vorn anfangen. Da mir an einer guten Zusammenarbeit mit den Schwestern lag, ging ich erst einmal eine Woche auf der Station mit, um den Tagesablauf und die Patienten kennenzulernen. Danach versuchte ich, ihnen meine Arbeit, wie ich sie mir vor diesem Hintergrund in etwa vorstellte, zu beschreiben. Ich versuchte es in einer Mittagsrunde. Die Schwestern schwiegen, schauten gelangweilt an die Decke oder stöhnten leise, und das nicht etwa, nachdem ich eine Viertelstunde gesprochen hatte, sondern gleich nach den ersten Sätzen.

Als ich sie daraufhin ansprach, sagte die von mir später sehr geschätzte Stationsschwester unverblümt, sie hätten kein Interesse daran, zu hören, was ich vorhätte, sie brauchten mich nicht!

Entsprechend schwer gestalteten sie mir den Anfang. War ich in einem Zimmer und wollte mit einem Kind arbeiten, kam ständig jemand herein, um Urin oder Blut abzunehmen, Infusionen anzuschließen oder Betten zu machen. Ich war ratlos und wäre vielleicht gegangen, wenn nicht mein Chef und die Stationsschwester darauf bestanden hätten, daß ich blieb.

Wie ich später erfuhr, kam ich gerade in eine Umbruchphase. Schwesternstellen waren gestrichen worden, und das hatte zur Folge, daß sie keine Zeit mehr hatten, Gespräche mit den Kindern und Jugendlichen zu führen, etwas vorzulesen oder zu spielen, was sie zuvor getan hatten, wenn die Arbeit es zuließ. Jetzt kam eine von außen, die noch keine Ahnung hatte, und wollte all das machen, was ihnen gerade geraubt worden war. Da war es kein Wunder, daß sie mir nicht offen entgegenkamen.

So war das erste Jahr schwer für uns alle, aber danach gewannen wir Vertrauen zueinander, und es entwickelte sich eine gute und sinnvolle Zusammenarbeit. Wenn ich morgens auf die Station kam, hörte ich mir erst einmal die Nöte der Schwestern an, denn sie hatten an vorderster Front mit vielem zu kämpfen, und es gab eigentlich niemanden, der für sie da war. Sie halfen mir dafür mit Informationen und paßten auf, daß niemand das Zimmer betrat, wenn ich drinnen war. Wir stützten uns gegenseitig.

Auch die Zusammenarbeit mit den Kinderärzten gestaltete sich optimal. Ich ging bei den Visiten mit, erfuhr auf diesem Wege etwas über den Krankheitszustand und die bevorstehenden Eingriffe und hatte die Möglichkeit, meine Sicht der Patienten darzutun, die damit in die Behandlungsüberlegungen mit eingingen. Diese Situation war das Ergebnis längeren Ringens. Vielleicht wäre ich dabei gescheitert oder beleidigt gewesen, denn ich wurde zu Anfang natürlich nicht nach meiner Meinung gefragt. Ich mußte sie ungefragt in die ohnedies immer viel zu vollgestopften Visitengespräche drängen und dabei aushalten, daß das zunächst lediglich als Störung, vielleicht sogar als Zumutung empfunden wurde. Aber so, wie ich die Ärzte achtete und wertschätzte als diejenigen, die sich für die körperlichen Belange unserer Patienten einsetzten, so fühlte ich mich für deren seelisches Befinden verantwortlich und verschaffte diesem Raum.

Natürlich ist es eigentlich absurd, die Menschen auf diese Weise zu zerlegen, so daß wir Fachmänner und -frauen für beides brauchen, aber in den Gesprächen gelang es wenigstens zum Teil, die Einheit wieder herzustellen. Ich glaube, wir haben dabei viel voneinander gelernt.

Zugleich war diese Klinik eine Hochschule, an der Forschung an oberster Stelle stand. Das verursachte neben der Faszination auch einen ungeheuren Druck, unter dem wir alle in irgendeiner Weise litten. Einerseits gab es da die leidenden Menschen, die neben den Medikamenten, Untersuchungen und medizinischen Eingriffen auch ein offenes Ohr, ein mitfühlendes Herz brauchten, aber das beanspruchte Zeit, und Zeit war das Gut, das am wenigsten zur Verfügung stand. Es gab sie nur in *einer* anerkannten Form, das war die *effektive* Zeit. Ihr wurde alles unterworfen, unter ihrem Diktat standen wir gemeinsam. Sie war der Maßstab, an dem alles Handeln gemessen wurde.

Die Bildlosigkeit der modernen Medizin angesichts des Todes und Bilder schwerkranker, sterbender Kinder

Was die Kinder betraf, war der Tod mein Feind. Ich konnte und wollte ihn zu einem so frühen Zeitpunkt nicht hinnehmen. Ich fand sein Eintreten ungerecht, unpassend, ja absurd. Ich hatte die Vorstellung, man müsse sein Leben gelebt haben, um abgerufen werden zu dürfen. Ich hatte eine Vorstellung von erfülltem Leben, dazu brauchte man eine gewisse Zeit. Wenn man sie nicht genutzt hatte, war das ein persönlich verschuldetes Unglück, aber das Gefäß für das Leben mußte groß genug sein, wenn es gerecht hergehen sollte. Das dachte ich damals, aber die Arbeit auf der Kinderstation lehrte mich schnell etwas anderes: Ich war erst wenige Wochen da, und wir hatten unter anderem einen kleinen, zweieinhalbjährigen Jungen bei uns, der so schwer krank war, daß er immer nur in seinem Kinderwagen gelegen hatte. Wenn ich an ihm vorbei kam, streckte er mir seine dünnen Ärmchen entgegen. Wenn ich ihn auf den Arm nahm, konnte ich den wilden Schlag seines kleinen Herzens an mir spüren. Abends kam ich oft extra für ihn, weil er vor Angst nicht einschlafen konnte, da er nur schwer Luft bekam. Dann ging ich lange mit ihm auf dem Flur auf und ab und sang ihm vor. Mein Gesang war nicht selten trotzig wie sein wild schlagendes Herz, mit dem ich mich im Durchhalten verband. Eines Abends spürte ich, wie es langsamer und leiser wurde. Glück überfiel mich, weil er ruhiger war, er würde schlafen können, wenn ich ihn hinlegte. Ich spürte, wie seine Finger meine Haare, in die er sich immer klammerte, losließen und sein kleiner Körper, der vor Anstrengung gewöhnlich ganz verspannt war, weich wurde in meinen Armen. Ich wollte noch zweimal den Flur hin- und hergehen, damit er nicht wieder aufwachte und summte nur noch leise, als ich auf einmal merkte, daß sein Herz nicht mehr schlug. So leise, so sanft war der Tod gekommen und hatte ihn erlöst von aller Qual. Da hörte er auf, mein Feind zu sein.

Manchmal kam er so, wie bei diesem Kind, ohne daß wir ihm in die Parade fahren konnten.

Gewöhnlich werden solche Patienten an die Herz-Lungen-Maschine angeschlossen. Es werden alle möglichen Maßnahmen ergriffen, um sie dem Zugriff des Todes zu entreißen. Manchmal gelingt es, manchmal muß man ihm nach qualvollem Ringen seine Beute lassen. Für die High-Tech-Medizin ist der Tod der Erzfeind, er ist ein Fiasko, bedeutet Niederlage. Deshalb wird er mit allen Mitteln bekämpft, wobei nicht selten der Patient zum Schlachtfeld wird, auf dem der Kampf auf seine Kosten ausgetragen wird.

Die moderne Medizin hat riesige Fortschritte gemacht. Vor nicht allzu langer Zeit mußte ein Mensch an Blinddarmentzündung sterben, und eine schwere Lungenentzündung war tödlich. Heute stirbt nur noch selten jemand daran. Die Medizin kann Bypässe an Herzen legen und kann kranke Organe gegen gesunde eines hirntoten Spenders oder gegen künstliche austauschen. Immer neuere Apparate machen immer raffiniertere Eingriffe möglich. Was gibt es daran auszusetzen? Ist das nicht einfach ein Grund zur Freude?

Fast unbemerkt ist mit all diesem Können ein anderes Menschenbild entstanden. Seit Descartes hat sich eine Sicht vom Menschen durchgesetzt, die die Voraussetzung für all diesen Fortschritt bietet: *der Mensch als Apparat, der mehr oder weniger gut funktioniert.*

Bei einem Apparat kann man kaputte Ersatzteile ausbauen und ersetzen, damit er wieder in Gang kommt. Es ergibt keinen Sinn, nach der persönlichen Bedeutung von Krankheit zu fragen. Der Tod ist der Augenblick, wenn der Apparat seine Funktionen aufgibt und sie auch nicht wieder hergestellt werden können. Die »Majestät des Todes« wirkt in diesem Zusammenhang deplaziert.

Einmal war ich zu einer Tagung eingeladen, um mit Bioethikern über das Thema »Hirntod« zu diskutieren. Es war eine schreckliche Erfahrung. Ich hatte das Gefühl, mit Menschen zu diskutieren, die weder meine Sprache verstanden, noch war mir die ihre erfahrbar. Wir konnten nicht einmal kontrovers diskutieren, weil dazu eine Spur von Achtung notwendig gewesen wäre, die es dem jeweiligen Gesprächspartner erlaubt hätte, seine Gedanken in Ruhe darzulegen, um sich dann auf das Gehörte beziehen zu können. Ich hatte etwas über die Bedeutung des Todes in anderen Kulturen gesagt und wieviel weiter das Sterben dort begriffen wurde als in der Hirntoddefinition, die den Tod auf einen bestimmten Augenblick festlegt, dem Sterbeprozeß aber keinerlei Aufmerksamkeit schenkt.

Der Leiter des Instituts stand auf und sagte höhnisch lachend zu mir: »Was für ein Gefasel! Haben Sie schon mal in einen drei Tage alten Kadaver [er sagte tatsächlich ›Kadaver‹ und nicht ›Leichnam‹] gestochen? Dann würden Sie sehen, wie Ihnen die stinkende, grüne Brühe um die Ohren spritzt! Da ist nichts mit Würde! Eher ist es würdelos, einen frischen Hirntoten in diesen Zustand übergehen zu lassen, bevor man ihm das, was noch brauchbar ist, entnommen hat.«

Der Hirntote als »Organbank«, als »Ersatzteillager«, die Organe im Angelsächsischen als »human vegetable«, das Herz als »Pumpe«, die Niere als »Filter«, die Leber als »Entgiftungsapparat« – alles ist sachlich und einfach: der ganze Mensch als Apparat, in dem man ersetzen kann, was kaputt ist, soweit man das Know-how hat. Wenn der Mensch nur ein Apparat ist, dann kann man wie bei einem Schrottauto nachsehen, ob irgend etwas an ihm noch brauchbar ist.

Dann wäre es schlüssig, diese Ersatzteile auszubauen und dort wieder einzumontieren, wo sie gebraucht werden. Da kann es dann durchaus vorkommen, daß von einem »gesunden Hirntoten« fast nichts übrig bleibt, denn es sind nicht nur Herz, Lunge, Leber, Nieren, Darm, sondern auch Haut, Knochen, Gehörknöchelchen und Augen brauchbar.

Als eine Frau bei einer Fernsehdiskussion den Chirurgen fragte, ob eine Explantation nicht eine den Menschen entwürdigende Situation sei, sagte er vehement, es verstoße bei einer Organentnahme nichts gegen die Würde des Organspenders.

Ich habe mich gefragt, was er wohl unter Würde versteht. Mir kam der Bericht eines Intensivpflegers in den Sinn, der mir erzählte, wie es für ihn ist, wenn er bis zum Schluß bei der Explantation eines Hirntoten dabei ist, den er zuvor gepflegt hatte. »Wir alle pflegen diese Menschen«, sagte er, »als seien sie nicht tot, sondern komatös, denn ihr Blutdruck ist wie bei komatösen Patienten Schwankungen unterworfen, sie können Fieber haben, urinieren und sehen eben nicht aus wie Tote. Wir sprechen mit ihnen, wenn wir sie versorgen, und lassen für sie das Radio laufen.«

Er beschrieb dann, wie es ist, wenn die verschiedenen Teams mit ihren Köfferchen anrücken, den Körper öffnen, ihm entnehmen, was sie interessiert, und dann Witze machend wieder verschwinden. Zum Schluß bleibe er mit dem Rest zurück, wie an einem offenen Schlachtfeld und stelle die Maschinen ab. Oft habe er das Gefühl gehabt, einem rituellen Mord beigewohnt zu haben. Die Folgen waren Nächte mit Alpträumen und psychosomatischen Beschwerden, aber es gäbe niemanden, mit dem man darüber sprechen könne.

Das Prozedere der Explantation schien für alle anderen etwas völlig Normales zu sein. Darüber zu sprechen, was eine Explantation in einem Menschen auslöst, der keinen Vorteil von ihr hat und mit der Frage zurückbleibt, ob der Spender wirklich schon vorher tot war oder ihn erst die Explantation getötet hat, war ein absolutes Tabu.

Vor einiger Zeit ging ein Fall durch die Presse, der schockierte. Eltern hatten sich auf Nachfrage des Arztes bereit erklärt, daß bei ihrem hirntoten Kind die Nieren entnommen werden durften. Als sie nach der Entnahme darauf bestanden, das Kind noch einmal zu sehen, waren sie entsetzt: Sein offener Bauch war leer, und Augen und Ohren waren nicht mehr da, obwohl die Eltern nur der Entnahme der Nieren zugestimmt hatten. Überall steckten Kanülen oder hingen abgeschnittene Schläuche heraus, man hatte es nicht einmal für nötig gehalten, das, was von dem Kind noch übrig war, in Ordnung zu bringen.

Ein Einzelfall? Nein! Denn bei einer Explantation ist kein Arzt vorgesehen, der den verletzten Körper wieder zunäht, deshalb müssen sich die Angehörigen vorher verabschieden.

Eine englische Ärztin sagte einmal, wir könnten uns »organ waste« [Organverschwendung] nicht mehr leisten. Der menschliche Körper werde mit Eintreten des Hirntods zu einer Sache, über die man unter dem Gesichtspunkt der Brauchbarkeit verfügen solle.

Aber die Frage bleibt: Was ist der *eigentliche* Zeitpunkt des Todes? Er findet laut Beschluß mit dem Hirntod statt, der einfach mit dem Tod des ganzen Menschen gleichgesetzt wurde. Warum? Zunächst einmal, um den Zeitpunkt zu bestimmen, zu dem eine weitere Unterstützung mit Maschinen abgebrochen werden darf, um das Sterben nicht aufzuhalten. Aber dann zeigte sich der vorteilhafte Nebeneffekt: Die Hirntoddefinition war die Voraussetzung für die Transplantationsmedizin. Weil man mit dieser Todesdefinition an »lebendfrische Organe« kommt. »Lebendfrisch« aus einem Toten? Ist das kein Widerspruch? Nein. Man denkt einfach nicht weiter, man hat es so beschlossen. Der Inhalt eines arabische Märchens wirft ein bezeichnendes Licht auf diese entscheidende Frage.

Der Tod in Bagdad

In dem Märchen wird von einem jungen Offizier des Königs von Damaskus berichtet, der diesen bittet, ihm sein schnellstes Pferd zu leihen, da er gerade im Garten des Königs dem Tod begegnet sei, der ihn holen wolle. Er müsse deshalb so schnell wie möglich nach Bagdad fliehen. Der König gibt ihm das Pferd, und der Offizier flieht nach Bagdad. Als der König in den Garten geht, findet er dort den Tod an beschriebener Stelle. Er spricht ihn an, und der Tod antwortet, er habe den Auftrag, den Offizier heute abend in Bagdad zu treffen, wo er sterben solle. Er sei nur verwundert, daß er ihn vor einer halben Stunde noch hier in Damaskus gesehen habe.

Das Märchen erlaubt uns einen Standpunkt aus höherer Warte. Man kann seine Schadenfreude nicht ganz unterdrücken, wenn man die Szene vor sich sieht, wie der Offizier in wilder Eile dem Tod entgegenreitet, indem er sich auf die Flucht begibt. Unerbittlich macht es klar, daß er nicht auszutricksen ist. Er ist da, wenn die Lebenszeit abgelaufen ist, aber das können nur wenige Menschen bewußt und gelassen hinnehmen. Eigentlich bedarf es einer lebenslangen Einübung in das Sterben, aber die größten Fortschritte der Medizin in unserem Jahrhundert verführen uns dazu, den Tod aus unserem Gedächtnis zu verdrängen. Die fieberhafte Suche nach dem Anteil in unserer Erbsubstanz, der Krankheit und schließlich den Tod auslöst, ist in vollem Gange, und die Hoffnung ist groß, das Leben zumindest sehr verlängern zu können. Viele Menschen springen auf diesen Hoffnungszug auf und begreifen nicht, daß es nicht auf die Länge unseres Lebens ankommt, sondern vielleicht darauf, wie wir unsere Lebensaufgaben erfüllen und wie wir in unserem Leben zur Erkenntnis kommen.

Viel von solchem Wissen habe ich bei sterbenden Kindern erlebt. Vielleicht sind sie noch geübter, die inneren Signale wahrzunehmen, und vielleicht fällt es ihnen leichter, das Leben loszulassen, weil sie mehr im Augenblick zu leben vermögen und weil sie noch nicht so stark wie die Erwachsenen durch Zukunftsphantasien gebunden sind. Auch völlig areligiös erzogene Kinder haben mit dem nahenden Tod für sich Paradiesphantasien entwickelt, die sie mit Sehnsucht erfüllten und ihnen eine Richtung gaben.

Kummer machte ihnen oft die Rücksicht der Angehörigen, die den Tod nicht akzeptieren konnten, so daß sie scheinbar die Hoffnungen der Eltern teilten, um sie zu trösten. Aber mit dem, was ihnen am Herzen lag, dem Bedürfnis, etwas zu ordnen, zu danken, etwas Wichtiges mitzuteilen und ihr kleines Hab und Gut weiterzugeben, waren sie dann allein.

Wenn man trotz aller Schmerzen und aller Trauer das Sterben eines Kindes wahrnimmt, kann man erleben, wie es sich innerhalb von Wochen, Tagen, ja Stunden zu der Person entwickelt, die es werden sollte. Nicht die Jahre entscheiden über die Vollendung eines Lebens. Das scheinen Kinder zu wissen. Vielleicht sind sie geübter im Loslassen als wir und reifen deshalb oft mit spielerischer Leichtigkeit in ihren Tod hinein. Das könnte uns ein großer Trost sein.

Einmal bin ich von einer Ärztin gerufen worden, weil sich eine Krebspatientin, Lena, mit allen Kräften gegen die Chemotherapie wehrte. Sie hatte die Lunge voller Metastasen und wollte sterben. Ihr Vater hatte sich ein Jahr zuvor erhängt. Sie war sein Lieblingskind gewesen, aber sie hatte nicht weinen können.

Ein halbes Jahr später hatte man ihr ein Bein amputieren müssen. Sie erzählte mir einen Traum. Darin stand sie an einem breiten Fluß. Auf der anderen Seite waren viele Menschen; aus ihnen heraus trat ihr Vater. Er stand auf der gegenüberliegenden Seite und winkte ihr herüber. Sie spürte eine große Sehnsucht nach ihm und wollte durch den breiten Fluß zu ihm schwimmen. Da drehte er sich um und verschwand in der Menge. Sie war niedergeschlagen und wütend. »Er hat mich gerufen, und ich werde kommen«, sagte sie trotzig.

Ich sagte ihr, daß ich ihren Traum anders verstanden hätte, nämlich, daß ihr Vater sich zwar nach ihr sehne und ihr zuwinke, daß er aber nicht wolle, daß sie jetzt komme, denn er habe sich ja umgedreht, als sie ins Wasser gehen wollte. Sie schien erleichtert. Sie wollte nach Hause und jede Woche zu mir kommen. Ihre körperliche Verfassung war sehr schlecht, und alle waren sich bewußt, daß sie nicht gesund werden würde, wenn sie sich innerlich gegen die Therapie sträubte. Lena wurde entlassen und kam wöchentlich ambulant zu mir.

Auf ihrem ersten Bild ist folgendes zu sehen: In der Mitte des Blattes ist eine Mauer, an der auf der rechten Seite ein Ungeheuer nagt mit riesigen gelben Zähnen; auf der linken Seite, als müsse sie die Mauer stützen, steht ein blasses Mädchen, dessen weit aufgerissenes Auge und herunterhängender Mund Angst und Not widerspiegeln. Sie ist sprachlos, kein Ton kommt über ihre

Lippen. Durch den Körper des Mädchens hindurch geht ein großes weißes Gesicht, im Profil, mit geöffnetem Mund. Dieser Mund schreit. Auf der Stirn ist ein rosa Herz, ein ganz kleines Kinderherz. Das war Lenas Situation.

Würde die dünne Mauer der wütend zupackenden Krankheit standhalten? Deutlich ist, daß die Krankheit externalisiert, also im Bild quasi nach außen gestellt wurde als etwas absolut Zerstörerisches.

Wir arbeiteten nach der Simonton-Methode mit Visualisierungen.* Das heißt, sie versuchte, sich die Metastasen in ihrem Körper vorzustellen und direkt Einfluß auf sie zu nehmen. Zugleich arbeiteten wir an ihrer traumatischen Geschichte. Langsam ging es ihr besser; sie ritt wieder, ging zur Schule, war eine gute Schülerin und züchtete Vögel. Die Metastasen waren verschwunden.

Nach etwa anderthalb Jahren kam sie ganz betroffen zur Stunde. In der Nacht waren aus unerklärlichen Gründen fast alle Vögel gestorben. Ich erschrak. Die Vögel hatten sich in der Zwischenzeit vermehrt, sie hatte schöne Züchtungen zustande gebracht. Sie waren Ausdruck ihres wieder aufgeblühten Lebens. Nun malte sie zwei Augen; das rechte spiegelt eine Art Paradies. Auf einer Wiese, hinter der die Sonne aufgeht, sitzen sich ein Hase und ein Fuchs friedlich gegenüber, ein Paradiesbild – das linke Auge spiegelt eine Straße voll von qualmenden Autos, an deren Rand ein Hund liegt, der sich Augen und Ohren zuhält. Darunter sieht man eine Welt, von der zwei Friedenstauben wegfliegen, die einen Zweig im Schnabel halten. Die Welt streckt hilflos Hände hinter ihnen her. Darunter ist zu lesen: »Die Tauben nehmen die Hoffnung und das Leben mit!« Unter dem rechten Auge ist eine zerborstene, zerbrochene Welt, aber unter ihr

---

* Vgl. Carl Simonton: Wieder gesund werden, Hamburg 1978.

eine Hand, die die Trümmer auffängt. »Asche zu Asche, Staub zu Staub«, schreibt sie dazu. Lena war klug und engagiert. Schon manchmal hatte sie von der Bedrohung der Erde gesprochen, aber diesmal erschreckte es mich. Es war klar, daß das ein Symbol für sie war.

Sie hatte zwei Wirklichkeiten in den Blick genommen: die Zerstörung ihres Körpers, den sie mit der Zerstörung der Welt gleichsetzte, und die Erlösung mit der Aufhebung der Gegensätze von Hase und Fuchs.

Als sie in der nächsten Woche kam, sah sie blaß aus. Noch waren keine neuen Metastasen feststellbar, aber ihr Traum war wiedergekommen, der gleiche Traum, den sie mir erzählt hatte. Nur standen diesmal auch ihre Großeltern an der anderen Seite des Flusses, in der Mitte ihr Vater, sie hatten ihr gewunken, und sie hatte wieder diese Sehnsucht gespürt. Die drei hatten gewartet, bis sie in der Mitte des Flusses war, dann war sie aufgewacht.

»Ich habe in diesen anderthalb Jahren alles erlebt, was mir noch fehlte«, sagte sie, »ich glaube, ich kann jetzt gehen.«

Beim nächsten Mal stellte man Metastasen fest. Sie wuchsen schnell und durchdrangen ihren Körper. Lena wollte auf keinen Fall in die Klinik, sie wollte zu Hause sterben. Wenn ich sie besuchte, malte sie Bilder mit weißen Pferden. Auf ihrem letztem Bild ist ein Einhorn zu sehen. Über ihm fliegt eine Taube; sie sieht aus wie eine der Tauben auf dem früheren Bild, die die Hoffnung und das Leben von der Erde mitgenommen hat. Hatte sie das Einhorn in das Paradies geleitet?

Wenn wir über ihr Paradies sprachen, sagte sie manchmal: »Oft bin ich mit meinem Pferd durch die Felder oder durch einen Wald geritten vorbei an einem kleinen Tümpel, habe den Duft der Luft eingezogen, habe die Vögel gehört und gedacht: Das ist doch das Paradies, wieso sieht es denn keiner? Vielleicht werde ich ja hierbleiben, nur ohne Schmerzen, mit meinem verlorenen Bein und einem anderen Bewußtsein.«

Lena starb zu Hause bei ihrer Mutter und ihrem Bruder im Sommer, als der Duft des Korns ihr Zimmer durchdrang. Sie hatte trotz Schmerzen keine Medikamente genommen. Als ich sie erstaunt danach fragte, sagte sie: »Ich habe den seelischen Schmerz nicht tragen können, deshalb bin ich krank geworden, den hat vielleicht ein anderer Mensch für mich gelitten. Aber ich kann körperliche Schmerzen ertragen, vielleicht kann ich sie einem anderen Menschen, der Angst davor hat, abnehmen.« Sie lebte sehr einsam mit ihrer Familie, aber sie fühlte sich nicht allein. »Über den Schmerz fühle ich mich mit allen Leidenden verbunden«, sagte sie kurz vor ihrem Tod.

Lena war ein erstaunlicher Mensch. Sie wußte immer sehr genau, was sie wollte. Sie wehrte sich gegen die High-Tech-Medizin. Als sie gesund werden wollte, wurde sie es und lebte intensiv. Als ihre Zeit um war, das zeigte ihr der Traum, überließ sie sich dem Sterben. Sie schien sich gegen ihr Schicksal nicht zu wehren, sie schien nichts zu vermissen. Sie schien zu ahnen, was kommen würde, und sie war voll Zuversicht.

Der Weg der Kinder, die ich in den Tod begleiten durfte, war selten ein einfacher. In ihren Bildern drückte sich die Krankheit als existentielle Bedrohung aus wie in Lenas Bild vom Mauerfresser. Manchmal allerdings waren diese Bilder auch mit Schrekken und Entsetzen verbunden, weil sie den Patienten etwas vor Augen führten, was sie nicht erwartet hatten.

Auf jeden Fall sind diese Bilder Übergänge, sind Brücken in andere Welten. Ohne diese Visionen müßte die menschliche Seele im Angesicht des Todes erstarren, weil er sonst wie das absolute Ende eines Weges wäre oder wie ein dunkles, unheimliches Loch.

Im Mittelalter gab es noch eine *Ars moriendi*. Wie ungewohnt ist es dagegen in unserer Zeit, das Sterben als Kunst zu begreifen, die man üben, lernen muß, um sie vollziehen zu können. Wir schieben den Tod als erfahrbare Realität zur Seite, meinen uns unser Leben zu verderben, wenn wir ihn bewußt in unseren Alltag mit einbeziehen, und doch ist das Leben voller kleiner Tode, die wir üben und gestalten könnten, um den großen, letzten zu bewältigen.

In manchen Kulturen wurde der Tod als Höhepunkt des Lebens begriffen, zum Beispiel bei einem Volksstamm der Sulawesi-Inseln, den Torajas. Tod bedeutet für sie den Übergang zu den verehrten Ahnen. Für jeden Toten wird ein großes Begräbnisfest arrangiert, weil das ein Zeichen der Liebe und Wertschätzung für den Verstorbenen ist. Der Verstorbene wiederum berichtet den Ahnen davon, die dann die Lebenden unterstützen. Da das Geld für eine angemessene Feier manchmal erst in vielen Monaten zusammengebracht werden kann, ruht der Tote in Binden gewickelt in der Hütte seiner Familie. Die Torajas kennen weder Angst noch Abscheu vor dem Leichnam. Ist er schließlich in einem Felsengrab beerdigt, wird eine große Holzpuppe davorgestellt. Die Kinder spielen besonders gern vor den Gräbern. Tod und Leben gehören somit zusammen.

Wie oft werden in unserer Gesellschaft Kinder von der Realität des Todes ausgeschlossen, scheinbar um sie zu schützen, in Wirklichkeit aber wohl, weil die Erwachsenen damit nicht umgehen können. In meiner Praxis hatte ich einmal eine kleine Fünfjährige, die ihren Vater mit vier Jahren verloren hatte. Die Mutter verschwieg ihr den Tod ein halbes Jahr lang. Als sie es ihr schließlich gestand und sie zum Friedhof mitnahm, war die Kleine entsetzt. Wie ein Hund versuchte sie, den Vater auszugraben. Als die völlig hilflose Mutter das Kind schließlich daran hinderte, zog dieses seine Jacke aus und stopfte sie mit Schokolade und Gummibären in das Loch, damit der Vater nicht friere und nicht verhungere. Jeden Tag ging sie mit ihrer Mutter zum Grab, buddelte ein Loch und versenkte alle möglichen Sachen für den Vater darin. Die Mutter hatte keine Idee, wie sie ihrem Kind den Tod seines Vaters erklären könnte.

Sicherlich ist dieses Beispiel extrem, aber es ist Ausdruck unserer Zeit, die Vorstellungen und Rituale weitgehend über Bord geworfen hat und dem Tod trotz aller Verdrängung aus dem Bewußtsein immer wieder begegnet, dabei aber ganz hilflos ist.

Todesvorstellungen im Buddhismus

Der Buddhismus hat eine ganz eigene Kultur der Sterbebegleitung entwickelt. Danach ist das Sterben einerseits etwas Natürliches und andererseits eine Kunst, die mit äußerster Aufmerksamkeit vollzogen werden muß, wenn der Übergang gut gelingen soll. Mit Hilfe von jahrtausendealten, bewährten meditativen Übungen lernen die Menschen, sich ihrer eigenen Vergänglichkeit zu stellen und das Sterben schon mitten im Leben zu lernen und dadurch die Furcht vor dem Tod zu verlieren. Tod, Zwischenzustand und Wiedergeburt sind ein Kreislauf, der erst durch die Erlangung der Buddhawürde überwunden werden kann. In der Begleitung von erfahrenen Priestern wird auf die verschiedenen Stufen vorbereitet, damit sie besser erkannt und verstanden werden können. Sojal Rinpoche schreibt in der Einführung zum Tibetischen Totenbuch: »Wenn wir vorbereitet sind auf den Tod, liegt überwältigende Hoffnung sowohl im Leben als auch im Tod. Die Lehren enthüllen uns die Möglichkeit einer gewaltigen und letztlich grenzenlosen Freiheit. Es liegt an uns, jetzt und hier in unserem Leben nach dieser Freiheit zu streben.«[7]

---

[7] Das Totenbuch der Tibeter, München 1994.
Vgl. auch Lati Rinpoche/Jeffrey Hopkins: Stufen zur Unsterblichkeit, München 1994.

Ich erinnere mich an die Erzählung eines neunzigjährigen Jesuitenpaters, der auch Buddhist war und uns vom Sterben des hundertzwanzigjährigen Vaters seines Meisters erzählte.

Der Greis, der offenbar noch völlig gesund war, rief seine Angehörigen zusammen, weil er spürte, daß die Zeit seines Sterbens gekommen war. Er saß im Lotossitz in ihrer Mitte und bat seinen hundertjährigen Sohn, die Sterberituale an ihm zu vollziehen. Nacheinander schloß dieser die Sinne des Greises: das Schmekken, Riechen, Sehen, Fühlen, Hören. Als er geendet hatte, saß der Greis kerzengerade da. Sein Herz hatte aufgehört zu schlagen, und er atmete nicht mehr. In voller Bewußtheit war er gegangen.

Das Entscheidende im Buddhismus ist, daß die Menschen ihr Menschsein als besondere Möglichkeit verstehen, ihre eigentliche Natur zu erkennen. Dazu gehört auch, zu begreifen, daß die Welt eine »Illusion« ist, die jeder Mensch mit seinen Möglichkeiten gestaltet. Sie sagen, ein vollendeter Mensch sieht alles in seiner nackten, das heißt von Projektionen entkleideten Reinheit.

In einem Seminar über den Sinn von Krankheit und Tod fragte ich die Teilnehmer einmal, wie sie zu sterben wünschten. Die meisten von ihnen wünschten sich einen plötzlichen Tod, ohne vorheriges Leiden. Sie wollten im wahrsten Sinne ahnungslos sterben, am besten im Schlaf.

Da wir keine Sterbekultur entwickelt haben, wissen wir auch nicht, welche gewaltigen Momente des Erlebens nicht eintreten, wenn wir so unbewußt sterben. Es gibt Kulturen, die den plötzlichen, unvorbereiteten Tod als Schande empfinden, weil sie wissen, welche Möglichkeiten einem solchen Menschen entgangen sind. Das Sterben ist dort mehr als das Sterben des Körpers; ihm entspricht ein Sterben mitten im Leben wie das von unerfüllten Hoffnungen, von Zukunftsbildern, ein Heraussterben aus der vertrauten Umgebung, wenn Kinder zum Beispiel plötzlich nicht mehr zur Schule gehen können, wenn sie ihre am normalen Leben interessierten Freunde verlieren, oder Fähigkeiten, die sie zuvor mühsam erworben hatten, wie Radfahren, Reiten, Ballspielen und schließlich sogar das Laufen. Das sind lauter kleine Tode, die zum Loslassen auffordern. Je nachdem, auf welchen Hintergrund sie fallen, lösen sie Verzweiflung, Wut, Enttäuschung, Angst und Trauer aus. Ich erinnere an die Bilder von Lena (vgl. S. 144) mit der wilden Bestie hinter der Mauer, den Augen, in denen sich die Zerstörung der Welt abbildet, wie die Weltraumkampfbilder oder wie das Bild dieses kleinen Mädchens, dessen Immunsystem sich gegen ihren eigenen Körper wandte und sukzessive ihre Lunge zerstörte. Sie identifizierte sich mit einem Clown auf dem Hochseil, der mit einem zerbrochenen Schirm balanciert und unter sich wilde Tiere hat, die ihre Zähne fletschen und auf sein Herunterfallen warten, und über sich die schwarzen Raubvögel. Die Frage war nur, wann und wer ihm ein Ende setzen würde.

Oder dieses Bild von Jakob, das einen Menschen über einer Schlangengrube zeigt, dem von einer schwarzen Wolke der Kopf abgedrückt wird, während unter ihm die gefährliche Schlange auf ihn wartet. Das sind Bilder aus einer Zeit, wo die Kinder erkannt haben, daß der Weg zur Gesundung ihres Körpers abgesperrt ist, sie drücken die ganze verzweifelte Auswegslosigkeit ihrer Lage aus.

Immer habe ich mir in solchen Situationen gewünscht, sie hätten nicht so unerbittlich erkennen müssen. Ich hätte gern getröstet, aber es gab keinen Trost. Es war, als müßten sie in dieser Phase durch die Hölle gehen, völlig allein. Ich konnte nur an ihrem Rand stehen bleiben, tief betroffen und warten, daß sie wieder auftauchen würden. Wenn sie wieder auftauchten, waren sie verändert.

Das kleine Mädchen, das den Clown auf dem Hochseil gemalt hatte, fand in dieser Geschichte die Lösung, die es befreite. Überraschenderweise war unter den schwarzen Vögeln ein großer Adler, der den Clown, bevor er abstürzte, packte und ihn hinauf in die Berge in ein warmes Nest zu seinen Jungen trug, die den

Clown sehr liebten, ihn beschützten und alles mit ihm teilten. Eileen, die zutiefst erschreckt war über das Bild mit der Prinzessin auf dem Atompilz, malte trotz großer Schwäche in den letzten Wochen ihres Lebens ein Paradiesbild, eine Art großer Garten. Der vordere Teil war ihr Lebensgarten, in ihm brachte sie symbolisch alles unter, was für sie Bedeutung hatte. Es war eine Materialcollage. Das Material stammte aus den verschiedenen Etappen ihres Lebens: da waren Steine von früheren Reisen, ein Holzhäschen ihrer geliebten Großmutter, ein Eisschirmchen vom letzten Sommer und zwei Katzen, die ihre und meine Katze darstellen sollten. »Sie könnten doch zusammen Kinder kriegen«, sagte sie fröhlich, »dann würde etwas von uns beiden weiterleben.« Der Zaun, der den großen Garten teilte in eine sichtbare Welt davor und in eine, die man ahnen konnte hinter ihm, war aus abgebrannten Streichhölzern vom letzten Weihnachten, und die getrockneten Farne hinter ihm waren vom Grab der Großmutter. In den Zaun ist ein rotes Haus integriert, der Weg – ihr Lebensweg – geht auf eine geschlossene Tür zu, neben der eine silberne Blume wächst. Silber und Gold werden in solchem Zusammenhang meistens als Jenseitsfarben benutzt. Auch der große, bunte Baum, der halb zum Lebensgarten gehört und teils zum Paradiesgarten, hat Blätter aus goldenen und silbernen Deckeln ihrer Medikamentenfläschchen, die sie täglich braucht. Sie muß die Tür des roten Hauses durchschreiten, um in den anderen Garten zu kommen.

Tröstlich war es für sie, ihren Lebensgarten noch einmal bewußt zu durchschreiten und sich des Kostbaren in ihrem Leben zu erinnern. Und ähnlich wie bei Lena, die bei ihrem Ausritt auf einmal das Gefühl hatte, das Paradies sei doch schon hier – vielleicht bedeutet Totsein einfach nur, alles unverstellt, ohne die projektiven Verkleidungen wahrnehmen zu können – so war auch Eileens Garten in Wirklichkeit eine große Einheit, die nur durch den Zaun unserer körperlichen Begrenztheit noch nicht als solche zu erkennen ist. Sterbende zeichnen sich durch größere Ahnungshaftigkeit aus.

Die letzten Bilder der sterbenden Kinder, die ich begleitet habe, waren keine billigen Lösungen, sie waren durchlittene Erkenntnisse, die sie frei machten und hoffnungsvoll sterben ließen. Es waren ihre Visionen.

Schwellen machen Angst, wenn dahinter Unbekanntes ist. Wie sollten wir den Mut finden, sie zu überschreiten, wenn nicht die persönlichen Bilder aus unserem tiefsten Inneren das Licht wären und den Reiz böten, das zu tun? Das kann niemand von außen für uns machen. Ein sterbendes Kind hat mir eine große Wahrheit mitgeteilt, als es sagte: »Ich schenke dir mein Bild, aber das ist nur für jetzt, du wirst dein Paradiesbild selber finden müssen.«

Michael Ende erdichtet in seinem großen Roman *Momo*[8] ein Bild für die Zeit eines Menschen, die aus lauter Stundenblumen besteht, die erblühen und wieder vergehen, nur um noch schöner wieder aufzutauchen, wenn wir unsere Zeit aufmerksam erleben: Er führt Momo in einen Raum, in dem eine goldene Dämmerung herrscht. Durch eine kreisrunde Öffnung in der Mitte fällt senkrecht eine Säule aus Licht auf einen runden Teich mit reglos schwarzem Wasser, der wie ein dunkler Spiegel daliegt. Die Lichtsäule schwingt mit majestätischer Langsamkeit, ohne Schwere über dem Wasser, aus dem jeweils eine große Blütenknospe steigt. Je näher das Lichtpendel kommt, um so weiter öffnet sich die Blüte, bis sie unter seinem Licht voll erblüht. Sie ist von betörender Schönheit, und ihr Duft ist wie der Inbegriff dessen, wonach man sich sehnt. Wenn das Lichtpendel sich wegbewegt, verwelkt die herrliche Blüte und versinkt in dunklem Wasser. Aber immer neue, noch herrlichere, ganz einmalige Blüten entstehen unter dem Lichtpendel.

---

8 Michael Ende: Momo, Stuttgart/Wien 1973.

Die kleine Momo, die diesem Geschehen zuschaut, sieht aber nicht nur das Werden und Vergehen, sie hört auch die unterschiedlichen Klänge, die sind wie das Rauschen des Windes oder wie das Brausen und Donnern der Brandung und dann wieder wie lieblichster Sphärengesang, der sie ganz erfüllt. Hora, der Meister der Zeit, vielleicht ein anderes Bild für den Tod, zeigt dem Kind seine innere Wirklichkeit, denn auf seine Frage »wo bin ich?« sagt er: »In deinem eigenen Herzen.« Welch wunderbares Bild von der Zeit eines Menschen als Anfang und Ende, für die Wiederholung des ewig Gleichen und doch immer Neuen: die menschliche Seele als tiefer dunkler See, aus dessen Schwärze die herrlichsten Blüten wachsen, wenn ihnen das Licht von oben entgegen kommt.

Sind das die vielen kleinen Tode, von denen Eileen sprach? Aber wenn wir unsere Stunden, die kommen und vergehen, aufmerksam betrachten würden und ihre einmalige Schönheit entdecken könnten, dann wüßten wir, daß das Leben ständiger Wandel ist und der Tod ein Teil davon und fänden es auf dem Hintergrund solchen Wissens vielleicht überflüssig, uns mit allen Mitteln um Lebensverlängerung zu bemühen.

Hirntod

Das Bedürfnis, ein Ersatzteil zu finden, wenn im sonst gesunden menschlichen Körper ein Organ kaputtgeht, ist alt.

Auf einem Altarbild aus Schwaben um 1500[9] ist eine Transplantationsszene zu sehen. Zwei Ärzte setzen das Bein eines toten Mauren an den Oberschenkelstumpf eines weißen Patienten.

[9] Württembergisches Landesmuseum, Stuttgart.

Er wird es nicht lange überlebt haben, aber schon vor 500 Jahren hielt man so etwas für möglich.

Inzwischen haben die Ärzte das Know-how und möchten ihre Fähigkeiten so oft wie möglich anwenden und erweitern. Aber so wie eine Person einem Biotop gleicht, in dem jeder Eingriff auch das Gleichgewicht stört, so hat eine Transplantation Einfluß auf den ganzen Menschen, auf seine Familie, seine Umwelt, auf die Gesellschaft mit ihren Werten und Normen.

Wenn man zum Beispiel Leber, Lunge, Niere, Herz transplantieren will, müssen die Organe, wie bereits geschildert, »lebendfrisch« sein, das heißt, sie müssen aus einem durchbluteten Körper stammen. Von einem normalen Toten, einem Menschen, dessen Atem und Herzkreislaufsystem zusammengebrochen ist, und zwar irreparabel, sind die Organe nicht mehr verwertbar. Deshalb mußte man einen bestimmten Punkt im Sterbeprozeß als Tod propagieren, den Hirntod. Ein Hirntoter sieht nicht tot aus, er atmet und ist durchblutet, er schwitzt, uriniert, kann ein Baby austragen und sogar Reaktionen zeigen, wie zum Beispiel das sogenannte »Lazarussyndrom«. Es tritt auf, wenn der Explanteur das Skalpell ansetzt – ein Hirntoter kann sich dann plötzlich aufrichten und den Arzt festhalten. Deshalb bekommen Hirntote bei der Organentnahme eine Narkose. Die Mediziner nennen die Reaktion einen Reflex und meinen damit, daß es keine Äußerung einer Person ist.

Ich wüßte nicht, daß es Menschen gibt, die daran forschen, was ein Mensch im Zustand des Hirntodes empfindet. Da kein hirntoter Mensch, vorausgesetzt, daß die Diagnose stimmt, je wieder erwachen wird, ist er volkswirtschaftlich ohne Interesse. Er hat deshalb keine Lobby.

Ein Hirntoter ist ein Sterbender. Als man sich vor dreißig Jahren mit diesem Zustand beschäftigte und ihn festlegte, ging es darum, einen Zeitpunkt zu bestimmen im Sterben eines Menschen, zu dem man ihn von lebenserhaltenden Apparaten abschalten und seinem Sterben überlassen durfte.

Die Hirntoddefinition entsprach den Wünschen einer schon handlungsbereiten Transplantationsmedizin. Sie entsprach den Hoffnungen der organbedürftigen Menschen, aber sie entsprach auch einer fatalen Moral, die Organspende grundsätzlich mit Nächstenliebe gleichsetzt und Ärzte beschuldigt, ihre Behandlungsmöglichkeiten nicht voll ausgeschöpft zu haben, wenn sie nicht alles tun, um »frische Organe« wieder in Umlauf zu bringen.

Transplantationsgesetze sollten das Geschehen regeln. Dafür gab es drei Vorschläge.

1. Die eingeschränkte Zustimmungslösung. Das bedeutet, Organe dürfen von einem Menschen, der hirntot ist, nur entnommen werden, wenn er seine Zustimmung zu Lebzeiten schriftlich niedergelegt hat.
2. Die erweiterte Zustimmungslösung bezieht nahe Angehörige mit ein. Liegt keine Zustimmung vor, können sie gefragt werden, was der Hirntote nach ihrer Kenntnis wohl entschieden hätte.
3. Die Informationslösung – das heißt, daß die Angehörigen lediglich über eine Entnahme unterrichtet werden – zielt noch dezidierter als die eingeschränkte Zustimmungslösung auf einen Schwachpunkt, daß nämlich die meisten Menschen sich zu Lebzeiten nicht mit ihrem Tod beschäftigen und daß die Angehörigen zu dem Zeitpunkt, wo sie gefragt werden, im Schock sind und unter Zeitdruck entscheiden müssen.
   Bei der dritten Lösung können Angehörige eine Explantation nur verhindern, wenn sie innerhalb eines befristeten Zeitraumes widersprechen, sonst gilt ihr Schweigen als Zustimmung.

Zwei Tatbestände stehen sich gegenüber: die über den Tod hinaus wirkenden Persönlichkeitsrechte der Verunglückten und die Not derjenigen, die ohne Geschenk eines Organs nicht weiterleben können. Ein wirkliches Dilemma, das Menschen dazu bringen kann, die Spannung, die den inneren und äußeren Notstand erzeugt, vorzeitig zugunsten einer Seite aufzuheben, ohne das Problem lange durchzuarbeiten oder es vielleicht sogar als noch nicht lösbar stehenzulassen.

Die Behauptung, ein Mensch sei tot, wenn die Gehirnfunktionen erloschen sind, gibt der Möglichkeit, daß es noch eine andere Form von Bewußtsein gibt, keinen Raum, sondern reduziert den Menschen auf die Bewußtseinsformen seines Gehirns und isoliert ihn von seiner übrigen Leiblichkeit. Die Befürworter der Hirntoddefinition weisen auf die Integrationsfunktion des Gehirns hin. Von dieser Funktion soll die Überlebensfähigkeit des Organismus abhängig sein sowie die übergeordnete Einheit, die ein selbständiges Lebewesen ausmacht. Ein Organismus ist aber auch ohne funktionierendes Gehirn imstande, integrative Leistungen zu erbringen durch das Rückenmark.

Das beweist schon die Tatsache, daß hirntote Patienten sogar nach Ausfall der Hirnstammfunktionen am Leben gehalten werden können wie im Fall der Erlanger Patientin Marion Ploch. Nach einem Unfall wurde bei ihr der Hirntod festgestellt, man hielt sie aber wochenlang mit Maschinen am Leben, um ihrem Kind – sie war im fünften Monat schwanger – eine Möglichkeit zu schaffen, normal geboren zu werden. Dieses Beispiel ist geradezu exemplarisch für die ganzheitlichen Leistungen eines hirntoten Organismus. Wenn man aber erkennt, daß ein Mensch mit irreversibel zerstörtem Gehirn lebt, muß die ethische und rechtliche Legitimation der Organentnahme neu diskutiert werden. Aber daran hat niemand Interesse.

In Ländern, die die Informationslösung zur Grundlage haben, stehen mehr Organe zur Verfügung, aber die Frage bleibt, was es für diese Gesellschaft bedeutet, eine solche Nutzethik zu entwikkeln. Wenn ein Spender sich zu einer Spende entschließt, die einem anderen Menschen Leben ermöglicht, dann ist das eine Entscheidung jenseits aller Verpflichtung und allen Anspruches.

»Die ethische Dimension«, sagt der Philosoph Hans Jonas, »geht weit über die des Sittengesetzes hinaus und reicht in die erhabene Einsamkeit von Hingabe und letzter Selbstwahl fern von aller Rechnung und Regel – kurz, in die Sphäre des Heiligen.«[10]

Das ist ein anderer Ausgangspunkt, als wenn mit großer Selbstverständlichkeit das Recht auf körperliche Unversehrtheit zugunsten der Organentnahme eingeschränkt und damit die Sozialpflichtigkeit des »hirntoten Körpers« postuliert wird.

Die Patienten, die ich auf ihrem Transplantationsweg begleitet habe, dachten vor der Transplantation nicht darüber nach, *woher* ihr Organ kam. In ihrer Not und Bedürftigkeit stand die Frage nach dem *wann* im Vordergrund. Aber nachdem sie ein Organ bekommen hatten, interessierte sie die Person des Spenders, und es wurde ihnen bedeutsam, ob er sein Herz oder seine Lunge wirklich hatte spenden wollen.

Als eine meiner Patientinnen, die auf ein Gespräch mit mir wartete, auf eine Mutter traf, die nicht damit fertig wurde, daß sie ihren fünfjährigen Sohn zur Explantation freigegeben hatte, war sie entsetzt über deren Geschichte und litt wochenlang unter der Vorstellung, auch bei ihrem Spender hätten vielleicht die Angehörigen ohne seinen dezidierten Willen entschieden.

Der große Druck, der durch den Organmangel entsteht, setzt sich wie ein Beben nach allen Seiten fort. So werden Angehörige, die sich nach Unfällen fast immer im Schock befinden, oft vor Entscheidungen gestellt, deren Tragweite sie in diesem Augenblick nicht ermessen können. Die junge Mutter, auf die meine Patientin traf, war drei Jahre, nachdem sie der Explantation zugestimmt hatte, zu mir gekommen. Sie war eine vollkommen gebrochene Frau. Abgemagert, krank, inzwischen arbeitslos und mit schweren Schlafstörungen und Depressionen war sie ganz

---

10 Hans Jonas: Technik, Medizin und Ethik, Frankfurt/M. 1985.

isoliert. Sie hatte ihren Sohn allein erzogen. Als Lehrerin hatte sie vormittags arbeiten müssen. Das Kind war bei einer Tagesmutter. Beim Spiel auf einer ruhigen Straße war es mit seinem Dreirad von einem Auto angefahren worden. »Hirntod« lautete die Diagnose, als die Mutter auf der Intensivstation an seinem Bett stand. Der kleine Sascha war kaum sichtbar verletzt, er sah rosig aus und atmete. Die Mutter hatte gedacht, er würde jeden Augenblick die Augen öffnen und sie erkennen. Sie hörte nicht, wie der Arzt sagte, er würde nie mehr erwachen. Aber sie hörte, wie er vom Leben sprach und daß sie das doch wolle. Sie hatte gedacht, der Arzt spräche vom Leben ihres Kindes und hatte sofort zugestimmt, dann hatte man sie freundlich hinausbegleitet.

Stundenlang hatte sie gewartet, dann bestand sie darauf, ihr Kind zu sehen. Als sie es wiedersah, war sie entsetzt. Es hatte keine Augen mehr, und als sie das Tuch hob, lag darunter der wieder zusammengenähte Körper. Ihr Kind war tot. Sie hatte das Gefühl, sie habe es töten lassen. Der junge Arzt, der mit ihr gesprochen hatte, war erschrocken über ihre Reaktion, er wußte nicht, wie er reagieren sollte, sie hatte doch zugestimmt!

In den drei Jahren, bis sie zu mir kam, war keiner für sie dagewesen. Sie hatte einen Verlust erlitten, ihr einziges Kind, und man hatte ihr seine Organe abgehandelt. Für die Folgen ihrer furchtbaren Schuldgefühle wollte keiner aufkommen. Die Transplanteure standen unter Druck, denn vor ihnen stand die Schlange schwerkranker Patienten. Sie reichten ihn weiter an den jungen, noch unerfahrenen Kollegen. Dieser gab ihn weiter an die geschockte Mutter. Bei ihr blieb er in voller Härte hängen und zermalmte sie fast.

Mit ihrem Versprechen hat die Transplantationsmedizin sich selbst unter Zwang gesetzt und gibt ihn weiter. Gisela Wuttke weist in einem bezeichnenderweise *Körperkolonie Mensch* betitelten Artikel auf solche Ungeheuerlichkeiten hin: In Guatemala war ein Ring aufgeflogen, der mindestens elf Babys im Alter von zehn Tagen bis vierzehn Monaten in seiner Gewalt hatte, um sie für Dollars an Familien in USA zu verkaufen, deren Kinder eine Organtransplantation benötigten.

Und weiter: »Die UN-Menschenrechtskommission legte im Juni 1988 eine Dokumentation vor, in der sich Hinweise darauf finden, daß Straßenkinder in Haiti, Venezuela und Mexiko Opfer von Organjägern geworden sind.«[11]

Natürlich sind das furchtbare Auswüchse, die in der westlichen Welt geahndet würden, aber sie sind durch unsere »Ethik« entstanden. Das Suchen nach neuen Möglichkeiten, an Organe zu kommen, geht weiter. Ein anderer Forschungsbereich könnte dabei hilfreich werden: die Gentechnologie. Wenn es gelingt, frische Organe soweit gentechnisch zu verändern, daß ihre Zelloberfläche der eines menschlichen Organs gleichen, könnte man gezielt Affen oder Schweine zu Organlieferanten züchten.

Die Frage, ob zum Beispiel ein Mensch, der ein Affen- oder Schweineorgan bekommen hat, in eine schwere Identitätskrise kommen kann, interessiert nicht, genausowenig wie die, ob es uns erlaubt ist, Tiere nur als Organlieferanten zu züchten und sie zu einem vollkommen unnatürlichen Leben zu zwingen.

Da Xenotransplantationen – Transplantationen von Tierorganen – Probleme mit sich bringen, weil zum Beispiel ein Schweineherz eine wesentlich kürzere Lebensdauer als ein menschliches Herz hat, sucht man mit Hilfe der Gentechnologie nach neuen Möglichkeiten.

Im Oktober 1997 war es britischen Wissenschaftlern gelungen, im Labor die Erbanlagen für die Bildung des Kopfes auszuschalten. Das könnte auch beim Menschen geschehen. So könnten menschliche Organe wie Herz, Nieren und Leber in einem embryonalen Sack gezüchtet werden, aus eigenen Zellen des künfti-

---

[11] Gisela Wuttke: Körperkolonie Mensch; hrsg. von Reinhild Greinert und Gisela Wuttke, Göttingen 1991.

gen Empfängers. Das hätte den Vorteil, daß die Gefahr der Abstoßung und die Knappheit der Spenderorgane verringert würde.

Die Vorteile liegen auf der Hand. Wen interessiert, daß die kopflosen Lebewesen nur eine Dienstleistung für eine überlegene Spezies wären?

Die Frage ist, wo die Grenze einer verantwortlichen Forschung liegt. Es scheint so, als habe die Befriedigung unserer Wünsche oberste Priorität und rechtfertige alles. Eine neue Ethik, die Bioethik, ist mit den jüngeren Entwicklungen entstanden, denn daß es dabei auch um ethische Fragen geht, wird niemand leugnen können. Aber die Bioethik ist zum großen Teil zu einer »Zulieferethik« verkommen. Sie soll nachträglich rechtfertigen, was ohnedies gemacht wird. Überall da, wo Macht eine entscheidende Rolle spielt, wie zum Beispiel in der Transplantationsmedizin, müssen die Menschen, die ihr dienen, ihre Freiheit des Denkens und Handelns wie einen Mantel an der Garderobe abgeben.

Die Ideologie macht einerseits Wahrheit und Erkenntnis möglich, engt sie andererseits aber auch ein. Die wissenschaftliche Methode der entpersönlichten Objektivität erzeugt nicht selten einen Gemeinschaftswahn, dem alle, die dazugehören wollen, sich unterwerfen.

Václav Havel rief 1982 in seiner Ansprache vor dem Weltwirtschaftsforum zum Vertrauen in die eigene Subjektivität auf. Das scheint ein Affront zu sein gegen die wissenschaftliche Methode der entpersönlichten Objektivität.

»Ein Politiker muß wieder eine Person werden, also jemand, der nicht nur einem wissenschaftlichen Modell und einer Analyse der Welt Vertrauen schenkt, sondern auch seiner eigenen Seele, nicht nur einer übernommenen Ideologie, sondern auch seinen eigenen Gedanken. Seele, persönliche Spiritualität, eigener Einblick in die Dinge aus erster Hand, der Mut, er selbst zu sein und den Weg zu gehen, den ihm sein Gewissen aufzeigt. Bescheidenheit angesichts der geheimnisvollen Ordnung des Seins, Vertrauen in dessen fundamentale Richtung und vor allem Vertrauen in die eigene Subjektivität als das hauptsächliche Verbindungsglied der Welt.«[12]

Das läßt sich auch auf Wissenschaftler, Ärzte, Rechtsanwälte, Lehrer, ja auf jeden Menschen, der bereit ist, verantwortlich zu handeln, übertragen. Was Václav Havel verlangt, ist, sich nicht hinter einer Methode zu verstecken, einer »übernommenen Ideologie«, sondern als Person mit allen Grenzen und Möglichkeiten auf die Welt zu reagieren. Mehr kann von niemandem erwartet werden, aber dafür sollte jeder für sich geradestehen in »Bescheidenheit, angesichts der geheimnisvollen Ordnung des Seins«, wie Havel es formuliert.

Wir können uns ihr nur mit der Haltung des Staunens nähern, des Betrachtens. Vielleicht ist es mit ihr wie mit einer schillernden Seifenblase. Würden wir uns ihr mit dem Seziermesser nähern, um ein Stück aus ihr herauszuschneiden, so würde sie zerplatzen, und wir hätten nichts von ihrer Besonderheit erfaßt, wenn wir das Tröpfchen Seifenwasser untersuchten, das am Messer hängengeblieben ist.

Kostbares läßt sich nicht billig erstehen

Für einen Pianisten mag es nicht von großer Bedeutung sein, ob er sportliche Fähigkeiten hat, ebensowenig wie es für einen Tennisprofi nicht entscheidend ist, ob er Klavier spielt oder nicht, es sind andere Fähigkeiten, die gefragt sind.

---

[12] Václav Havel: Ansprache vor dem Weltwirtschaftsforum, Februar 1992.

Für Menschen, die sich zu einer Transplantation entschließen, so unterschiedlich sie auch sein mögen, stellen sich Fragen, die für jeden wichtig sind. Einige davon möchte ich benennen.

Es ist ein Faktum, daß jeder Patient, der ein neues Organ braucht, um weiterleben zu können, sein krankes Organ hergeben und ein fremdes annehmen muß.

Das Thema: Geben und Nehmen ist ein solches. Vielleicht könnte man die Unterschiedlichkeit der Menschen an diesem Thema abhandeln. Wir entfalten unsere Persönlichkeit im Dialog des ständigen Gebens und Nehmens. Bei den Geizigen ist der Fluß des Gebens und Nehmens gestaut auf der Seite des Gebens und umgekehrt ist er bei einem Menschen, der nur geben will, auf der Seite des Nehmens gestaut. Das kann unterschiedliche Hintergründe haben. Es ist sehr wichtig, sie bewußt zu machen, weil man nur so die Möglichkeit hat, Stellung zu beziehen und nicht nur von unbewußten Impulsen geleitet zu werden.

Ein Beispiel: Ein junger Mann, der sich entschlossen hatte, sich transplantieren zu lassen und den ich gut kannte, bat mich um Begleitung. Ich regte ihn an, ein Bild zum Thema »Nehmen« zu malen, nachdem er mir zuvor gesagt hatte, daß das kein Problem für ihn sei.

Wir waren erstaunt, als wir sein Bild betrachteten, denn es zeigte einen dünnen Mann, der mit großen Schritten einen Berg hinunterläuft und auf seinen Armen ein großes, rundes Gebilde trägt. Er sagt dazu: »Der Packen ist zu schwer und reißt ihn in die Tiefe.« Der junge Mann, ich nenne ihn Alexander, war verwirrt, er hatte gedacht, es fiele ihm leicht, Geschenke anzunehmen. Mit einem Schlag wurde ihm bewußt, wie sehr er, seiner Krankheit wegen, gezwungen war zu nehmen. Er brauchte nicht einmal zu bitten, weil ihm seine Eltern alle Wünsche von den Augen ablasen. Er wußte auf einmal, daß in einer dunklen Tiefe in ihm das Wissen um seine permanente Bedürftigkeit war. Er spürte, wie sehr ihn dieses Wissen kränkte. Es wurde ihm bewußt, daß er sich deshalb fast nie bedankte, denn Dank hätte ja deutlich gemacht, daß er etwas bekommen hatte, ohne daß er, wie er dachte, entsprechend geben konnte.

Unruhe erfaßte ihn. Er meinte, das große Geschenk eines Organs nicht mehr annehmen zu können, weil sein Kontingent ausgeschöpft sei. Es würde ihm gehen wie dem Menschen auf seinem Bild, das Geschenk würde ihn als Last in einen Abgrund ziehen. Diese Erkenntnis war wichtig für ihn. Er hatte, wie viele Menschen auch, die in besonderer Weise auf die Hilfe anderer angewiesen sind, einen Mechanismus entwickelt, der ihm aus dem Dilemma heraushelfen sollte: Er nahm nicht wahr, was geschah, damit es ihn nicht bedrückte. Das hatte zur Folge, daß er sich nicht entsprechend freuen konnte und daß unbewußt Spannung in der Beziehung zu denen auftrat, von denen er Hilfe bekam. Er wußte nicht, daß Freude ein äquivalentes Geschenk ist.

Es war bewegend, als ich miterleben konnte, wie er sich bei seinen Eltern bedankte. Alle drei weinten. Sie waren einander ganz nahe gekommen, weil die Berge aus Enttäuschung und Schuld durch Alexanders Dankbarkeit zwischen ihnen weggeräumt waren. Freude zog in die wieder dynamisch gewordene Beziehung ein.

Es beschäftigte Alexander, daß er seinem potentiellen Spender nicht würde danken können, aber seine Bereitschaft dazu bestimmte seine Vision von einem Leben nach der Transplantation. Er wollte anderen Patienten mit seinen eigenen Erfahrungen helfen. Mit dieser Vorstellung konnte er das Organgeschenk erwarten. Es drückte ihn nicht mehr in einen Abgrund.

Alexander wurde transplantiert und wurde Therapeut. Ich hatte immer das Gefühl, daß das Gleichgewicht von Geben und Nehmen, das er wieder herstellen konnte, den besonders guten Verlauf seines weiteren Lebens bestimmte.

Das Geben hat im Zusammenhang mit der Transplantation noch eine andere Bedeutung. Ein Organ soll hergegeben werden, das krank ist. Als ich Alexander fragte, wie er sein krankes Herz sähe, sagte er spontan: »Schrott, muß raus.« Ich ließ ihn malen. Achtlos malte er im roten Umriß ein Herz, wie es Kinder malen, und beschmierte es mit brauner Farbe; dann schob er es mir mit einer abfälligen Gebärde herüber. Aber kurz nachdem ich es angeschaut hatte, veränderte sich sein Gesicht. Er nahm das Blatt zurück und sagte betroffen: »Aber es ist ja mein Herz, wenn auch ein armseliges. Es hat mir Leben ermöglicht. Und einmal habe ich einem Mädchen mein Herz schenken wollen, da war es mir soviel wert.«

Alexander spürte genau, wie sehr das kranke Organ zu ihm gehörte. »Ich würde selbst wertlos, wenn ich es zu Schrott erklärte«, sagte er. In den nächsten Wochen spielte das Herz immer wieder eine Rolle. Er sprach mit seinem kranken Herzen wie mit einem Freund und verabschiedete es, wie man einen Menschen verabschiedet, von dem man weiß, daß er nicht wiederkommt. Er ließ es innerlich los. Als man es schließlich aus seinem Körper nahm, um Raum für das neue Herz zu schaffen, hatte er auch in seiner Seele dafür Platz gemacht.

Petra hatte auf die Entwertung ihres kranken Organs geantwortet, indem sie sich gegen die Transplantation entschied. Es gehörte so sehr zu ihr, daß sie mit ihm zusammen sterben wollte.

Noch ein anderes Thema ist wichtig.

Wenn ein Patient ein neues Organ braucht, um leben zu können, muß er, wenn es sich nicht um eine Lebendspende, das heißt von einem lebenden Menschen, handelt (nur möglich bei Niere, Leber und Knochenmark), auf den Hirntod eines anderen warten.

Ein schwerkranker Mensch, der sich für die Transplantation entschieden hat, ist wegen seines schlechten Zustandes fast immer in großer Not. Irgendwie muß er sich wünschen, daß ein anderer stirbt, wenn er leben will.

Normalerweise sagt man, der Tod des Spenders hat mit dem Wunsch des Empfängers nichts zu tun. Der Spender wäre sowieso gestorben, er brauche seine Organe nicht mehr. Das habe ich zu Anfang auch gesagt, aber dann habe ich gesehen, daß meine Patienten Schuld- und Schamgefühle hatten, wenn sie zum Beispiel bei Glatteis anfingen zu hoffen. In ihren Träumen und Bildern nach der Transplantation spielten sie nicht selten eine Rolle.

Eine Patientin malte mir einen Traum, der sie sehr beunruhigte und in dessen Folge sie eine schwere Abstoßung bekam.

Sie hatte geträumt, sie ziehe sich in der Kabine eines Kaufhauses um und sähe auf einmal in ihrem gläsernen Brustkorb den Kopf eines schreienden Kindes, das wieder hinauswollte.

In diesem Bild personifiziert sie das Spenderherz zu einem schreienden Kind. Der gläserne Brustkorb läßt die Situation deutlich erkennen. Das Organ (das Kind) scheint nicht am richtigen Ort zu sein. Es schreit um Hilfe und will wieder heraus.

Die Patientin war sehr beunruhigt und geängstigt durch diesen Traum.

Sie war eine lebensfrohe, junge Frau, ein Muster an Compliance. Engagiert machte sie alles, was notwendig war. Ihre Angst und ihre Schuldgefühle hatten nie Raum gehabt, jetzt traten sie ihr in ihrem Traum deutlich entgegen. Ihr Körper hatte dem Traum gemäß schon vorher mit einer Abstoßung reagiert.

Immer wieder taucht das Problem der chronischen Abstoßung auf, das heißt, daß der Körper, obwohl sein Immunsystem durch Medikamente unterdrückt ist, sich manchmal trotzdem gegen das fremde Organ wehrt und es abstößt.

Ich bin sicher, daß die Seele dabei eine wesentliche Rolle spielt und daß es fatal sein kann, den Menschen nicht als Körper-Seele-Einheit zu behandeln.

Bei Sarah, so nenne ich die junge Frau, waren im Untergrund tiefe Schuldgefühle. – Ein anderer Traum, den sie malte, foccussierte die Gier und das aggressive Einverleiben. Auf ihrem Bild sieht man den Oberkörper eines Menschen, der die Augen geschlossen hat, und einen anderen, »der sich mit spitzen Zähnen auf seinen Brustkorb stürzt und ihm gierig das Herz herausfrißt«. Eine Vorstellung, die sie schaudern ließ.

In der Not können in jedem archaische Gefühle entstehen, die ihm dann zu schaffen machen. Es wäre Unrecht, einen Menschen mit diesen Gefühlen gleichzusetzen.

Ich schaute mit ihr das Bild genau an und verglich es mit dem, was sie sagte. Dabei fiel mir auf, daß die Person mit den geschlossenen Augen nicht entsetzt war. Sie wirkte ergeben, vielleicht lebte sie nicht mehr und die andere schaute ihr ins Gesicht, als bitte sie um Erlaubnis, als ginge es nicht anders. Dieser Aspekt berührte meine Patientin sehr. Sie entwickelte eine dankbare Zuneigung zu ihrem Spender und seinem Herzen. Auffällig war, daß die Abstoßung aufhörte und nicht wieder auftauchte.

Eine neue Identität

Eine überraschende Erfahrung, man könnte sagen, eine Art Tagtraum, machte Sarah deutlich, was sich in ihrem Inneren verändert hatte: Es war Sommer und sie hatte im Garten unter einem Baum gesessen mit dem Rücken an den Stamm gelehnt, als sie plötzlich ein intensives Glücksgefühl überkam. Sie hatte die Vorstellung, daß über ihr im Geäst der Spender säße. Sie spürte eine intensive Verbindung zwischen ihm und ihr und wußte: ich lebe aus ihm und er lebt aus mir. Ihr war auf einmal klar, wie kostbar sein Geschenk war und daß sie es achten wollte.

Ein Band tiefer Dankbarkeit verband sie beide. Sarah, die sehr früh schwer krank geworden war, hatte immer unter ihrer Einsamkeit gelitten. Jetzt hatte sie das Gefühl, einen Zwillingsbruder zu haben. Es erfüllte sie mit Glück, nie mehr allein zu sein. Sie hatte eine Zwillingsidentität entwickelt. Die Frage nach der Identität taucht nach der Transplantation in irgendeiner Form immer auf. Es hatte mich zu Anfang gewundert, wenn eine der ersten

Aussagen nach der Operation war: »Ich bin immer noch die- oder derselbe«, bis mir klar wurde, wie zentral die Frage ist. Der Satz klang mir wie eine Beschwörung: »Ich will, daß sich nichts geändert hat!«

Ich möchte auf einige Bilder eingehen, die drei Patientinnen nach der Transplantation malten. Auf dem ersten sieht man ein Mädchen von hinten, das vor einer Frisierkommode sitzt. Die Patientin hatte einen Traum gehabt, in dem sie in dieser Situation war. Sie saß vor einem Spiegel, aber zu ihrem großen Schrecken erschien ihr Bild nicht darin. Sie fragte sich, ob sie überhaupt da sei.

Das zweite Bild zeigt ein Mädchen in einem Stuhl. Die Patientin hatte von ihren merkwürdigen Körpergefühlen erzählt und ich bat sie, sich zu malen: In der Mitte des Körpers sitzt das fremde Organ wie ein graugrüner Kloß und blockiert das Fließen im Körper. Mit verschiedenen Farben versucht sie, die unterschiedlichen Empfindungen darzustellen. Sie klagt darüber, daß ihr die Einheit verloren gegangen sei, so, als sei mit dem neuen Organ alles in Segmente zerfallen. Ihr Gesicht ist grün, als Ausdruck dafür, daß ihr übel ist, wie sie sagt. Als ich sie frage, warum die Gestalt kein Gesicht habe, erschrickt sie, als habe sie es zuvor nicht bemerkt, dann sagt sie: »Sie hat ihr Gesicht verloren.«

Auf dem dritten Bild hat sich eine junge Frau als Person gemalt, die fast im Raum schwebt. Sie hat kaum Boden unter den Füßen. Zart, fast kindlich, ist sie in einem Hemdchen zu sehen, das, wie sie sagt, »blutverschmiert ist und durch das jeder die noch offene Wunde sehen kann«. Ihre Arme hängen kraftlos herunter und ihre dunklen Augen, die weit aufgerissen sind, starren in die Weite.

Sie fühlt sich ein für alle mal als eine Transplantierte. Sie trägt das wie ein Stigma für jeden sichtbar mit sich herum. Es war ihr nach der Transplantation nicht gutgegangen. Die Medikamente, die sie bekommen hatte, hatten psychotische Zustände in ihr ausgelöst. Schreckliche Alpträume hatten sie heimgesucht. Viele Wochen hatte sie auf der Intensivstation bleiben müssen, umgeben von Monitoren und verschiedenen Apparaturen, die die Daten ihres Körperinneren registrierten und aufzeichneten. Ärzte und Schwestern waren Tag und Nacht im Einsatz, kontrollierten und protokollierten die verschiedenen Daten und entwickelten daraus Handlungsstrategien. Sie, als junge Frau, als Mensch, verschwand weitgehend. Bei den Untersuchungen wirkte sie, als sei sie aus ihrem Körper ausgeschlüpft und hätte ihn den Untersuchern überlassen.

Wenn dann alle gegangen waren, war sie eiskalt und starr und ich mußte ihre Glieder oft lange reiben, bis sie anfing zu zittern. Dann wußte ich, daß sie zurückgekommen war.

Ein Bild, das sie malte, zeigt einen Menschen, von dem kaum die Umrisse zu sehen sind zwischen lauter Apparaten. Drainageschläuche und Kabel verbinden dieses Wesen mit ihnen. Sie durchbrechen die aufgelöste Oberfläche des Körpers, auf dem nur die lange Naht deutlich zu sehen ist. Die Augen sehen nicht wie solche aus, sondern eher, als habe jemand etwas auf sie gelegt, habe sie verdeckt. Je kritischer ihr Zustand war, desto mehr war die junge Frau als Person verschwunden. Man sprach über sie hinweg, verhandelte ihre Daten und probierte alles aus, ohne sie zu fragen, oder sie zu informieren. Wieder schien dafür keine Zeit zu sein. Die Angst der Behandler sollte auf keinen Fall sichtbar werden. Manchmal ging man sogar barsch mit ihr um, wenn es heikel wurde, als sei sie daran schuld. Wenn man Angst vor Versagen hat, schiebt man nicht selten die Schuld auf andere. Dieser Mechanismus gehört besonders auf den Intensivpflegestationen zum guten Ton, ist aber für die Patienten eine sehr große Belastung.

Solche Erfahrungen machen fast alle Transplantierten durch. Das vertraute Selbstbild wird in solchen Zeiten durcheinandergerüttelt, und es bedarf liebevoller Begleitung und eines Schutzraumes, wenn es sich neu bilden soll. Es gibt Menschen, die daran zerbrechen, weil sie sich nicht mehr zusammenfinden, und es gibt Menschen, die ängstlich ihr altes Selbstbild wieder zusammenbasteln und sagen, es sei weiter nichts passiert als das Auswechseln eines Ersatzteiles. Ich kann verstehen, daß ihnen vielleicht nichts anderes übrigbleibt, aber es kommt mir vor, als hätten sie auch eine große Chance verpaßt.

Manche Transplantierte erschienen mir wie Märchenhelden, die viele Gefahren überstehen müssen, in ihrer Not sich mit guten Geistern verbünden und Schritt für Schritt unter Aufwendung all ihrer Fähigkeiten zum Ziel kommen. In den Märchen sind es meistens die Jüngsten oder die Dummlinge, von denen es niemand erwartet. Was bringen sie mit, daß sie dazu prädestiniert sind, Aufgaben zu lösen, die anderen nicht gelingen?

Das erste ist sicherlich Bereitschaft und ein tiefes Vertrauen, daß ihnen die Lösung der Aufgabe gelingen wird. Das Vertrauen macht sie auch in bedrohlichen Situationen furchtloser als andere und gibt ihnen Kraft, auch große Schwierigkeiten durchzustehen. Daher gehen sie nicht blindlings auf ihr Ziel los. Wenn ihnen auf ihrem Weg Wesen begegnen, die ihrer Hilfe bedürfen, so helfen sie ihnen. Oft sind diese Wesen Tiere oder Pflanzen als Symbol für das Kreatürliche oder Unbewußte, mit denen sie in Kontakt treten. Diese helfen dem Suchenden mit ihrem Wissen.

Man denke an die Geschichte von »Frau Holle«, die von zwei Töchtern, wovon eine die Stieftochter ist, erzählt. Letztere wird von der Mutter sehr schlecht behandelt und eines Tages, als ihr die Spindel in den Brunnen gefallen ist, gezwungen, in den Brunnen zu springen. Sie verliert die Besinnung, aber als sie wieder zu sich kommt, ist sie auf einer großen Wiese. Dort ist ein Ofen, dessen Brote schreien: »Hol' uns heraus, sonst sind wir alle verbrannt.« Das Mädchen kommt ihrem Ruf nach. Es schüttelt auch die Äpfel herunter, die sie gerufen haben, und es tut seine Arbeit bei Frau Holle mit Liebe und Aufmerksamkeit. Als es schließlich zurück möchte, wird es mit Gold überschüttet. Die neidische Schwester, die auch soviel Reichtum haben möchte, versucht auf direkterem und einfacherem Weg zum Ziel zu kommen. Sie erhört die Brote nicht und auch nicht die Äpfel, sie tut ihren Dienst bei der alten Frau nachlässig. Ihr Lohn ist das Pech, das auf sie herabregnet.

Man kann das Ende leicht als Belohnung und Strafe verstehen, aber man kann auch sagen: ein Mensch, der seine Mitwelt wahrnimmt und ihren Stimmen lauscht, der die Aufgaben, die ihm entgegenkommen, so achtsam er kann ausführt, der wird kostbar. Während ein Mensch, der die Welt und die Menschen um sich herum nur unter dem Gesichtspunkt betrachtet, wie sie ihm am einfachsten und schnellsten von Nutzen sein können, der wird dunkel und beschmutzt sich.

Viele Patienten, die auf der Transplantationsliste warten, wollen sich nicht mit den leisen Anfragen beschäftigen. Sie wollen ihr krankes Organ nicht mehr wahrnehmen und es verabschieden. Sie wollen sich nicht damit beschäftigen, was sie geben können, wenn sie nehmen. Sie wollen nicht mit dem Spender innerlich in Verbindung treten, und sie wollen nicht danken. An dieser Stelle fällt mir eine traurige Geschichte ein, die ich nach einem Vortrag erlebte. Eine Gruppe Transplantierter hatte sich zusammengetan und lautstark verkündet, es sei Blödsinn, was ich da sagte, sie hätten keinerlei Veränderung bemerkt, ein Herz sei eben eine Pumpe, eine Niere, ein Filter usw. Eine junge Frau sagte aufgebracht, sie habe eine Niere von ihrem Mann bekommen, das sei aber kein Grund zur Dankbarkeit, denn das sei ja wohl selbstverständlich. Wenn sie so jemandem wie mir begegnet wäre, hätte sie immer das Gefühl, sie müsse sich vor ihrem Mann voller Dankbarkeit im Staube wälzen.

Ich sagte ihr, ich hätte ein anderes Bild. Ich sähe zwei junge Menschen, die einander an den Händen gefaßt, vergnügt durch die Welt gehen, in Liebe verbunden.

»Kitschroman!« sagte die junge Frau bitter, während ihrem Mann die Tränen übers Gesicht liefen. Sie war Opfer der Ideologie der High-Tech-Medizin geworden, die alles zu Dumpingpreisen verschleudert.

Im Zusammenprall zweier Menschenbilder

Durch die Transplantationen wurde ich auf sehr brisante Weise mit ethischen Fragen konfrontiert. Es war nicht so, als hätten sie nicht immer schon eine Rolle gespielt, aber nicht in dieser Zuspitzung.

Es ergab einen unmittelbaren Sinn für mich, schwerkranke Patienten und ihre Angehörigen auf ihrem Leidens- und Sterbeweg zu begleiten, ihre Nöte anzuhören, ihre Wut und Verzweiflung anzunehmen, aber auch, sich mit ihnen aufzumachen, das herauszufinden, was unter den eingeschränkten Umständen noch oder in besonderer Weise möglich war: zum Beispiel das Verweilen im Hier und Jetzt oder das Überschreiten von Grenzen in ganz persönlichen Visionen. Das war manchmal ein schwerer Weg für alle, aber auch ein lohnender.

Die High-Tech-Medizin hat oft etwas Atemloses an sich. Sie ist auf das Tun aus. Was gemacht werden kann, soll gemacht werden. Lange schon wurden Nieren transplantiert, später kamen Herz und Lunge, Leber und Bauchspeicheldrüse dazu. Inzwischen läßt sich fast alles transplantieren: Knochenmark, Augen, Haut, Knochen.

Wurden zu Anfang nur ein oder zwei Organe verpflanzt, so gibt es inzwischen Multiorgan-Transplantationen bis hin zu Versuchen, zum Beispiel einen noch intakten Kopf von seinem zerstörten Körper zu trennen und ihn auf den intakten Leib eines

Hirntoten zu pfropfen, wie es der Amerikaner Robert White laut einer Sternreportage vom September 1997 versuchen will.

Er geht davon aus, daß die Essenz des Menschen im Gehirn stecke, der Körper sei nichts als eine Kraftstation. Mit Affen sei das Experiment schon gelungen, jedenfalls für kurze Zeit. Das Problem sei bis jetzt noch die Immunabwehr des großen Körpertransplantates, die nach einiger Zeit den Kopf überrennt und dessen Zellgewebe, die Nase, Mund, Augen, Ohren und Haut zerstört, das Gehirn allerdings – wie er befriedigt feststellt – bis jetzt in Ruhe gelassen hat.

Die Bemühungen Whites und seiner Mitarbeiter richten sich also darauf, die massive Abwehr in den Griff zu bekommen.

Es ist zu spüren, wie die Machbarkeit den Fortschritt voranpeitscht, ohne innezuhalten und zu fragen: Was drückt sich in der Reaktion der Körperabwehr aus? Die Frage, die zu Anfang der Transplantationsgeschichte auftauchte, stellt sich in dieser extremen Situation neu: Was lebt eigentlich? Der Körper eines Menschen mit einem fremden Organ oder das Organ mit einem fremden Körper? Man könnte die Frage zurückweisen und sagen: »Das ist doch egal, Hauptsache er lebt!« Aber es geht um mehr.

Wenn man sich erinnert, wie sehr ein kaputter, schmerzender Zahn das ganze Körpergefühl verändern kann, um wie viel mehr muß etwas Fremdes im Körper das Identitätsbewußtsein verändern? Selbst kleine Veränderungen des Körperbildes schaffen Mißempfindungen und Fremdheitsgefühle. Die Vorstellung, ich wache morgens auf und blicke auf einen mir völlig fremden Körper, auf den ich keinen Einfluß habe, der nicht mit meinen Wünschen und Vorstellungen kooperiert, wäre mir ein Horror.

Daß es einen erbitterten Kampf zwischen einem Körper und einem fremden Kopf gibt, die man zusammenfügt, hat White erlebt. Ob das sinnvoll sein könnte, interessiert ihn nicht. Sein Anliegen ist es, diesen Kampf zu unterbinden. Daß dieser Kampf auf der immunologischen Ebene einem Kampf auf der psychischen

Ebene entsprechen könnte, ist für ihn kein Thema, es geht ja um die Machbarkeit. Forscher wie White behaupten, daß die Identität eines Menschen lediglich von seinem Gehirn abhängig ist. Der Körper darf deshalb zur Kraftstation degradiert werden. Wieder bricht im Rausch des Machens das durch, was wir in diesem Jahrhundert auf verschiedensten Ebenen erlebt haben: Aus Ehrgeiz, Gier und Machtgelüsten zerstören wir gewachsene Zusammenhänge, die so komplex sind, daß wir die Folgen ihres Zerbrechens kaum ahnen können. Erst wenn sie über uns hereinstürzen, fühlen wir uns gezwungen, uns ihnen zu stellen.

Die Transplantationsmedizin ist nicht interessiert an den psychischen Folgen ihres Handelns. Das heißt nicht, daß sie nicht auch Psychologen oder Psychotherapeuten beschäftigt, wenn sie dazu beitragen, einen reibungslosen Ablauf zu gewährleisten. Letztere bekommen aber sofort Ärger, wenn sie grundsätzlich etwas in Frage stellen. Ein Beispiel: Ich fand es besonders wichtig, daß die Patienten, die ihres Krankheitszustandes wegen für eine Transplantation anstanden, sich Zeit nahmen für ihre Entscheidungsfindung. Es kann verschiedene Gründe geben, sich für oder gegen eine Transplantation zu entscheiden, deshalb kann ein »Ja« oder »Nein« unterschiedliche Hintergründe haben. Diese Hintergründe können aber für den Verlauf der Transplantation und die Zeit danach von großer Bedeutung sein.

Ich hatte mit einem einundzwanzigjährigen jungen Mann gearbeitet, den ich seit vielen Jahren kannte. Er war ein sehr intelligenter junger Mensch, der sich viele Gedanken machte. Da sein Gesundheitszustand sehr schlecht war, bot man ihm an, sich auf die Transplantationsliste setzen zu lassen. Er wollte sich mit mir vorbereiten. Da er so viele Aspekte in Erwägung zog, schwankte er hin und her. Manchmal war er ganz dafür. Er wußte, wie sehr seine Eltern und seine Schwester sich freuen würden, dann wieder wurde ihm klar, daß das nicht ausreichte, er selbst mußte es für sich wollen.

Manchmal machten ihm das Prozedere der Transplantation und die Folgen Angst, dann wieder hatte er Pläne, was er alles machen wollte. Das Leben schien ihm wunderbar und die Möglichkeit, mit einem neuen Organ weiterzuleben, war verlockend. Wenig später beschäftigte es ihn, daß er leben würde, sein Spender aber tot sei. Es erschreckte ihn die Vorstellung, das Organ eines unbekannten Toten in sich zu tragen. Würde er seine bisherige Identität verlieren?

So ging es hin und her. Eines Tages kam der Chirurg wütend auf mich zu: »Was ist los mit Ihrem Patienten?« fragte er. Als ich sagte, er sei noch dabei, eine Entscheidung zu treffen, schaute er mich fassungslos an und schnaubte: »Wir haben unsere Operationszeit innerhalb eines Jahres um die Hälfte reduziert, vielleicht können Sie sich auch mal ein bißchen sputen!« Ich wollte ihm erklären, um was es bei dem jungen Mann ging und wie ernsthaft er sich auseinandersetzte, aber der Chirurg griff zum Hörer, ein Telefongespräch war dran. Er hatte keine Zeit, sich die Argumente des Patienten anzuhören. Dieser Mann war ein sehr guter Transplanteur. Seine Patienten waren bei ihm in guten Händen, wenn sie das gleiche Anliegen hatten wie er.

Als mein Patient sich schließlich gegen die Transplantation entschied, wurden wir beide isoliert. Ich war dann gut, wenn ich eine gute Zuarbeiterin war, und der junge Mann, der sich seine Entscheidung nicht leicht gemacht hatte, bekam zu spüren, daß das Interesse an ihm abnahm.

Etwas, was mich im Zusammenhang mit der Transplantation beschäftigte, war das Phänomen der Abstoßung. Immer wieder kam es vor, daß Operationen gelangen, daß die Patienten sich gut erholten, daß es aber plötzlich eine schwere Abstoßung gab, trotz großer Dosen Immunsuppressiva. Ich habe erlebt, wie dann alle Geschütze aufgefahren wurden, um das Organ zu retten, aber nie haben wir, der Patient, der Arzt und ich, uns zusammengesetzt und haben gemeinsam versucht, im Gespräch Zusammenhänge zu verstehen. Die kurzbemessene Zeit schien viel zu kostbar zu sein, da die Zeit des Machens auf jeden Fall Priorität hatte vor der Zeit des Abwägens.

In diesem Zusammenhang sei ein tragisches Erlebnis beispielhaft geschildert. Ich wurde von einer Station, auf der ich sonst nicht arbeitete, zu einem jungen Mann gerufen, der ein viertel Jahr zuvor eine neue Lunge bekommen hatte. Offenbar war alles bestens verlaufen. Bereits nach vierzehn Tagen konnte er nach Hause entlassen werden. Nach acht Wochen aber hatte er angefangen, sich zu verändern, er wurde depressiv, wollte nicht essen, nahm nur unter größter Anstrengung seine Medikamente und lag in seinem Bett. Seine besorgten Eltern brachten ihn in die Klinik, aber da erstarrte er noch mehr. Das war der augenblickliche Zustand. Schwestern und Ärzte waren erregt. Aggressionen gegen den Patienten wurden deutlich spürbar, denn dieser junge Mann war dabei, den Erfolg zu zerstören und alles Erreichte zunichte zu machen. Ich bekam den eindeutigen Auftrag, ihn so schnell wie möglich »compliant« zu machen.

Ich sagte, daß ich das nicht versprechen könne, daß ich aber versuchen würde herauszufinden, was der Hintergrund seiner Depression war. Ich glaube, das hörten sie nicht. Sie waren froh und zuversichtlich, daß ich das Übel abwenden würde.

Ich fand einen bis zum Skelett abgemagerten Menschen vor, der auf dem Bett lag und regungslos an die Decke starrte. Schweiß lief von seiner Stirn in seine dunklen Haare. Seine Hände waren in das Laken verkrallt. Er schien mich nicht zu bemerken. Seine Mutter saß an seinem Bett. Die Sorge war ihr ins Gesicht geschrieben, aber sie lächelte mich an. Es schien mir, als sei er in einem Käfig aus Panzerglas, nichts drang nach außen und nichts konnte zu ihm herein. Seine Körperhaltung drückte eine Mischung aus Wut und stummer Verzweiflung aus.

Ich spürte, wie er mir alle Energie raubte. Ich fühlte mich auf einmal todmüde. Ich ging auf ihn zu und hörte mich sagen: »Sie sind ja todmüde.« Das war offenbar eine Übertragung, die ihm zu entsprechen schien. Er wandte den Kopf zu mir. Ich war erschrokken über seinen Gesichtsausdruck. Ich fragte ihn: »Was kann ich für Sie tun?« Zu meiner Überraschung antwortete er: »Ich möchte sterben, helfen Sie mir.«

Ich spürte die Klemme, in der ich mich befand. Von draußen hatte ich den Auftrag, ihn zu einer aktiven Mitarbeit zu motivieren, und er bat mich um Hilfe zum Sterben. Eine Weile schwankte ich hin und her, dann zog mich der junge Mann in seinen Bann, ich wollte seine Motive verstehen. Was ich im Laufe der Stunden begriff, war, daß er eigentlich nicht transplantiert werden wollte, daß er es aber schließlich seinen Eltern zuliebe getan hatte, deren einziges Kind er war.

Er selbst hatte sein zwar immer mehr eingeschränktes Leben gut gefunden. Er war ein Einzelgänger, hochbegabt, er schrieb, komponierte, liebte Literatur und Musik. Die Vorstellung, sterben zu müssen, hatte ihn zu Anfang geängstigt, er hatte sich aber immer mehr damit abgefunden. Er fand sein Leben gut, trotz aller Einschränkungen. Von dem Augenblick an, als er sich auf die Transplantationsliste hatte setzen lassen, veränderte er sich schlagartig. Er wurde unruhig, nicht weil er den Signalton des Pipers ersehnte, mit dem ein Spenderorgan angekündigt wird, sondern weil er sich vor ihm fürchtete. Jeden Tag sagte er sich, daß es nach der Transplantation besser sein würde, aber der Alltag, der ihm zuvor Freude gemacht, aus dem er sich genährt hatte, wurde für ihn blaß und leer. Er fühlte sich wie schon gestorben, wußte aber nicht warum.

Schließlich war es soweit. Er bekam eine neue Lunge. Alles ging gut. Die Freude seiner Eltern und der Behandler steckte auch ihn an, aber zwei Monate nach seiner Operation hatte er einen Traum, der ihn in diesen Zustand brachte. Er träumte, er habe einen Klumpen verdorbenen Hackfleisches in seinem Körper. Man hatte bei der Transplantation nicht bemerkt, daß die Lunge schon in Verwesung übergegangen war. Von da an begann er, sich vor sich selbst zu ekeln. Er hatte nur noch das Bedürfnis, die neue Lunge loszuwerden! Er wollte lieber sterben, als so weiterzuleben.

Er sagte, er habe immer gewußt, daß sein kurzer Lebensbogen für ihn in Ordnung war. So hatte er ja eigentlich gar nicht weiterleben wollen, nicht weil er »lebensmüde« war, sondern »lebenssatt«. Jeder Mensch müsse seinen Lebensbogen akzeptieren.

Es käme nicht auf die Anzahl der Jahre an, nicht einmal auf Schönheit, Gesundheit und Begabung, sondern nur darauf, daß man mit der Ausstattung, die man mitbekommen habe, seine Lebensaufgabe erfülle. Er sagte das leidenschaftlich und bat mich, es auch anderen Menschen zu sagen.

Ich sagte ihm, daß doch auch die Transplantation zu seinem Lebensschicksal gehören könne. Er wehrte sich heftig und sagte. »Ich habe mich aus Mitleid mit meinen Eltern dazu entschieden, ich habe nicht wirklich ›ja‹ gesagt und jetzt kommt das unterdrückte ›Nein!‹ und schreit in mir Tag und Nacht.«

Ich fragte ihn, ob er bedaure, daß er nicht vor der Transplantation mit jemanden über seine Gefühle und Vorstellungen gesprochen habe. Er nickte und sagte, heute hätte er es sich gewünscht, damals aber wollte er sich nicht verunsichern lassen. Er wollte das, was er sich vorgenommen hatte, durchziehen gegen seinen tieferen Willen. Er habe die Hoffnung gehegt, daß, wenn er erst einmal alles hinter sich hätte, sich die Probleme von selbst lösen würden, aber das sei eine verantwortungslose Haltung. Es komme darauf an, immer auch bei scheinbar kleinen Dingen sich dafür oder dagegen zu entschließen und für die Folgen seines Handelns die Verantwortung zu übernehmen.

Ich konnte deutlich spüren, wie er aus der Tiefe heraus entschlossen war, seinen Weg zu gehen, und das wollte ich achten.

Wenn ich in die Welt außerhalb seines Krankenzimmers trat, stieß ich auf ungeduldige Erwartungen: »Ist er endlich bereit, in unserem Sinne mitzuarbeiten?« Ich versuchte zu vermitteln und den geängstigten Behandlern seine Sichtweise nahezubringen. Aber sie wollten es nicht hören. Sie konnten es wohl auch nicht, denn seine Vorstellung, daß auch ein kurzer Lebensbogen schön und vollendet sein kann, war ihnen völlig fremd.

Was zählte, war Lebensquantität, sie hatte einen Wert an sich. Und was sonst noch zählte, war Erfolg. Sie hatten auch Vorstellungen von Lebensqualität, aber die stimmten mit seinen nicht überein. Wir sprachen nicht die gleiche Sprache, wir konnten uns nicht mehr verstehen. Die ganze Wut und Enttäuschung entlud sich über mich, was zur Folge hatte, daß sie mir die weiteren Besuche bei ihrem Patienten verboten.

Zwei Welten waren aufeinandergeprallt. Da war die Welt der Medizin mit ihrem Know-how. Sie hatte sozusagen alles in der Hand, um ein Leben retten zu können, wenn der Patient nur mitmachte. Die Ethik der Mediziner gebot ihnen, alles zu tun, um sein Sterben zu verhindern, außerdem standen sie unter Erfolgszwang! Auf der anderen Seite stand meine Welt und meine Ethik, die mir gebietet, jeden Menschen als einmaliges und freies Lebewesen zu betrachten, das einen Anspruch darauf hat, daß seine Entscheidungen ernstgenommen werden, soweit sie auf einem fundierten Boden stehen. Um mich davon zu überzeugen, mußte ich viele Gespräche mit dem jungen Mann führen.

Auch ich hatte mir gewünscht, daß er sich erholt hätte. Ich wünschte den Eltern von Herzen das Leben ihres Kindes, und ich muß gestehen, es gab auch eine Seite in mir, die sich wünschte im Sinne der Ärzte Erfolg zu haben. Aber das ernsthafte Ringen des Patienten überzeugte mich von der Richtigkeit *seiner* Entscheidungen. Er war bereit zu essen und seine Medikamente weiter zu nehmen, aber seine stündlich wachsende Überzeugung, daß das Sterben sein Weg war, hatte mehr Einfluß auf den Verlauf der Entwicklung.

Ich befolgte das Stationsverbot nicht, denn ich war die Verpflichtung eingegangen, diesen Menschen zu begleiten. Er hatte mich darum gebeten, und ich hatte zugesagt. An diesen Vertrag fühlte ich mich gebunden, auch wenn mein Weg zu seinem Zimmer einem Spießrutenlauf glich und man mir klarmachte, daß mein Verhalten einem Hausfriedensbruch gleichkäme und ich entsprechende Sanktionen zu erwarten habe.

Dieser Bericht sollte keinesfalls so verstanden werden, als würde ich die herzlose Medizin der verständnisvollen Psychotherapie gegenüberstellen. Es geht mir um die Tragik der Dialogunfähigkeit zwischen Disziplinen mit so unterschiedlichen Menschenbildern.

Der Patient starb vierzehn Tage später, aber er war nicht mehr erstarrt. Er hörte wieder Musik und ließ sich manchmal Gedichte von mir vorlesen. Er gewann seine Gelassenheit zurück, machte sein Testament und nahm Abschied von allen, die er liebte.

Ich habe seine Eltern bewundert, die ihr einziges Kind seinen Weg gehen ließen, ohne es halten zu wollen. Sie bedankten sich bei ihm, daß er sich für sie hatte transplantieren lassen, und er starb in Dankbarkeit seinen Eltern gegenüber. Bei der letzten Begegnung mit seinem Arzt sagte er ihm: »Ich habe Ihnen nicht Ihr Werk zerstören wollen, aber mir bleibt keine andere Wahl, weil ich diesen Weg gehen muß.« Ich hatte das Gefühl, daß sein Arzt ihn verstand.

Ich bin einigermaßen sicher, daß eine psychotherapeutische Betreuung in der Zeit der Entscheidungsfindung die eigentlichen Wünsche des Patienten hätte auftauchen lassen. Das hätte ihm und anderen viel erspart. Er und seine Eltern hätten nicht so leiden müssen, und die Arbeit der Mediziner und Schwestern wäre nicht umsonst gewesen. Ein anderer Mensch, der es sich wirklich wünschte, hätte das Spenderorgan bekommen und mit ihm leben können, und es hätte die Gesellschaft nicht unnötig Geld gekostet.

Wir kommen nicht darum herum, uns Fragen zu stellen und uns Zeit zu nehmen, wenn es um solche komplexen Zusammenhänge geht, sonst brauchen wir später erheblich mehr Zeit und Geld, um mit den Folgen fertig zu werden.

Wenn wir davon ausgehen, daß ein Mensch so etwas wie ein Auto ist, das man entsprechend reparieren kann, wenn man das notwendige Know-how hat, dann spielen die Hintergründe keine Rolle, man muß ihn nur in die Werkstatt bringen und einen Reparaturauftrag erteilen. Wenn die Reparatur durchgeführt ist, fährt das Auto wieder, erteile ich den Auftrag nicht, habe ich keines. Das sind klare Verhältnisse.

Versagt ein Organ im Körper eines Menschen, kann dieser sich auch in Reparatur begeben, wenn ein passendes Ersatzorgan vorhanden ist, er kann sich aber auch entscheiden, einen Sterbeprozeß zu durchleben in der Hoffnung, daß Sterben mehr ist als nur der sukzessive Verschleiß eines Organs, das schließlich den Tod zur Folge hat, wenn es seine Funktion endgültig aufgibt, und daß auf diesem Weg wichtige Entwicklungsschritte vollzogen werden können. Wenn der Sterbeprozeß als ein wesentlicher Teil des Lebens begriffen werden kann, ist seine Wahl eine echte Alternative zur Transplantation.

Religiöse Menschen glauben, daß der Tod nicht das Ende ihres Lebens ist. Durch alle Zeiten und Kulturen hindurch haben sie an irgendeine Form des Weiterlebens nach dem Tod geglaubt.

Das ist anders für Menschen mit einem mechanistischen Menschenbild. Ihnen bleibt nur die kurze Spanne zwischen Geburt und Tod. In sie müssen sie alles hineinpacken, und deshalb ist es einleuchtend, daß mehr Leben besser ist als weniger. Dann ist die Krankheit ein Materialschaden, den man beheben muß, das Herz ist eine Pumpe. Ist sie kaputt, wird sie ausgebaut und durch eine neue ersetzt, und das Leben geht weiter.

Aber die Menschen sind kompliziert, sie sagen zum Beispiel: »Ich liebe dich von Herzen«, oder: »Das zerreißt mir das Herz«, und es kann sein, daß sie mit einem neuen Organ Identitätsprobleme haben. Ist das nur, weil sie nicht aufgeklärt genug sind?

Es ist verständlich, daß sich die Medizin auf das Machbare konzentriert, die Reparatur des geschädigten Körpers, aber es ist anmaßend, wenn sie behauptet, das sei die ganze Wirklichkeit. Genauso anmaßend wäre es, wenn die Psychotherapeuten behaupteten, alles sei seelisch bedingt. Eigentlich ist es schon ein Dilemma, daß wir auch in unserer Vorstellung Körper und Psyche auseinanderdividieren, anstatt sie als Einheit zu betrachten. Vielleicht waren beide noch nie so getrennt wie heute.

Wir wissen, daß unser Bewußtsein nicht alles ist, was uns ausmacht. An vielerlei Stellen unseres Lebens wird es deutlich, daß es noch andere Bereiche gibt, die unvermutet aufscheinen, in Fehlleistungen, Versprechern und Träumen zum Beispiel.

Nicht immer haben wir die Gelassenheit, bevor wir eine Entscheidung fällen, die unterschiedlichen Aspekte Raum greifen zu lassen. Und die zweite Möglichkeit, sich wider sein tieferes Wissen zu entscheiden, ist nicht alles. Manchmal sind wir ganz überzeugt, eindeutig gewählt zu haben, weil uns verdrängte Motive nicht zugänglich sind.

Ich möchte zwei Fälle von »Ja« zitieren, die sich in den gemalten Bildern der Patienten als heftiges »Nein« entpuppten.

Die eine war eine junge Frau von damals neunzehn Jahren. Es ging ihr sehr schlecht, und ein junger Chirurg kam, um mit ihr das Prozedere einer Transplantation zu besprechen. Die Patientin hatte um dieses Gespräch gebeten, weil sie sich wünschte, eine neue Lunge zu bekommen. Nach dem Besuch des Arztes ließ ich sie ohne Thema ein Bild malen. Mit Kohle zeichnete sie eine Burg mit abweisenden Mauern und hochgezogener Zugbrücke. Im anschließenden Gespräch mit ihr erzählte sie mir, daß der Arzt sich an ihr Bett gesetzt hatte mit den Worten: »Da ihre Lunge sowieso völlig wertlos ist, bauen wir sie aus und montieren eine neue wieder ein.«

Gewiß klingt das etwas burschikos, aber er hatte es wohl gut gemeint und wollte ihr die Angst nehmen. Sie aber war an dem

Wort »wertlos« hängengeblieben. Ihre Lunge gehörte zu ihr, war ein Teil von ihr. Sie fühlte sich mit ihrer Abwertung auch selbst abgewertet. Sie hatte auf einmal bemerkt, wie vertraut ihr ihre Lunge war, wie sie sie gerade durch die Probleme, die sie mit ihr hatte, kannte wie eine innere Landkarte. Ihr ganzes Leben war durch sie mitgeprägt. Auch diese junge Frau liebte das Leben trotz aller Einschränkungen. Die Abwertung ihrer Lunge war für sie zugleich eine Abwertung ihrer Person. Als der junge Arzt ging, hatte seine Bemerkung »Da ihr Leben ja so, wie es ist, keinen Wert mehr hat...« ihr den letzten Stoß gegeben. Er hatte sie nicht treffen wollen, er glaubte, er wäre mit ihr d'accord. Er ahnte nicht, daß sie ihr Leben so, wie es war, liebte.

Als sie auf ihr Bild blickte, wurde ihr deutlich, daß sie ein entschiedenes »Nein« gemalt hatte. Sie hatte sich in diese Festung zurückgezogen. Niemand sollte an sie heran. Ein tiefes Bedürfnis nach Rückzug und Schutz hatte sich in ihrem Bild ausgedrückt.

Die zweite Entscheidung war das »Ja« war das eines jungen Mannes.

Er hatte von der Möglichkeit zur Transplantation gehört und war spontan dazu bereit. Mit diesem »Ja« kam er zu mir mit der Bitte um Begleitung. Wir kannten uns schon einige Jahre. Unsere gemeinsame Arbeit ließ die Richtigkeit seiner Entscheidung deutlich werden. Sie war zwar spontan, war aber offenbar aus der Tiefe aufgetaucht.

Zeit ist Leben und Leben ist Zeit

Die Zeit meiner Patienten ist begrenzt, sie sterben als Kinder, Jugendliche oder junge Erwachsene. In ihrem kurzen Leben konnten sie vieles nicht erreichen, was uns erstrebenswert erscheint.

Nicht immer konnten sie die Schule beenden, selten einen Beruf erlernen und noch viel seltener eine Familie gründen, und trotzdem hatten sie doch solche Wünsche wie jeder von uns. Ihre Zukunft war zusammengeschrumpft auf ein Minimum. Meine Patienten wagten sie immer weniger zu denken und mußten manchmal zittern, wenn sie morgens an den Abend dachten oder an den nächsten Tag oder vielleicht an die nächste Woche. Ihre Erfahrung war, daß von einem Augenblick zum anderen schon alles viel schlechter sein konnte. Um sich vor Enttäuschungen zu schützen, lernten sie es, sich streng an den Augenblick zu halten. Oft waren sie Meister im Gegenwartsleben, aber die andere Seite war, daß die Angst vor einer unsicheren Zukunft wie eine brutale Mauer vor den Hoffnungsphantasien stand und ihnen keinen Raum mehr ließ.

Das Leid über die abgeschnittene Zukunft war vor allem bei den älteren Jugendlichen und jungen Erwachsenen zu spüren. Die Kinder hatten das Problem nicht, sie sind ohnedies Gegenwartsbewohner. Sie sterben auch leicht. Sie konnten gut loslassen, wohl, weil sie sich noch nicht so sehr mit ihrer Phantasie in die Zukunft eingebunden hatten. Andererseits schien ihnen der Tod nicht die unerbittliche Grenze zwischen Leben und Nichtleben zu sein. Vielleicht war es für sie ein Augenblick unter unendlich vielen, wenn auch ein besonderer.

Ich fragte mich: Wieviel Zeit braucht ein Mensch? Das Leben eines früh Verstorbenen war für mich ein abgebrochenens Leben. Es kam mir vor wie ein Unrecht, und alles in mir bäumte sich dagegen auf.

Im Laufe der Jahre veränderte sich mein Gefühl. Ich sah kleine Kinder bewußt und gelassen sterben. Das schrieb sich tief als Erfahrung in mich ein, ohne daß ich es verstehen konnte.

Zeit und Leben gehören zusammen: Zeit ist Leben, und Leben ist Zeit. Im Wort »Lebenszeit« sind beide zusammengefaßt. Jeder von uns hat sie, sei sie nun eine Minute, zwölf, fünfundzwanzig, vierzig oder siebenundneunzig Jahre lang. Sie ist die Spanne, in der unsere persönliche Entwicklung stattfindet. Wir sind verantwortlich für das, was in ihr geschieht. Sie ist wie ein Weg, auf dem wir gehen, oder wie die Leinwand, auf die sich unser Lebensbild malt. Sie ist der Strom, in dem wir fließen, sie ist der Rhythmus, in dem sich unser Leben vollzieht. Keiner von uns weiß, wie groß seine Lebenszeit ist. Wir gehen von bestimmten Vorstellungen aus, sonst würden wir nicht erschrecken, wenn ein noch junger oder gesunder Mensch stirbt. Dann sagen wir, etwas habe ihn grausam aus dem Leben gerissen, habe ihm den Lebensfaden abgeschnitten. Wir tun, als hätten wir ein Anrecht auf mindestens neunzig Jahre Lebenszeit, und sind empört, wenn sie uns nicht gewährt wird. Aber wenn wir davon ausgehen, daß ein Optimum an Lebenszeit das größte Geschenk ist und ein früher Tod vielleicht eine Strafe, zumindest eine Ungerechtigkeit, so müssen wir uns fragen, wozu wir eigentlich so viel Zeit brauchen. Es muß doch einen Sinn haben? Kinder fordern nicht mehr Zeit. Sie nehmen ihr Leben, wie sie es bekommen, und schaffen den Übergang leicht.

Mache ich mir da nicht etwas vor? Man muß ja nur in ein Krankenhaus gehen, um zu sehen, wie armselig und oft unwürdig das Leben wird. Die »Stundenblumen« – wie Michael Ende das bezeichnet – dieser Menschen blühen nicht mehr auf, sie verkümmern; und das ist überall zu sehen! Ja, das stimmt, und doch ist auch das andere Bild wahr; denn auch wenn es nur wenigen gelingt, so ist es doch grundsätzlich möglich.

Die Zeit, mit der wir auf der Station zu tun hatten, war von ganz anderer Qualität. Es schien so, als sei chronisch zuwenig davon vorhanden. Sie wurde vollgestopft mit Organisation, Mitarbeiterrunden, Behandlungsabläufen, Forschung. Ein kleiner Zeitcontainer reihte sich an den andern. Es wurde akribisch kontrolliert, daß jede winzige Ecke zwangsläufig gefüllt war mit effektivem Tun.

Zeit zum Zuhören, zum Mitfühlen, zum ungerichteten Wahrnehmen war fast nie vorhanden, denn es handelte sich dabei um Luxusgüter, die wir uns immer weniger leisten konnten.

Die Ärzte standen unter doppeltem Druck. Sie hatten nicht nur die notwendige medizinische Versorgung zu gewährleisten, sie mußten und wollten auch forschen und Kongresse besuchen.

Das Merkwürdige war, daß eigentlich alle unter dem Druck litten. Die meisten versuchten, sich dem immer schneller werdenden Tempo anzupassen, bis sie zusammenbrachen. Mit dem wachsenden Tempo entleerte sich die Arbeit von ihrem Wert. Unter dem Diktat der Effektivität entwickelte sie Züge von Absurdität.

Michael Ende findet für die Macht, die den modernen Menschen ausblutet, ein Bild in den grauen Herren, die deshalb vollkommen grau aussehen, weil sie von etwas Totem ihr Leben fristen, da sie nur von der gestohlenen Lebenszeit der Menschheit existieren. Sie zwingen den Menschen bei ihrer Arbeit und im alltäglichen Leben ihren hektischen Rhythmus auf und entfremden sie auf diese Weise von ihrem Tun und Handeln, während sie ihnen die eingesparte Zeit stehlen. »Aber die Zeit stirbt buchstäblich«, sagt Meister Hora zu Momo, »wenn sie von ihrem wahren Eigentümer losgerissen wird. Denn jeder Mensch hat seine Zeit, und nur solange sie wirklich seine ist, bleibt sie lebendig.« Die grauen Herren rauchen die Blätter der gestohlenen Stundenblumen.

Auch das innere Erleben des modernen Erlebnisraffermenschen, der den grauen Herren verfallen ist, läßt er durch Meister Hora beschreiben.

»Am Anfang merkt man noch nicht viel davon. Man hat eines Tages keine Lust mehr, irgend etwas zu tun. Nichts interessiert einen, man ödet sich. Aber diese Unlust verschwindet nicht wieder. Sie bleibt und nimmt langsam immer zu. Sie wird schlimmer von Tag zu Tag, von Woche zu Woche. Man fühlt sich immer mißmutiger mit sich und der Welt. Dann hört nach und nach sogar dieses Gefühl auf, und man fühlt gar nichts mehr. Man wird ganz gleichgültig und grau, die ganze Welt kommt einem fremd vor und geht einen nichts mehr an. Es gibt keinen Zorn mehr und keine Begeisterung, man kann sich nicht mehr freuen und nicht mehr trauern, man verlernt das Lachen und das Weinen. Man kann schließlich nichts mehr lieben. Dann ist die Krankheit unheilbar. Man hastet nur noch umher oder bewegt sich mechanisch. Diese Krankheit heißt: Die tödliche Langeweile.«

Da aber die tödliche Langeweile nicht zu ertragen ist, sind die Menschen verführbar. Sie glauben jedem, der ihnen verspricht, sie davon zu heilen. Da gibt es das Rezept, sie zu vertreiben durch Eile und Zeitersparnis. Das bedeutet, daß alles nach dem Gesichtspunkt höchster Effektivität und Rationalität getan werden muß. Subjektive Gefühle wie Freude, Ärger, Befriedigung oder persönlicher Arbeitsrhythmus wirken kontraproduktiv. Unter solchen Umständen wird die Zeit nicht mehr kalkulierbar.

Was optimal genutzte Zeit ist, wird bestimmt und ist auf jeden Fall unabhängig von persönlichen Bedürfnissen oder Grenzen.

Derjenige, der bereit ist, die Zeit der Effektivität zu unterwerfen und sie zum Ökonomiefaktor zu machen, gehört zur Gruppe der von den grauen Herren beherrschten Menschen. Er setzt Zeit mit Geld gleich, kann sie gewinnen, sparen, gut anlegen.

»Und immer tickt die Zeit, aber die tickende Zeit ist ihrer Zeit immer voraus.«[13] Wenn wir in ihrem Fahrwasser schwimmen, gibt es im Erleben keine Gegenwart mehr. Unsere Seele verweilt nicht mehr im Augenblick und schöpft ihn aus, sie stürzt über ihn hinweg, kann sich aus ihm nicht mehr nähren. Je länger wir so leben, desto hungriger werden wir, bis wir uns wie ein Raubtier über die Zeit stürzen, um sie zu verschlingen; aber die Zeit,

---

13 Marianne Gronemeyer: Das Leben als letzte Gelegenheit, Darmstadt 1996.

die so benutzt wird, nährt nicht mehr, sie ist leer. Wir würden an ihr verhungern, auch wenn wir noch so viel von ihr verschlängen. Auf diese Weise ausgehungerte Menschen können nicht schlafen, und sie können nicht sterben; denn schlafen kann nur der, der richtig satt vom Tag ist, und sterben kann nur richtig, wer lebenssatt ist.

Auch ich geriet, ohne es richtig zu merken, immer mehr unter das Diktat der effektiven Zeit. Ein Erlebnis möge illustrieren, wie wenig ich damals an die Macht erfüllter Augenblicke glaubte: Es war zu einer Zeit, in der besonders viele bedürftige Kinder auf der Station waren. Ich hatte schon fünf Termine vereinbart und zwei weitere mit Ärzten für Diagnosegespräche. Als ich zu meiner ersten kleinen Patientin ging, kam ich an einem Zimmer vorbei, aus dem furchtbares Geschrei ertönte. Ich lief ins Stationszimmer und bat eine Schwester, nach dem Kind zu sehen. Als ich nach einer Stunde wieder an dem Zimmer vorbeikam, um zu einer anderen Patientin zu gehen, mit der ich verabredet war – schon etwas verspätet, denn das vorige Gespräch hatte länger gedauert –, schrie das Kind in dem Zimmer immer noch. Mit einem Auge sah ich durch die Glastür einen etwa vierjährigen Jungen auf der Erde liegen und schreien. Ich blieb eine Sekunde stehen, gerade so viel, um festzustellen, daß er sich vollkommen eingeschrien hatte und bestimmt nicht schnell zu trösten wäre. Es zerriß mir das Herz, ein so kleines Kind, so voll Kummer, allein zu lassen. Ein Blick auf die Uhr machte mir klar, es war sowieso schon zu spät. Ich rannte also wieder ins Schwesternzimmer und flehte die Oberschwester an, etwas zu tun. Bei meiner zweiten Patientin wollte mir das Bild des Jungen nicht aus dem Kopf, aber die neunjährige Petra stand kurz vor einer Operation und hatte Angst. Sie brauchte mich. Auch bei ihr überzog ich die Zeit, denn sie wollte von mir noch eine Geschichte zum Trost zu ihrem Bild. Auf dem Weg zum dritten Kind, einer Jugendlichen, die mich vor ihrer Entlassung wegen der bevorstehenden Scheidung der Eltern sprechen wollte, kam ich wieder an dem bewußten Zimmer vorbei. Am liebsten hätte ich mir die Ohren verstopft. Mit einer monotonen, vollkommen erschöpften Stimme schrie der Kleine noch immer. Gerade weil ich mir Zeit für ihn nehmen wollte, spürte ich, unter welchem Druck ich stand. Was wären zwei Minuten angesichts solcher Not? Aber dann bündelte etwas in meinem Innern ein paar Minuten zu einem kleinen, aber kostbaren Zeitstrauß. Ich öffnete die beiden Glastüren, nahm das erschöpfte, schweißdurchnäßte kleine Bündel auf den Arm und ging ganz langsam mit ihm im Zimmer hin und her. Er weinte und schluchzte noch immer. Ich hatte Mühe, nicht selbst zu weinen, weil ich so arm an Zeit war und gern viel mehr für ihn gehabt hätte. Da geschah etwas. Ich hörte mich auf einmal ruhig sagen: »Ich habe zwei Minuten für dich, zwei Minuten.« Dabei ging ich langsam mit ihm, als hätte ich gesagt: »Ich habe zwei Stunden für dich, zwei Stunden.« Nach zwei Minuten setzte ich ihn wieder auf die Erde und sagte: »Nach einer Stunde komme ich wieder, dann habe ich wieder zwei Minuten Zeit für dich.« Der Kleine schaute mich nicht an, sein Weinen wurde stiller.

Als ich nach einer Stunde wiederkam, schaute er mir schon entgegen mit einem tiefen Seufzer. Ich nahm ihn wieder auf den Arm und sagte zu ihm: »Wir sind zwei arme Menschen, du bist so klein, und deine Mutter ist nicht da, und ich habe so wenig Zeit, aber ich habe zwei Minuten, zwei Minuten für dich.« Und wieder ging ich ganz langsam mit dem Kind auf dem Arm und spürte, wie es still wurde und wie lang zwei Minuten sein können und wie viel und wie schön. Dann legte ich die Bettdecke auf die Erde und das Kind darauf und sagte: »Und jetzt gehe ich für eine Stunde, und dann habe ich wieder zwei Minuten Zeit für dich.« Als ich nach einer Stunde wiederkam, waren die zwei Minuten so fest als etwas Kostbares in meinem Bewußtsein und offenbar auch in seinem, daß ich keinen Zweifel mehr hegte, sie könnten nicht genügen. Der kleine türkische Junge kniete auf dem Boden und hatte seinen Kopf an die

Glastür gelegt, seine Augen schauten mir erwartungsvoll entgegen. Ich nahm ihn auf den Arm, wieder verbrachten wir zwei Minuten miteinander. Als ich ihn hinlegen wollte, war er eingeschlafen, und ich nahm mir noch eine Minute, um mir sein entspanntes, dunkles Gesichtchen anzuschauen.

Nur sechs Minuten hatte er von mir gebraucht, um mir in seiner Not vollkommen an diesem fremden Ort zu vertrauen. Seitdem weiß ich wieder, wie kostbar, wie lang, wie erfüllt, wie lebens- und hoffnunsgrettend zwei Minuten sein können.

Der Sog der »grauen Herren« in der Klinik war mächtig. Ihre Verführungsmuster waren diffizil, was man nicht ohne weiteres merkte. Das Bedürfnis nach Verständnis und Mitgefühl von seiten der Patienten, ihrer Angehörigen und der Behandler war groß. Ich wurde immer häufiger in Anspruch genommen. Die Schicksale der Menschen brachten meine Seele in unterschiedliche Schwingungen. Zeit, etwas ausschwingen zu lassen, nachzudenken, blieb kaum. Immer mehr klaffte das Bewußtsein von dem, was unbedingt notwendig war, und dem Faktum, daß meine Zeit begrenzt war, auseinander. Immer mehr preßte sich in meine Zeit. Daß sie unter solchem Druck starr zu werden drohte, merkte ich voll Schrecken.

Was mußte ich tun? Was mußte ich lassen?

In unserer Gesellschaft gilt der etwas, der voll mit Terminen ist, dessen Stunden sich wie eng aneinandergereihte Paketchen auf einem Fließband bewegen.

Die *grauen Herren*, die Zeiträuber, sind schlau. Sie fangen jeden mit dem Speck, auf den er anbeißt. Den einen mit dem: »Nur, wenn du viel tust, bist du wer«, den anderen: »Wer rastet, der rostet«, einen dritten mit: »Nur der Tüchtige hat Bedeutung«, oder »Es muß doch weitergehen« beziehungsweise »Frag' nicht lange, ob du noch kannst, pack an!« Sie haben tausende von Parolen bereit, für jeden die seine. Wenn nicht in jeder auch Wahrheit steckte, wären sie besser zu erkennen.

Wenn man das Gefühl hat, die Zeit rinne einem wie Sand durch die Finger, oder wenn man ihr Ticken vernimmt, ist sie zur räuberischen Zeit geworden, die sich selbst frißt.

Ich kann mich noch genau erinnern, wie es als Kind war. Da konnte ich die Zeit sehr gut spüren. Sie bestand aus verschiedenen Zeiten während eines Tages. Zeiten, die sich wunderbar anfühlten, wie wenn man an einem langem Seil durch die Luft schwebt, in denen der Augenblick zur Ewigkeit wurde, weil das Danach nicht ins Auge gefaßt werden mußte.

Neben dieser »ewigen« Zeit gab es die »lange Zeit«. Sie war die, die nicht vergehen wollte, in der man erst Schulaufgaben machen mußte, während die Sonne schien und die anderen schon spielten. Sie dehnte sich dann so zäh und grau dahin, daß einen die Trostlosigkeit erfaßte. Ich sah das wunderbare Leben schwinden, ohne Teil an ihm zu haben.

Die Tage als Kind sind mir unendlich groß in Erinnerung.

Ich kann mich genau erinnern, daß die Erwachsenen sagten, die Zeit verginge immer schneller, und daß mich dieser Satz irritierte. Ich spürte, daß »Leben Zeit ist und Zeit Leben« und daß, wenn die Zeit immer schneller verging, auch das Leben schneller vergehen mußte.

Irgendwann ist mir das Gefühl für die unterschiedliche Zeit verloren gegangen. Rückblickend war mir, als habe sie jemand für mich in regelmäßige Stücke zerlegt, die ich dann alle wie Perlen auf eine lange Kette fädelte, kleine und große Zeitperlen. Ich dachte nicht viel darüber nach.

Ich unterwarf die Zeit meinen Absichten, sie wurde zum größten Teil zum Ökonomiefaktor. Ich nutzte meine Zeit mehr oder weniger gut, sparte sie an einer Stelle ein, um sie an anderer zur Verfügung zu haben, kontrollierte sie, stahl sie mir manchmal oder gewann sie.

Das Wichtigste war mein Kalender, in dem ich die verschiedenen Aktionen den festgelegten Zeitsegmenten zugeordnet hatte.

Als ich fünfundvierzig Jahre alt wurde, merkte ich, wie meine Zeit schrumpfte, wie sie mir wie Sand zwischen den Fingern durchrann. Ich war erschrocken, denn meine Tage waren nicht nur geschrumpft, sie hatten auch ihre Fülle verloren, obwohl ich sie unter ökonomischen Gesichtspunkten bestens genutzt hatte. Mir fiel die Zeit meiner Kindheit wieder ein und meine Urgroßmutter, wie sie in die Luft griff, um sich Zeit für uns zu nehmen. Ich begriff, daß ich dabei war, mein Leben zu verlieren, wenn ich die Zeit nicht mehr in ihren unterschiedlichen Qualitäten spüren konnte. Danach ging ich einmal im Jahr für eine Woche in ein Kloster, um dort, abgeschirmt von allen Anforderungen, zu schweigen.

Es war ein alter Benediktinerpater, der mir half, die verlorenen Qualitäten der Zeit wiederzufinden. Wenn ich in meine kleine Zelle kam, stand auf dem Tisch an eine Kerze gelehnt ein weißes Zettelchen, auf dem mit kleiner Schrift zwei Worte standen: »Bis bald«. Wenn ich meine Tasche ausgepackt hatte, setzte ich mich an den Tisch und las die Worte erneut – »Bis bald« – und spürte, wie in dieser reizlosen Stille der Alltag, dem ich entflohen war, über mich wie ein Steinschlag hereinbrach und die Bedeutung von »Bis bald« zu zertrümmern drohte. Aber die beiden kurzen Worte blühten unter all dem Geröll wie ein Hoffnungsschimmer, bis die Zeit sich zu einem Hoffnungsbogen spannte, so daß das leise Klopfen an der Tür war wie die ersehnte Weihnachtsglocke. Wenn der Pater sich dann neben mich setzte und wir gemeinsam schweigend in die verschneiten Bäume schauten, denn ich kam immer am siebten Januar, dann hörte das Tosen in mir auf, und die Zeit weitete sich. Er nahm das Zettelchen vom Tisch, ließ es in seinem dunklen Habit verschwinden, denn »Bis bald« war zum Jetzt geworden, in dem wir gemeinsam lebten. Jetzt – das war gemeinsames Betrachten der Bäume, das war auch eine kleine Geschichte oder ein Gedicht, das er aus einem Buch las, indem er es dicht an sein gütiges Gesicht hob und mit ihm Zwiesprache hielt.

Er machte Pausen, in denen die Worte nachklangen und in denen die Sätze schwingend eine Anzahl unterschiedlicher Bedeutungen entfalteten, die wieder kleine Zeitbögen spannten, die er am Ende verknüpfte mit einem neuen Satz. Wenn er ging, holte er das weiße Zettelchen aus seinem Habit und stellte es wieder an die Kerze. Bevor die Tür sich schloß, sagte seine lächelnde Stimme: »Bis bald.« Die Zeit danach war erfüllt von fast atemloser Stille, als hätte er sie wie ein Geschenk hinterlassen.

»Bis bald« konnte sehr Unterschiedliches bedeuten: bis nachher, bis zum nächsten Tag, bis in ein paar Monaten, bis in einem Jahr. Immer war es der Punkt, bis zu dem sich der Spannungsbogen Zeit aufbaute.

Einmal machte der Pater einen Spaziergang mit mir. Wir gingen durch den Klostergarten, eine Birkenallee entlang, vorbei an Schafswiesen, durch ein Wäldchen und an zwei kleinen schwarzen Seen vorbei zum Kloster zurück. Er sagte: »Du würdest bestimmt schneller gehen, das kann ich nicht mehr; aber du wirst spüren, es hat auch Vorteile, langsam zu gehen.« So gingen wir gleichmäßig wie in mittlerer Zeitlupe. Ich sah viel genauer als sonst. Durch den Rhythmus des Ganges war mir manchmal, als schwebe ich ganz leicht neben ihm her durch die Landschaft oder als kröche ich auf allen Vieren über die Wiese, manchmal verlor ich mich in ihr. Die Zeit weitete sich, sie war nicht von fremden Gedanken verstellt.

»In der Eile geht die Weite, aber auch das Leben verloren.«

Als wir uns nach dem Spaziergang trennten, war ich ihm dankbar; er hatte mir gezeigt, wie alles in der geweiteten Zeit seinen Duft und seinen Zauber entfalten kann. Ich allein wäre viel schneller wieder dagewesen und hätte nicht mit so viel erfüllter Zeit heimkehren können.

Die Zeit, das ist meine Zeit, deine Zeit, unsere Zeit; das ist Lebenszeit, Erdzeit, Zeit des Universums, Heilszeit; das ist Vergangenheit, das ist Gegenwart, das ist Zukunft.

Gefühle und Bilder tauchen zu den verschiedensten Zeiten auf, zu manchen auch einfach Vorstellungslöcher, weil unsere Phantasie nicht ausreicht. Höchstens durch Ahnungen können wir einen Schimmer davon zu fassen bekommen, zum Beispiel von der Zeit des Universums, noch viel weniger aber von der Ewigkeit. Aber unsere Vorstellung versagt auch schon bei der Lebenszeit. Denn selbst die Zeit, die wir schon durchlebt haben, unsere Vergangenheit, ist uns keineswegs präsent.

Augustinus spricht von einer gegenwärtigen Vergangenheit, einer gegenwärtigen Gegenwart und einer gegenwärtigen Zukunft. Er spricht vom Bewußtsein der jeweiligen Zeit. In unserer Gesellschaft mit ihrer Fortschrittsgläubigkeit, die rasant zukunftsorientiert ist, ist die Vergangenheit, wenn nicht gerade Historiker darüber verhandeln, der »Schnee von gestern«, das Überholte, das weniger Gute. Die Gegenwart ist der Zukunft immer unterlegen, denn die Zukunft ist mit Fortschritt verbunden, der allerdings seinerseits schnell wieder überholt ist und zur Vergangenheit herabsinkt. Die gesamte Zeit wird unter dem Gesichtspunkt der Brauchbarkeit betrachtet. Wenn aber die Vergangenheit hauptsächlich dadurch definiert wird, daß sie überholt ist, verliert sie ihren Wert, es läßt sich aus ihr nicht lernen. Man kann sie als Ballast abstoßen. Die Zukunft ist nur insofern von Bedeutung, als sie uns etwas bringt während unserer Lebenszeit, weil wir fast ausschließlich in ihr denken. Die Zukunft, die wir unseren Enkeln hinterlassen, interessiert uns kaum.

Etwas von der Gegenwärtigkeit der Zeiten findet sich in St.-Exupérys *Botschaft der Wüste* im Bild der Karawane: »Das Wesentliche der Karawane aber entdeckst du, wenn sie sich abnutzt. Wenn der Abgrund ihrem Weg widersteht, umgeht sie den Abgrund; wenn der Fels sich erhebt, weicht sie aus; wenn der Sand zu fein ist, sucht sie anderswo festen Sand, doch stets schlägt sie wieder die gleiche Richtung ein. Wenn eine verborgene Salzschicht unter dem Gewicht ihrer Lasten knirscht, siehst du sie unruhig werden, die Tiere aus dem Schlamm zerren, sich vortasten, um einen sicheren Untergrund zu finden, aber bald ordnet sie sich von neuem und zieht wieder in der ursprünglichen Richtung weiter. Wenn ein Tragtier zusammenbricht, wird angehalten; man sammelt die zerbrochenen Kisten auf, belädt ein anderes Tragtier damit und reißt am Knoten des ächzenden Strickes, um sie gut zu verschnüren, dann nimmt man den gleichen Weg wieder auf. Zuweilen stirbt einer, der als Führer diente. Man umringt ihn. Man verscharrt ihn im Sande. Man streitet sich. Dann bestellt man einen anderen zum Führer und richtet abermals den Kompaß auf das gleiche Sternbild. So bewegt sich die Karawane notwendig in einer Richtung, die sie beherrscht; sie gleicht einem Steine, der einen unsichtbaren Hang herunterrollt.«[14]

Gegenwart, Vergangenheit, Zukunft werden wie eine lange Perlenkette sichtbar. Anfang und Ende, Leben und Tod, aber die Betonung liegt auf Leben, ohne den Tod auszuschließen. Immer, wenn der Tod die Karawane heimsucht, stockt sie, aber nur, um sich danach neu auszurichten auf das alte Ziel. So wird der Tod eine Perle in der Lebenskette. Keiner und nichts fällt heraus. Aber das Bild macht auch deutlich, daß die Karawane in die Irre gehen, zugrunde gehen würde, wenn die Wegweiser nicht von einer anderen Dimension wären.

Zur Zeit gehört der Wandel. Manchmal scheint es so zu sein, als trotze etwas diesem Wandel, und immer wieder haben die Menschen versucht, in die Speichen des sich drehenden Zeitrades zu greifen und es anzuhalten. »Verbleibe doch, du bist so schön«, sagt Faust in seiner Sehnsucht nach Dauer zum Augenblick, und die ägyptischen Pharaonen bauten sich Pyramiden in die Wüste, die dem Verfall trotzen sollten. Ewigkeit im Fluß der Wüste! Und doch wird das Fließen des Sandes, wird die sich immer neu bildende Wüstenlandschaft als Wandlungsgebilde eher Ewigkeit

---

[14] Antoine St.-Exupéry: Botschaft der Wüste, Zürich 1994.

ausdrücken als die jahrtausendalten Pyramiden, die irgendwann zu Staub zermahlen sein werden. Und doch sind sie wichtig gewesen für die Seelen der Menschen, die etwas Großes schaffen wollten, was herausragt aus dem dahinfließenden Strom der Zeit, weil es Hinweise auf eine andere Dimension gibt, weil es ahnen läßt, daß das Leben nicht nur eine Kette, ein Weg, ein Fluß ist, sondern ein großes, alles umfassendes Gebilde, in dem Zeit und Ewigkeit verschmelzen.

Wie anders ist das als das, was wir mit Zeit verbinden!

»Wenn wir sie nicht gerade durch die Brille des Historikers sehen, ist die Zeit für unser Interesse zu dem Bogen zwischen Geburt und Tod geworden, just unsere persönliche Lebenszeit, in ihr muß alles passieren. Die Ewigkeit gibt es für den aufgeklärten Menschen nicht mehr. Die Zeit des Universums ist nicht faßbar, die Weltzeit außerhalb unserer Erfahrung. Etwas wie Heilszeit, die den mittelalterlichen Menschen prägte, ist für ihn ohne Bedeutung.«

»Als der Mensch der Neuzeit sich zum Herrn seiner eigenen Zeit aufschwang, begann ihm zu dämmern, daß das, was ihm zugefallen war, die klägliche Spanne zwischen Leben und Tod, wenig war. Sie schrumpfte auf die paar Jahrzehnte, die seinen Zeithorizont ausmachten, der er nicht einmal sicher sein konnte.«[15]

Dem mittelalterlichen Menschen war die Vorstellung, Anspruch auf *seine* Zeit zu haben, fremd. Die Zeit des Einzellebens war die mikrokosmische Entsprechung des makrokosmischen Alterungsprozesses der Welt. Die Lebenszeit des einzelnen und die Weltzeit durchliefen die gleichen Prozesse. Das Kleine integrierte sich im Großen.

Der moderne Mensch muß alles in die kurze Zeit zwischen Leben und Tod pressen. Es ist von daher verständlich, daß er alles

---

[15] Marianne Gronemeyer: Das Leben als letzte Gelegenheit, Darmstadt 1996.

daran setzt, sein Leben zu verlängern. Lebensqualität bekommt einen eigenen Wert.

Weil der Tod diese Qualität beschneidet, ist er zum Erzfeind geworden. Seiner Würde beraubt, wird er mit allen Mitteln bekämpft. Und da das Sterben kein Weg des Übergangs zu einer anderen Seinsform ist, spielt auch der Sterbeprozeß im Rahmen der High-Tech-Medizin keine Rolle mehr. Er wird funktionalisiert. Einerseits kann er mit Hilfe der Intensivmedizin lange ausgeweitet werden, andererseits kann der Tod per Definition vorverlegt werden, wenn man einen hirntoten Menschen, der mit Hilfe von Maschinen atmet und dessen Herzkreislauf in Gang gehalten wird, zu einem Toten erklärt, dem in diesem Zustand Organe entnommen werden dürfen.

Für mich war es ein Glück, Kinder und Jugendliche bei ihrem Tod begleiten zu dürfen. Vielleicht klingt es seltsam, wenn ich in diesem Zusammenhang von »Glück« spreche, denn natürlich war diese Zeit auch voller Leid.

Glück und Leid sind Geschwister. Das Zugehen auf das Ende eines Lebens schafft ein anderes Bewußtsein. Die Qualität der Begegnung wächst, die Offenheit zueinander ist vorbehaltloser. Auch der Raum wird größer, den man sich gegenseitig einräumt. Entsprechend leidvoll ist der Verlust. Aber immer bleibt so etwas wie die Frucht aus beidem: die Erfahrung erfüllter Nähe und die Hoffnung auf Ewigkeit.

Im Kontext der hochtechnisierten Medizin haben solche Erfahrungen keinen Platz. Sie konzentriert sich im wesentlichen auf das Reparieren von Defekten. Der sterbende Mensch ist wie ein sinkendes Schiff, von dem das Interesse sich abwendet. Einen neuen Wert bekommt er erst wieder als potentieller Organspender.

In den Jahren meiner Arbeit habe ich viel erfahren können über die Bedeutung eines *persönlichen Lebensbogens* und wie sehr die Tönung eines Lebens abhängig ist von den inneren Bildern. Sie sind die Deutungen, die ein jeder seiner Zeit gibt.

Ich habe auch etwas über die zwei Seiten von *Krankheit* erfahren können. Die eine steht uns deutlich vor Augen, sie bedeutet Einschränkung unserer Möglichkeiten, aber die andere ist die gerade durch die Einschränkung erzwungene Konzentration, die dem Leben eine Qualität von Sinn und Wert verleihen *kann*.

Mit der Möglichkeit der Transplantation hat sich das Leben der Patienten radikal verändert und entsprechend meine Arbeit. War der Tod eines Jugendlichen in naher Zukunft zu erwarten, wurde er auf die Transplantationsliste gesetzt, wenn er es wünschte. Dort war er registriert, bis ein passendes Organ vorhanden war. Obwohl sich der Zustand sukzessive verschlechterte, war die Aufmerksamkeit nicht auf den Tod, sondern auf ein Leben nach der Transplantation gerichtet. Wichtige Fähigkeiten wie das Leben im Augenblick, der liebevolle Rückblick, das Loslassen, das Abschiednehmen, konnten nicht mehr erworben werden, weil sich alle Aufmerksamkeit auf den Tag X hin bündelte.

Das wäre in Ordnung gewesen, wenn das Ziel erreicht werden konnte, aber viele von ihnen starben auf der Warteliste, um ihre Hoffnung – aber auch um ihren Sterbeprozeß betrogen. Ich mußte lernen, daß das Warten auf der Transplantationsliste und der Sterbeprozeß einander diametral entgegengesetzt sind.

Die Bedeutung kreativen Tuns für die Krankheitsbewältigung

Manchmal habe ich während meiner Arbeit an der Kinderklinik gehört, daß jemand zu mir sagte: »Es ist gut, daß Sie da sind, da kommen die Kinder auf andere Gedanken.« Ich war gut als eine, die vom Elend ablenkt und die Kinder beschäftigt.

Manchmal hörte ich auch: »Ich möchte mein Kind nicht in ihre Hände geben, sonst würden sie es zu diesen schrecklichen Bildern provozieren oder es würde Alpträume bekommen.«

Ja, so konnte es von außen aussehen, wenn ich zu einer kleinen Patientin ging, die panische Angst vor einer Untersuchung hatte, um mit ihr das von D. W. Winnicott entdeckte Schnörkelspiel[16] zu machen, wo abwechselnd der eine einen Schnörkel auf ein Papier malt, den der andere dann zu etwas Phantasievollem ergänzt und umgekehrt.

Dann entstehen aus beliebigen Strichen und Kurven die herrlichsten Ungeheuer, Weltraumschiffe, Dinosaurier oder was immer. Bis zu zehn Blättern werden auf diese Weise gemalt, als kleines Buch zusammengeheftet und mit einer Geschichte versehen. Das tun alle Kinder gern.

Wenn dann die Angst geschrumpft oder sogar verschwunden ist, so scheint das eine gelungene Ablenkung zu sein. Das ist es auch, aber es ist noch mehr. Im spielerischen Tun lockert sich die Seele, und die Phantasie schweift umher. Verspannungen und Angst schwinden. Die Lust, in seiner Phantasie Assoziationen einzufangen und auf dem Papier etwas zu gestalten, was es so noch nicht gab, etwas Ureigenes, gibt dem Kind das Gefühl, schöpferisch zu sein, trotz aller Ohnmacht, die zuvor die kleine Seele niedergedrückt hatte.

Das frisch entstandene Buch mit den Phantasiegestalten wird dann zu einer persönlichen Gegenwelt in der oft anonymen Kälte der Apparatemedizin.

Manchmal kam es vor, daß ein stilles und zufriedenes Kind anfing, mit mir zu malen. Es wollte eigentlich ein schönes Bild malen, aber im Prozeß des Gestaltens kam sein zuvor nicht bewußt wahrgenommenes Elend und seine Bedrohtheit ins Bild, oder ein

---

16 Vgl. D. W. Winnnicot: Die therapeutische Arbeit mit Kindern, München 1971.

vergessener Alptraum tauchte wieder auf und verursachte eine große Erschütterung.

Von außen gesehen konnte es dann so scheinen, als hätten meine Gegenwart und meine Methode des Gestaltens das Unglück induziert. In Wirklichkeit ist es so, daß Menschen, auch die kleinen, wahrnehmen, wem sie ihr Leid anvertrauen können und wer es aushalten kann, ohne selbst mit Angst und Abwehr zu reagieren, weil er im Leid, neben aller Belastung einen Weg zur Selbstwerdung sehen kann. Es gibt einen Satz von André Gide, dem ich voll zustimmen kann.

»Ich glaube, daß die Krankheiten Schlüssel sind, die uns gewisse Tore öffnen können.

Ich glaube, es gibt gewisse Tore, die einzig die Krankheit öffnen kann.

Es gibt einen Gesundheitszustand, der uns nicht erlaubt, alles zu verstehen.

Vielleicht verschafft uns die Krankheit einige Wahrheiten; ebenso verschließt uns die Gesundheit andere, oder führt uns davon weg, so daß wir uns nicht mehr darum kümmern.«

Aber auch etwas anderes finde ich wichtig. Ich glaube, daß die Schöpfungsgeschichte durch alle Zeiten geht, daß Schöpfung sich in jedem Menschen und durch jeden Menschen permanent vollzieht, unabhängig davon, ob er gesund oder krank ist, ob er glücklich ist oder leidet. Das Gefühl, ein wertvolles und sinnerfülltes Leben zu führen, hängt sicherlich davon ab, wie weit ein Mensch sein schöpferisches Potential im Dienste des großen Ganzen nutzen kann.

Wir alle haben Erfahrungen mit kleineren oder größeren Schicksalsschlägen, und wir reagieren auf sie mit unserer ganzen Person, unseren erlebten und erlernten Möglichkeiten.

Manche Menschen beachten sie nicht, schauen einfach weg, brauchen aber ihre ganze Kraft, um sie nicht aus Versehen in den

Augenwinkeln wahrzunehmen. Andere sind erstarrt im Schock, sie wollen den Weg nicht gehen, bleiben wie angewurzelt auf der Stelle stehen. Und nicht wenige brechen unter der Wucht des Anpralls zusammen. Nur wer leiderprobt ist, kann den Schlag hinnehmen mit allem, was er auslöst, und versuchen, ihn in sein Leben zu integrieren. Deshalb schreckt es mich nicht, wenn Kinder oder Erwachsene mir Alpträume erzählen und bedrohlich wirkende Bilder malen. Nur wenn man durch sie hindurchgeht, kann man an einer anderen Stelle ankommen.

Ein Beispiel mag dies verdeutlichen: Wir hatten auf der Station einen siebenjährigen, türkischen Jungen, Taylan, einen kleinen, zarten Kerl, der wegen einer schweren Autoimmunaggression bei uns war. Seine Lunge war schon sehr zerstört. Es sah so aus, als würde er bald sterben. Einmal in der Woche kam seine Mutter. Sie hatte noch fünf Geschwister zu versorgen. Tylan war der einzige Junge, und sein Vater war tief enttäuscht über seinen Sohn.

Eines Tages zeichnete Taylan mir drei Bilder. Das erste Bild zeigt einen Zauberer, der einen Menschen zerstört. Seine Tränen kümmerten ihn nicht, er lacht hämisch dazu. Auf den anderen zwei Bildern ist ein Roboter zu sehen, der eine kleine Maus mit seiner Zangenhand zerquetschen will. Auf dem ersten Bild ist noch ein Mauseloch, in das sie fliehen könnten. Auf dem zweiten Bild ist das Mauseloch vergittert. Die Maus hat keine Chance mehr, dem fühllosen Roboter zu entkommen.

So fühlte sich Taylan. Seine Krankheit war wie ein Roboter, niemand kam ihm, der kleinen Maus, zu Hilfe.

Er weinte verzweifelt. Sein ganzes Elend war zwischen uns ausgebreitet. Ich war sehr betroffen von der Ausweglosigkeit seiner Situation, und es gab auch etwas in mir, was sich wünschte, er hätte nicht alles so schonungslos erkennen müssen. Ich hätte ihn gern getröstet, aber was gab es da für einen Trost?

Gerade als wir beide weinten, griff er in die Nachttischschublade und holte eine kleine Stoffmaus hervor, ein Kuscheltier, das er mitgebracht, daß aber offenbar seine tröstende Qualität verloren hatte. Er barg sie in seinen Händen und flüsterte ihr unter Tränen zu: »Ich paß auf dich auf kleine Maus, hab' keine Angst.« Wir bauten ihr eine Höhle aus Watte, und Taylan verbarg sie schützend unter seiner Decke. In dem Maße, in dem er die Maus schützte, beruhigte er sich. Er schlief in dieser Nacht zum erstenmal gut. Sein Zustand verbesserte sich, und nach vierzehn Tagen konnte er entlassen werden.

Es schien so, als ob sein Immunsystem, das sich gegen seine eigenen Zellen gerichtet hatte, sich wieder normalisiert hätte. Seine Fähigkeit, die kleine Maus zu schützen und zu trösten, die für etwas Gutes in seinem Inneren stand, war offenbar zu einer Fähigkeit geworden, seine inneren Prozesse wieder zu ordnen.

Ich vermutete, daß die permanente Abwertung des Kindes durch den Vater viel dazu beigetragen hatte, daß Taylan diese lebensbedrohliche Krankheit entwickelte, die so aussah, als habe er die Ablehnung des Vaters in sein Immunsystem übernommen.

Nach einem langen Gespräch mit dem Vater verließen beide Hand in Hand die Klinik. Der Vater hatte über die Bilder seines Sohnes begriffen, wie ausgeliefert und verlassen Taylan sich fühlte. Hatte er seinen Sohn bis dahin offenbar als Verstärkung seiner Männlichkeit gebraucht – »Ein starker Vater hat einen starken Sohn gezeugt« –, so war in ihm endlich die andere Seite erwacht, der Vater, der sein Kind schützt, eine für Taylan lebenswichtige Seite.

Die Fähigkeit, in seinen Bildern einen Ausdruck für seine Not zu finden und den Weg durch die Gefühle der Angst, Verzweiflung und Bedrohtheit zu gehen, indem er sie mit mir teilte, ließ die Kräfte der Liebe und Fürsorge in ihm wachsen, zunächst seiner kleinen Stoffmaus, dann auch sich selbst gegenüber. Vielleicht hatte der Vater dieses Stückchen Stärke und Entschlossenheit an ihm wahrgenommen und hatte seinen Sohn besser annehmen können.

Ein Bild zu gestalten, ist ein kreativer Prozeß, es regt das schöpferische Potential an, und der Mensch wird zum Gestalter. Das ist ein anderer Zustand als der des ohnmächtig Ausgelieferten. Im bildnerischen Prozeß können aufgestaute Affekte abgeführt, Ängste gebannt und erlittene Verletzungen bearbeitet werden. Dazu bedarf es einer vertrauensvollen Atmosphäre und eines mitschwingenden Gegenübers.

Therapie mit Bildern bedeutet für mich nicht unbedingt, Menschen gesund werden zu lassen, wohl aber, ihnen zu helfen, »heil« zu werden. Wenn man jemanden heilt, bringt man das normalerweise mit »gesundmachen« in Verbindung. Ich verstehe darunter eher, jemanden zu seiner Ganzheit zu verhelfen.

Ein weiteres Beispiel: Katharina war wie Taylan wegen einer plötzlich auftretenden Autoimmunaggression zu uns gekommen. Ihre Lungenbläschen platzten, und sie hatte einen schmerzhaften Pneu nach dem anderen.

Das erste und einzige Bild, das sie bei mir malte, zeigt einen Clown auf einem Hochseil, der mit einem zerbrochenen Schirm balanciert. Unter ihm fletschen zwei Raubtiere ihre Zähne, über ihm kreisen große, schwarze Vögel, die ihn schnappen wollen. Eine ausweglose Lage, die der ihren entsprach.

Ich bitte die Kinder fast immer, die Geschichte ihres Bildes zu erzählen. Sie erzählte, daß in dem Zirkus, in dem der Clown arbeitet, die Raubtiere ausgebrochen und alle Künstler und Besucher weggelaufen seien. Ein Sturm hatte das Zelt weggerissen und den Schirm des Clowns zerbrochen. Er war hilflos allein und voller Angst auf seinem Hochseil. Da stürzte der größte der schwarzen Vögel auf ihn herunter, packte ihn an der Hose und flog mit ihm weit weg in die Berge, wo er auf dem höchsten Gipfel ein Nest mit drei Jungen hatte. Der Clown war in Todesangst, weil er dachte, er sei das Futter für die Jungen des Adlers, aber diese freuten sich über ihn, machten ihm Platz in ihrem warmen Nest und teilten ihr Essen mit ihm.

In der Geschichte hatte sich ihre Sehnsucht nach Wärme, Geborgenheit und Zugehörigkeit erfüllt, weit weg von den enttäuschenden Menschen und gefährlichen Raubtieren in der reinen Luft der Berge im Gegensatz zu dem Sumpf, in dem sie lebte.

Sie starb einige Wochen später, aber mit ihrer Geschichte hatte sie sich verwandelt. Trotz ihrer Schmerzen entwickelte sie eine heitere Gelassenheit, über die wir uns alle wunderten.

Sie hatte im Bild ihre Not und ausweglose Lage benannt und mit ihrer Geschichte eine Vision entwickelt, die ihr eine Ausrichtung gab. Wie sehr die Seele die Entwicklung einer Krankheit und den Verlauf des Lebens mitbestimmt, wurde mir bei ihr besonders deutlich.

Wir alle werden ständig von einem Strom innerer Bilder durchflossen. Wenn wir die Augen schließen und unsere Aufmerksamkeit nach innen richten, können wir sie wahrnehmen. Sie bestimmen unser Leben, auch wenn wir sie nicht bewußt sehen. Je mehr ein Mensch von diesen inneren Bildern wahrnimmt, desto reicher ist sein Leben, desto mehr ist er mit sich im Einklang. Wir kennen das: daß wir plötzlich niedergedrückt sind oder uns ohne Grund freuen, daß wir uns innerlich gehetzt fühlen, obwohl äußerlich kein Druck da ist, oder auch umgekehrt, daß wir uns weit und frei fühlen trotz beengender Verhältnisse. Wenn wir uns Zeit nehmen, in den Strom unserer Bilder einzutauchen, wie in die Nachtträume, können wir etwas davon verstehen.

Diese Bilder sind voller Hinweise, sie sind unser in der Tiefe aufgezeichnetes Leben. Wir wären reich, wenn wir es besser verständen, zwischen ihnen und der Welt hin- und herzupendeln, denn sie könnten uns wichtige Hinweise geben.

Von einem solchen Bild möchte ich erzählen: Eines Morgens war eine kleine Patientin gekommen, die ich gut kannte, weil sie dreimal im Jahr für vierzehn Tage auf unserer Station zu einer intravenösen Spritzkur war. Sie hatte Mukoviszidose und sollte sich diesmal einer Bronchoscopie unterziehen, einer routinemäßigen Untersuchung ihrer Bronchien. Sie kannte das schon und war ohne Angst, da bei kleineren Kindern dieser Eingriff unter Narkose gemacht wird.

Sie war sieben Jahre alt. Immer, wenn sie auf der Station war, malte sie mit mir, meistens erfand sie lustige Tiere und dachte sich phantasievolle Geschichten dazu aus. Diesmal war ihr Bild ganz anders: sie malte zehn grüne Striche nebeneinander und davon machte sie acht Reihen untereinander, so daß sie achtzig Striche auf ihrem Blatt hatte.

Ich dachte zuerst, sie wolle ein Muster machen. Mir fiel ihre Ernsthaftigkeit auf. Sie war still, sonst erzählte sie mir von Gott und der Welt. Sie fing an, die Striche mit Blumenköpfen zu versehen, das heißt nur die ersten sieben, dann legte sie den Stift weg und sagte, sie sei fertig. Ich bekam einen Schreck. Es war ungewöhnlich, daß sie ihr Bild nicht fertigmachte. Mir fiel ein, daß ich bei moribunden Kindern die Anzahl ihrer Jahre in ihren letzten Bildern fand.

Ich schaute sie an und fragte sie, ob es ihr nicht gutgehe. Sie schüttelte den Kopf, sagte aber: »Ich komme nicht wieder.« Als der Arzt hereinkam, um sie vorzubereiten, fragte ich ihn, ob diesmal etwas Besonderes wäre. Er sagte: »Nein, nur ein Routineuntersuchung.« Die Beklommenheit blieb. Ich schaute auf Sabines kleine Stoffschildkröte, die sie immer mitbrachte und die sie in der Hand hatte. Ich sagte: »Deine Schildkröte lächelt.« Sie antwortete ernst: »Heute lächelt meine Schildkröte nicht.« Ich hielt ihre kleine Hand, als man sie mit ihrem Bett abholte, und begleitete sie mit zum OP. Im Laufe des Weges schien es mir, als würde ich das Kind und sie begleitete mich, als sie sagte: »Hab keine Angst.« Ich hatte Angst, als ich vor dem OP auf sie wartete. »Zwanzig Minuten etwa«, hatte der Arzt gesagt. Nach einer halben Stunde fuhren sie sie heraus. Sie war tot. Wie sich später bei der Obduktion herausstellte, hatte sie unter Narkose eine Hirnblutung bekommen. Die letzte Blüte hatte oben rote Spitzen.

Man kann eine Blume, ein Haus, ein Tier oder einen Baum als Symbol des ganzen Menschen nehmen. So gesehen, hatte sie nicht nur ihren Tod gewußt, sondern auch seine Art.

Warum erzähle ich diese Geschichte, die mich sehr bewegt hat, im Zusammenhang mit dem Thema Kreativität und Heilung?

Kreativität und Bewußtheit sind wie zwei Seiten einer Medaille. Ein Leben, das ich weitgehend unbewußt lebe, ist nicht mein Leben, es ist ein Stück kreatürlicher Existenz. Wahrnehmung der äußeren sowie der inneren Wirklichkeit ist die Voraussetzung dafür, daß man Entscheidungen treffen kann, das heißt, daß man sein Leben bewußt in die Hand nimmt. Sabine war so aufmerksam, daß sie die Signale ihres Körpers wahrgenommen und verstanden hatte. Indem sie das in symbolischer Weise ausdrückte, hatte sie die Mitteilung zugleich dargestellt und angenommen.

Man könnte sagen: Wäre es nicht besser gewesen, sie hätte nichts gewußt, dann wäre sie einfach nur nicht mehr aufgewacht? Viele Menschen wünschen sich einen solchen Tod, sie wollen ihn nicht wahrnehmen: »Wenn schon weg, dann ohne Probleme«, denken sie.

Aber Sabine hatte sich im Wissen darum, daß sie nicht wiederkommen würde, von mir verabschiedet, und sie war auf dem kurzen Weg zum OP so gereift, daß ich das Gefühl bekam, sie sei viel älter als ich. Sie hatte mit dem Wissen, daß sie auf ihrem Bild ausgedrückt hatte, ihren Tod wahrgenommen und akzeptiert. Ihr kurzes Leben hatte sich gerundet, und sie hatte sich in ihm vollendet.

Ich habe auf diese Weise zehn Jahre Patienten begleitet, Mukoviszidosepatienten, die auf eine Transplantation warteten. Fast immer kannte ich sie schon seit Jahren, weil sie regelmäßig zur IV-Therapie auf unserer Station waren. Wenn ihre Krankheit ihre Lunge oder Lunge und Herz soweit zerstört hatte, daß sie daran gestorben wären, war manchmal die Transplantation die Chance zu einem weiteren Stück Leben.

Ein Körper mit seinen Organen ist wie ein Familiensystem, stirbt zum Beispiel ein Kind, so ist es wichtig, Abschied von ihm zu nehmen in einem Trauerprozeß, sonst besteht die Gefahr, daß ein folgendes Kind nicht angenommen wird, weil es nur an Stelle des anderen, verstorbenen eine Bedeutung hat. Sein Herz zu betrauern, bedeutet einen seelischen Raum für das Neue zu schaffen.

Die Bedeutung der Kreativität bei der Begleitung sterbender Kinder

Meine erste Patientin, die ich auf ihrem Weg in den Tod begleitete war Eileen, deren Bilder ich schon erwähnte. Sie war auf der Nachbarstation, und eine Schwester bat mich, mich um sie zu kümmern, denn sie war sehr still und in sich zurückgezogen und wollte niemanden außer ihrer Familie sehen. Auch zu den anderen Patienten, die an der gleichen Krankheit litten, hatte sie keinen Kontakt.

Ging es ihnen schlechter als ihr, machte es ihr Angst, ging es ihnen besser, hatte sie mit ihrem Neid zu tun oder der Angst, jemand, der noch gesünder sei als sie, könne sie bemitleiden. Das wäre ihr unerträglich gewesen. Sie war offenbar lieber von allen isoliert, als daß sie sich Verletzungen ausgesetzt hätte.

Wie sollte ich zu diesem Kind eine Beziehung herstellen? Ich stand vor der Tür und suchte in meinem Inneren eine Lösung, die ihrer Zurückgezogenheit Rechnung tragen konnte, mir aber andererseits die Gelegenheit bot, mit ihr in Kontakt zu kommen.

Ich glaube, ich habe lange so dagestanden, während die Schwestern aus- und eingingen. Schließlich faßte mich die Stationsschwester und schob mich durch die Tür.

Ich stand auf einmal in dem Raum, in den kein Fremder ungebeten kommen sollte. Irgendwie schämte ich mich und mir war beklommen zumute. In dem großen hohen Bett saß Eileen. Die weiße Decke hatte sie bis zum Mund vor ihr Gesicht gezogen, das fast genauso weiß war, nur durchsichtiger, wie Alabaster, der an ihren Schläfen feine blaue Äderchen durchschimmern ließ. Dichtes schwarzes Haar umrahmte das Oval ihres Gesichtes, und ihre dunklen, großen Augen starrten mich entsetzt an. Weder rührte sie sich, noch sagte sie etwas. Die Schwester kam, fragte, ob sie die Medikamente genommen hätte, und mit einem Blick auf die ungeöffnete Menage, wieso sie nichts gegessen habe? Sie antwortete nicht, die Schwester schien auch keine Antwort zu erwarten.

Die Krankengymnastin kam, nickte ihr freundlich zu, aber Eileen schüttelte wortlos den Kopf, ohne den Blick von mir zu wenden, als müsse sie mich in Schach halten.

Auch ich schaute sie an und versuchte nicht einmal mit ihr zu sprechen. Dabei hätte ich mich gern entschuldigt für mein Eindringen. Ich spürte immer deutlicher, wie gern ich mit ihr in Kontakt kommen wollte, nur wußte ich nicht, wie. Natürlich hätte ich sie einfach ansprechen können, aber ich wollte sie nicht auf die gleiche Weise mit Worten überrumpeln, wie ich es durch meine plötzliche Gegenwart getan hatte. Schließlich waren wir allein. Das Fenster und die Glastür waren mit bunten Bildern bemalt. Sie zeigten die Comic-Figur Werner mit seiner großen Nase. Komische Sprüche waren in Sprechblasen geschrieben. Ich konnte das mit dem schwerkranken, zurückgezogenen Mädchen nicht in Verbindung bringen. Was war ihnen gemeinsam?

Ihre Augen folgten meinen Blicken. Ich fragte: »Ist das von dir?« Sie antwortete nicht. Nach einer Weile sagte ich: »Ich mag auch nicht, daß jemand etwas zu meinen Bildern sagt, manchmal mag ich nicht einmal, daß sie jemand anschaut.« Das Kontrollierende schwand für einen Augenblick aus ihren Augen.

Ich entschuldigte mich für mein Eindringen und sagte: »Ich glaube, du möchtest allein sein, manchmal möchte ich das auch.« Ich spürte deutlich, wie sehr es stimmte, was ich gerade gesagt hatte. Wir schwiegen beide, aber es war nicht das starre Schweigen wie zu Anfang, das einem alle Gefühle erfrieren läßt. Der Raum zwischen uns wurde ruhiger und größer.

Ich stand am Fußende ihres Bettes und hatte auf einmal die Vorstellung, ich stände am Ende einer großen Brücke, deren andere Seite im Nebel lag. Klein und undeutlich sah ich Eileen dort stehen, schließlich hob sie die Hand und winkte mich heran. Ich ging vorsichtig vom Bettende auf sie zu und streckte ihr meine Hand entgegen. Wieder kam zunächst der abweisende Ausdruck in ihre Augen, dann verschwand er. Lange schaute sie mich an, bis schließlich, wie in Zeitlupe, ihre Hand unter der Decke her sich in meine legte.

Später, kurz vor ihrem Tod, als wir längst Freunde geworden waren, sagte sie zu mir: »Wenn du mir damals nicht so lange deine Hand entgegengestreckt hättest, wären wir niemals in Kontakt gekommen. Ich habe, als du an meinem Bettende standest, immer gedacht, daß du bestimmt weggehst, wenn ich nichts sage. Ich konnte einfach nicht. Hast du gehört, wie ich leise zu dir gesagt habe: ›Geh nicht weg‹?« Ich erzählte ihr von meinem Brükkenbild und wie sie gewunken hatte. Sie lächelte.

Als ich ging, fragte ich sie, ob ich wiederkommen dürfe, um ihre Bilder anzuschauen. Sie nickte kaum merklich, aber als ich am nächsten Tag kam, hatte sie ihre Bilder von ihrer Mutter mitbringen lassen. Die Mappe lag auf ihrem Nachttisch.

Unsere Beziehung gestaltete sich äußerst vorsichtig, wurde aber von Mal zu Mal vertrauensvoller. Eineinhalb Jahre konnte ich Eileen bis zu ihrem Tod begleiten. Sie malte viele Bilder in dieser Zeit. Sie alle waren Fenster zu ihrer Seele.

Es war keineswegs so, als hätte unser erster vorsichtiger Kontakt das Eis gebrochen. Manchmal hatte ich das Gefühl, sie habe sich irgendwo versteckt und diesen Körper nur vorgeschoben, der nicht selten wie eine hübsch zurechtgemachte Puppe wirkte, die ein Kind liebevoll gekämmt und mit bunten Spangen und Ringen versehen hatte. Dann mußte man warten, bis sie kam, und wenn sie da war, so kräuselte sich ihre weiße Stirn, und die dunklen Augen schossen Pfeile, um den Betrachter auf Abstand zu halten.

Als ich zum zweitenmal kam und sie fragte, wie es ihr gehe, traf mich ihr »Gut!« wie ein Wurfgeschoß. Da lag dieses bleiche, schwer atmende Wesen, dessen Qual so offensichtlich war und sagte einfach: »Gut!« So, wie ich zu Anfang die großen Werner-Figuren nicht mit ihr zusammenbringen konnte, so war es jetzt das »Gut!«, das mich verwunderte und wütend machte. Es war wie der Punkt nach einem Satz.

Ich setzte mich zu ihr und schwieg, ihr »Gut!« in meinen Ohren. Da schwang es hin und her und entfaltete alle Töne der Angst und Verzweiflung, aber auch der Wut. Eileen wandte ihr Gesicht zu mir. Ihre Augen schauten mich irritiert und ängstlich an. Da erinnerte ich mich an Situationen in meinem Leben, in denen es mir schlecht gegangen war und in denen ich alle Kraft aufgewendet hatte, es nicht zu zeigen, aus Angst, abgewertet zu werden.

Die Visite kam herein, vier Ärzte, sie hatten schon vor der Tür miteinander gesprochen und taten es weiter. Nach einem kurzen Blick auf Eileen fragte einer von ihnen: »Na, wie geht es uns heute?« Wieder kam dieses »Gut!«. Der Arzt nickte: »Schön.« Dann fuhr er im Gespräch mit seinen Kollegen fort.

Als sie draußen waren, fragte ich Eileen noch einmal: »Bitte sag mir, wie es dir geht!« Sie schaute mich verzweifelt an und sagte: »Sehen Sie denn nicht, daß sie keine Zeit haben? ›Gut‹ ist das kürzeste Wort, das kriegt man immer noch dazwischen, und es ist das einzige, das sie hören wollen.« Als ich nach einer Weile sagte: »Aber ich habe Zeit. Wie geht es dir?« lehnte sie sich mit weit geöffneten Augen starr zurück und schwieg. Nach einiger

Zeit sagte sie: »Wenn mich jemand fragt, weiß ich es nicht mehr.«

Das ganze Dilemma unserer Gesellschaft, die Krankheit als etwas Negatives betrachtet – oder als einen Materialschaden, den man beheben muß – kam bei ihr zum Ausdruck. Ist eine Reparatur nicht mehr möglich, so droht der kranke Mensch zu Schrott zu werden, zu etwas Wertlosem. So kam Eileen sich vor. Sie schämte sich, weil alle Kunst der Medizin bei ihr keinen Erfolg zeigte. Im Spiegel der Behandler kam sie sich vor wie eine Versagerin, wie sie mir später erzählte, oder wie eine Boykotteurin. Das kränkte sie und machte sie trotzig. Mit ihrem Rückzug versuchte sie den Rest Selbstachtung zu bewahren, allerdings zu einem hohen Preis: ihrer Einsamkeit.

Es gab ein Schlüsselerlebnis in ihrer Geschichte. Drei Jahre war sie in die Schule gegangen. Immer war sie schon sehr zart und klein gewesen, und es war schlimm für sie, daß niemand neben ihr sitzen bleiben wollte wegen ihrer Hustenanfälle. Aber das konnte sie noch ertragen, weil sie eine freundliche Lehrerin hatte. Als sie in die vierte Klasse kam, mußten sie den Raum wechseln. Der lag jetzt im ersten Stock. Sie war damals schon sehr schwach und überlegte, wie sie die Treppen bewältigen könnte. Weil sie sich schämte, jemanden um Hilfe zu bitten, wartete sie, bis alle oben waren, und versuchte dann, die Treppe auf Händen und Füßen zu erklimmen mit ihren Ranzen auf dem Rücken. Ein größerer Junge kam und lachte laut, als er sie sah: »Guck dir das an, jetzt werden schon Krabbelkinder eingeschult!« Sie schämte sich so sehr, daß sie von da an nicht mehr zur Schule ging.

Nie hat sie ein Kind aus ihrer Klasse besucht. Und die von ihr geliebte Lehrerin hatte zu ihrer Mutter gesagt, Eileen sei offenbar nicht nur körperlich, sondern auch seelisch krank. Das hatte beide verletzt.

Die Beziehung zwischen Mutter und Tochter war sehr eng. Sie waren eher wie zwei Schwestern, die eine blond, die andere dunkel. Die Mutter war Eileens einzige Vertraute, sie wußten alles voneinander und teilten alles miteinander. In dieser Notgemeinschaft bauten sie Barrieren gegen die verletzende Welt auf.

Vielleicht wäre es mir nicht möglich gewesen, Zugang zu Eileen zu bekommen, wenn die Mutter die ersten Male dabeigewesen wäre. Sie war nicht böse, aber auch sie war vielfach verletzt und hatte die Verletzungen anschauen müssen, die ihre Tochter trafen. Vor weiteren versuchte sie sie rigoros zu schützen. Das führte dazu, daß sie sich mit ihrer Tochter isolierte. Die Mappe mit Bildern, die Eileen ihre Mutter hatte mitbringen lassen, war Eileens Leben. Ich hielt sie eine Weile in der Hand, bevor ich sie öffnete, weil ich ihre Angst spürte. »Du hast viel gemalt«, sagte ich. Sie nickte.

Das erste Bild, das mir entgegenkam, war, wie sie sagte, ein Selbstporträt, das sie mit fünf Jahren gemalt hatte. Es zeigte sie auf einer Blumenwiese. Da steht ein lachendes Mädchen auf hohen Beinen und schaut mir mit großen dunklen Augen entgegen. Es nimmt den ganzen Blattraum ein. Seine ausgestreckten Arme haben keine Hände. Es sieht ein wenig so aus, als stelle es sich vor.

Wie mir die Mutter später erzählte, hatten die Verwandten das Gefühl, das Kind bringe Unheil, denn seine Krankheit sei eine Strafe Gottes. Mit den Händen tritt man in Kontakt zu den Menschen und der Welt. Hatte das auf solche Weise abgewertete und zurückgestoßene Kind diese Kontaktorgane in seiner Körpervorstellung erst gar nicht entwickelt? Es berührte mich sehr, als ich das Bild betrachtete, daß sie mir schließlich ihre Hand gereicht hatte.

Das Kind auf dem Bild steht auf einer Blumenwiese. Die Blumenköpfe sehen aus wie menschliche Gesichter, die alle fröhlich lächeln.

In ihrem Garten, das erfuhr ich später, war Eileen glücklich. Sie liebte Blumen und Tiere, aber nie hatte sie einen Freund oder eine Freundin gehabt. Ich habe viele dieser chronisch kranken Kinder kennengelernt, auch sie litten oft unter Einsamkeit, weil die Gesunden mit ihren so anderen Lebensbedürfnissen beschäftigt waren, aber einige Freunde hatten sie immer, und wenn es ehemalige Klassenkameraden waren, die sie besuchten. Die Vorstellungen ihrer Verwandtschaft, daß sie Unheil bringe, hatten Eileen stigmatisiert. Wie eine Pestkranke hatte sie sich von sich aus zurückgezogen.

Bild auf Bild entdeckte ich die Einsamkeit des kleinen Mädchens. Manchmal war sie direkt gestaltet wie in dem Bild mit dem roten Haus: Alle Fenster sind leer. Aus einem ist das Gesicht eines traurigen Kindes zu sehen, das herausschaut. Es scheint allein zu sein. Wir wissen nicht, was es draußen sieht. Das, was wir sehen, erinnert an Herbst. Blätter fallen von einem Baum, Vögel haben sich formiert und fliegen davon. Vier dicke Wolken sind am Himmel. Werden sie die Sonne verdecken? Ein Luftballon hat sich losgerissen und fliegt in den Himmel.

Davonfliegende Luftballons kommen häufig vor bei schwerkranken oder sterbenden Kindern. Auch bei Eileen treten sie in unterschiedlicher Form auf. Wie zum Beispiel an einem Ozeandampfer festgebunden, dem sie seltsamerweise vorauseilen, während der Dampf der zwei Schornsteine in die andere Richtung geht. Es ist, als müßten sie früher dasein als das Schiff und als duckten sie sich unter einer schweren Wolke. Es sind keine lustigen Luftballons.

Auf einem anderen Bild ist ein violetter Ballon an einem Baum festgebunden und fliegt Richtung Himmel. An einem kirchenartigen Gebäude recken sich zwei Schnüre in die Luft. Wie Eileen sagt, sind die Luftballons gerade weggeflogen. Sie haben sich losgerissen. Zu diesem Zeitpunkt waren ihre Großeltern, die Eltern der Mutter, kurz hintereinander gestorben. Sie hatten eine innige Beziehung zu Tochter und Enkelin gehabt. Eileen erzählte mir später noch viel von ihnen, obwohl sie bei ihrem Tod erst viereinhalb Jahre alt gewesen war.

Die kirchenartigen Gebäude sind laut Eileen zwei Häuser, die ganz nah beieinander sind, so wie ihre Mutter und sie, so daß sie wie eine Einheit erscheinen. Die Schnüre, die noch am Haus befestigt sind und sich in Richtung der verschwundenen Ballons bewegen, könnte man als Symbol der Sehnsucht und tiefen Verbindung sehen. Die Verlassenheit drückt sich aber auch in den Blumen aus. Die ganze Wiese vor den beiden Häusern ist voll von ihnen. Bunt und einander ähnlich, stehen sie da zusammen. Auf dem engen Platz hinter den Häusern ist eine einzelne Blume zu sehen. Sie ist größer und schöner als die anderen, aber sie ist allein. Der Aspekt des Besonderen taucht immer wieder auf, wohl auch als Kompensation für das Abgewertete.

Häuser als Symbole der Einsamkeit

Die Menschen haben die Fähigkeit, sich mit anderen Dingen zu identifizieren, so wie es Eileen mit den Luftballons und Vögeln tat, die davonflogen, oder den Blumen. Sie ließ aber auch Häuser zum Selbstsymbol werden. Ich fand in ihrer Mappe ein Bild mit einem kleinen grauen Haus auf einer Insel, ringsum von Meer umgeben. Es steht dort allein, nichts sonst ist zu sehen, kein Baum, kein Mensch, kein Tier. Ganz allein steht es am Rand der Insel. Seine zwei Fenster und seine Tür sind geschlossen. Es mutet fast wie ein Gesicht an, dem das Wasser bis zum Mund steht. Anders als das Haus, das das einsame Kind beherbergt, ist es das Haus selbst, mit dem die Malerin sich identifiziert. Fühlt sie sich so klein, so stumm, so allein, so von allen getrennt, kein Land ist in Sicht?

In einem andern Bild greift sie das Thema Einsamkeit erneut auf. Sie malte es kurz bevor wir uns kennenlernten, es war der Ausdruck eines trotzigen, verzweifelten Rückzugs: Auf einem steil aus dem Meer aufragenden Felsen thront eine große, graue

Burg. Wie ein Gefängnis wirkt sie, uneinnehmbar und unerreichbar für jeden, der sich ihr nähert. Wie oft bin ich verzweifelten Menschen begegnet, die sich in ihrer Tiefe Liebe und Zuneigung wünschten, aber so große Angst vor Verletzungen hatten, daß sie sich zu solch einer Trutzburg machten. Dann wurden sie entweder angegriffen, weil ihre Abwehr andere provozierte, oder man machte einen Bogen um sie. Die Felsenburg im Meer signalisiert aber nicht nur Abwehr und Rückzug, sie signalisiert auch Stärke, und damit stand sie im Widerspruch zu dem bedrohten, schwachen Geschöpf, das Eileen war.

Als ich ihr zum erstenmal begegnete, hatte ich durchaus das Gefühl, sie sei eine starke Trutzburg. Auch die Unerbittlichkeit, mit der ihr Blick mich in Schach hielt, war nicht nur Ausdruck von Angst, sondern auch Ausdruck von Stärke.

Zu einem späteren Zeitpunkt nahm Eileen das gleiche Motiv noch einmal auf, aber diesmal ist es keine Trutzburg. Vom unteren Bildrand her läßt sie mit zarten Strichen einen Felsen aus dem Meer ragen, auf dem ein Schloß steht, das gerade Platz auf ihm hat. Das Schloß scheint fast zu schweben, dem Himmel näher als dem Boden. Durch die vielen Fenster scheint der Himmel, als sei es eine Kulisse. Gardinen und Blumen weisen darauf hin, daß es bewohnt ist. Das große Tor ist geschlossen. In der Mitte des Daches, hinter den Zinnen, genau zwischen den beiden violett gedeckten Türmen steht eine kleine Prinzessin mit einem spitzen, blaßroten Hut und einem hellblauen Schleier daran. Mit blassem Gesicht schauen die großen dunklen Augen in die Ferne. Genau über ihr ist eine violette Wolke. Violett ist eine Farbe der Transzendenz und des Übergangs.

Wieder ist kein weiteres Lebewesen zu sehen bis auf einen großen dunklen Vogel, der auf sie zufliegt. Bringt er eine Botschaft?

Als ich Eileen später danach fragte, erschrickt sie und sagt: »Den sieht die Prinzessin nicht, denn sie schaut über das Meer. Noch ist die Sicht so neblig, aber sie weiß, irgendwann wird der

Nebel verschwinden und das Land wird auftauchen, wohin sie dann fahren wird. Unten am Felsen ist ein Boot angekettet, das ist für sie da.«

Als sie den Baum anschaute, der an dem Felsen wuchs, trat Verwunderung in ihr Gesicht: »Das ist ja ein Baum, der alle Zeiten zusammen lebt, er ist ein Frühlings-, Sommer-, Herbst-, Winterbaum zugleich, und er hält sich an dem kahlen Felsen fest wie ich am Leben.«

Als ich sie fragte, ob die Prinzessin dort allein wohnt, sagte sie: »Früher waren dort Diener und Freundinnen mit ihr gewesen, aber sie sprachen eine andere Sprache und konnten sie nicht verstehen. Da hat sie sie alle weggeschickt. Es ist besser, allein zu sein, als mißverstanden zu werden.«

Viele Erinnerungen an solches Mißverstehen, an falsches Mitleid und unangenehme Tröstungen tauchten wieder auf und mit ihnen eine Flut von Trauer und Wut.

Anders als bei der grauen Burg oder dem kleinen Inselhaus erstarrten die Gefühle nicht. Die Vorstellungen von früheren Verletzungen mußten nicht mehr mit Gewalt unterdrückt werden. Verlassenheit, Trauer, Einsamkeit, aber auch Hoffnung und Zukunftsvisionen waren da, als fließe die Seele an all den Gestaden vorbei, ohne allzulange zu verweilen, einer Ahnung von einem fernen Land entgegen, was sie schauen wird, wenn der Nebel sich hebt.

Im Gespräch über dieses Bild wurde mir deutlich, daß nicht Ungewißheit, Angst, Verlassenheit, Einsamkeit und Trauer etwas sind, was einem Menschen unerträglich ist, sondern das Versteinern in einem Gefühl. Die Fixierung war in Wirklichkeit Tod. Der Strom durch den Reichtum menschlicher Empfindungsfähigkeit ist etwas Lebendiges.

Mit den bedrückenden Erinnerungen tauchten auch die schönen wieder auf. Eileens – von außen betrachtet – kurzes Leben, das so vielen Einschränkungen unterworfen war, erwies sich, wenn man es mit aufmerksamen Augen ansah, als erfüllt.

Ich erinnere mich an einen Sommer mit ihr. Ich hatte in Salzburg bei Samy Molcho drei Wochen Pantomime geübt. Sie war im Rollstuhl zu Hause gewesen. Wir erzählten uns abwechselnd unsere Erlebnisse. Es war nicht auszumachen, wer in diesen drei Wochen mehr erfahren hatte. Ich machte ihr meine neu erlernten Kunststücke vor, die sie bewunderte oder herzlich belachte, und sie erzählte mir, wie sie auf dem Rad ihrer Mutter noch einmal in ihrem Garten gewesen war oder wie sie im Rollstuhl zum Kiosk an der Ecke der Straße gefahren war, um sich ein Eis zu kaufen, oder wie sie gemeinsam auf dem Balkon gesessen hatten mit Luftballons und Windlichtern. Sie war glücklich, und ich war glücklich. Wir teilten einfach unser Glück miteinander.

Ich freute mich, wenn ich die zarte Eileen sah, der es Spaß machte, sich zu schmücken, und sie freute sich, wenn sie mir gefiel.

Die andere Seite war, daß mit dem Schönen auch Schmerzliches auftauchte. Als wir eines Tages eins ihrer Bilder anschauten, überkam sie ein Frösteln, und sie sagte: »Meine Bilder werden so durchsichtig.« Ich wunderte mich, denn das Bild, das wir gerade betrachtet hatten, war in kräftigen Farben gemalt, ein Stadtbild, auf dem die bunten Häuser mit schwarzem Stift umrandet waren. »Diese Häuser sind wie Totenköpfe oder wie Gräber«, sagte sie. »Mitten im bunten Leben kann man tot sein.« Ich hatte sie zuvor im Rollstuhl über den langen Klinikflur in den Garten geschoben. »Hast du gesehen, wie sie verlegen wegschauen, wenn sie ein Kind im Rollstuhl mit Atemgerät sehen? Da denkst du, es sei so ein schöner leuchtender Tag und du darfst raus, und alles ist wunderbar, und du schaust alles voller Freude an, aber dich schaut keiner an, alle schauen weg, als gäbe es dich nicht. Das ist wie diese bunten Häuser auf meinem Bild. Du gehst durch die Straßen, die Fenster und Türen sind zu. Das Leben findet woanders statt.«

Sie sehnte sich nach einem Stück normalen Leben

Mir wurde bewußt, wie lange sie für mich in erster Linie ein vom Tod bedrohtes Kind war und wie sehr ich bemüht war, ihr dabei zu helfen, und daß die Tatsache, daß sie doch lebte und es deshalb auf Lebensbegleitung ankam, noch gar nicht in mein Bewußtsein getreten war.

Zuvor hatte sie mit mir ein Marktbild malen wollen. Wir hatten es gemeinsam begonnen, dann hatte sie eine ganze Woche daran weitergemalt. Es war ihr in diesen Tagen nicht gut gegangen, und während sich auf ihrem Blatt ein immer bunteres Marktleben ausbreitete mit vielen Blumen-, Obst- und Gemüseständen, mit Menschen, Hunden, Katzen und Luftballons, da kam mir die Frage, ob sie nicht etwas verstecken wollte hinter dem fröhlichen Treiben und ob das prall gefüllte Blatt, das bis zu den Rändern schon vollgemalt war und eher wie ein Ausschnitt wirkte, nicht die Abwehr von Begrenzung war. Jetzt kam es mir auf einmal vor, als sei dies alles ein Ausdruck ihrer Lebenszugewandtheit. Was hatte sie nicht alles wahrgenommen und zu Papier gebracht: Da wuchs Gras zwischen den Steinen des Marktbodens, Cola-Dosen lagen herum, kleine Mäuse versteckten sich vor der Katze, und ein Hund hatte einen Fisch ergattert.

An einem großen, bis oben mit Wasser gefüllten Brunnen stand ein Kind. Es war dem Wasser zugewandt, dem Symbol des Lebens. Prall gefülltes Leben war dieses Bild! Es kam mir so vor, als könne so liebevoll genau nur jemand wahrnehmen, der weiß, daß es vielleicht das letzte Mal ist, der aber alle seine Sinne zum Erfassen dieses Bildes gebraucht. Von da an dachte ich nicht ständig an ihren Tod, ich dachte an ihr Leben.

Eileen hatte sich in den letzten Monaten wider alle Erwartung erholt und stabilisiert. Im Herbst verschlechterte sich ihre Lungenkapazität sichtlich. Hatte sie zuvor noch, wenn auch langsam, in ihrem Zimmer herumgehen können, so war Bewegung jetzt nur noch mit dem Rollstuhl denkbar. Hatte sie bis dahin nur in der Nacht Sauerstoff gebraucht, so benötigte sie ihn jetzt auch tagsüber. Wie ein Embryo von der Nabelschnur war sie jetzt von ihm abhängig. Im Winter konnte sie ihr Bett nicht mehr verlassen. Die Einbrüche waren nicht vorübergehend, sondern endgültig. Sie wußte das, und es traf sie tief. Aber nachdem sie die Krise durchgestanden hatte, sagte sie irgendwann den Satz, mit dem sie schließlich jeden neuerlichen Einbruch akzeptierte: »Nun müssen wir sehen, was wir damit machen.« Und sie fing an, die eingeschränkte Situation auf neue Möglichkeiten hin abzuklopfen.

Ein kostbarer Satz, der nicht billig errungen war, den auch ich in mein Leben zu integrieren versuche. Das Bewußtsein neuer Zerstörung in ihrem Körper machte ihr immer erst einmal zu schaffen. Sie wurde von Alpträumen geplagt, und ihre Bilder verwandelten sich unter der Hand in Bedrohliches.

Eines Morgens fand ich sie erstarrt in ihrem Bett. Sie hatte geträumt, sie sei in der Straße einer fremden, großen Stadt gewesen. Es war eine alte, schöne Stadt, aber nichts bewegte sich in ihr. Wie bei Dornröschen schien alles in einen tiefen Schlaf gefallen zu sein. Als sie sich einem Mann näherte, sah sie voll Entsetzen, daß seine Augenhöhlen leer waren. Sie wußte auf einmal, daß eine Bombe gefallen war, die alles Leben vernichtet hatte. Sie war erwacht mit dem Bewußtsein, daß im nächsten Augenblick auch ihre Augen verglüht sein würden.

Ich erschrak über ihren Traum. Er zeigte Zerstörung im Inneren, außen schien alles wie immer. Ich schaute Eileens blasses, aber schönes Gesicht an. Ihre schwarzen Augen glühten, und ihr dunkles Haar umgab sie wie ein prächtiger Umhang. Kleine, rote Rubine schimmerten in ihren Ohren, und wenn ihr Mund sich öffnete, sah ich ihre weißen Zähne. Und doch fraß die Krankheit in ihrem Körper an ihrer Lunge und zerstörte ihre Lebensbasis. Ich spürte den Schrecken, den sie in ihrem Traum erlebt hatte, wenn ich sie anschaute.

Es war doch alles in Ordnung! Sie war nur ein wenig zu zart, sah eher einer Elfe ähnlich, und ihre Lippen waren etwas violett, aber das mußte doch noch nicht so bedrohlich sein! Ich wollte es nicht wahrhaben, hatte mich ja gerade auf ihr Leben konzentriert.

Ihr nächstes Bild bestätigte unerbittlich, wie bedroht sie war. Zuerst war ich ganz beruhigt. Sie malte eine schöne Prinzessin vor einem mit Zwiebeltürmchen verzierten Wolkenschloß.

Kompensatorisch schien sie sich damit aufzuwerten, was ich gut verstand. Eine schöne Prinzessin, weit weg von allem Abwertenden und Bedrohlichen, auf einer Wolke. Alles in zarten Farben. Das paßte zu ihr. Aber dann fing sie plötzlich an, alles mit schwarzem Filzschreiber zu umranden. Innerhalb der dunklen Konturen wirkten die zarten Farben leer. Sie übermalte den schimmernden Himmel mit Rot und Gelb. »Es muß mehr leuchten!« sagte sie angespannt. Plötzlich war die Wolke zu einem Atompilz geworden, der glutrote und grellgelbe Himmel zu einem Flammenmeer. Sie bekam einen Hustenanfall, der sie schüttelte.

Als sie wieder Luft bekam, winkte sie mich heftig weg. »Geh!« sagte sie keuchend. Ich nahm sie in den Arm und sagte: »Du mußt mich nicht wegschicken, wir haben doch beide Angst.« Langsam beruhigte sie sich. Plötzlich fragte sie mich: »Was wird aus uns, wenn wir tot sind?« Ich spürte meinen Schrecken und war irritiert. In der letzten Zeit war ich oft damit beschäftigt gewesen, auf welche Weise ich ein Gespräch über den Tod mit ihr beginnen könne. Nun stellte sie mir überraschend diese Frage. Ein dichter Nebel breitete sich plötzlich in mir aus. Ich konnte nicht nachdenken und konnte mich nicht erinnern an die vielen Gedanken, die mir gekommen waren. Darüber war ich verwirrt und schämte mich auch.

Später, kurz vor ihrem Tod, sagte sie zu mir: »Eins von den besten Sachen war, daß du mir nicht gesagt hast, was nach dem

Sterben kommt, denn jetzt weiß ich es, und ich weiß auch, daß jeder es allein herausfinden muß. Ich hätte dir alles geglaubt, aber dann hätte ich nicht weiter gesucht, und das ist lebenswichtig.«

Wie seltsam. Hatte sie mir das Hirn vernebelt, so wie man jemanden den Finger auf den Mund legt, wenn es um ein Geheimnis geht?

Es ging ihr immer schlechter. Tag und Nacht war sie jetzt am Sauerstoff. Sie war so schwach, daß sie ihr Bett kaum verlassen konnte, aber nachdem sie den letzten Einbruch durchlitten hatte, kam wieder ihr bemerkenswertes: »Und jetzt müssen wir sehen, was wir damit machen.«

Obwohl es ihr sehr schlecht ging, war sie viel ruhiger geworden. Es schien, als habe sie sich mit dem Sterben abgefunden. Dieser Prozeß wurde plötzlich jäh unterbrochen.

Als erster Patientin mit Mukoviscidose wurde ihr angeboten, auf die Transplantationsliste zu kommen. Man wollte es mit ihr versuchen, »weil nichts zu verlieren sei, denn ihr baldiger Tod sei ihr sonst sicher«.

Dieses Angebot brachte sie verständlicherweise vollkommen aus dem Gleichgewicht. Hatte sie wirklich nichts zu verlieren?

Mit Eileen habe ich begriffen, daß es um zwei diametral entgegengesetzte Erfahrungen geht: Der Sterbeprozeß ist ein langer Prozeß des Abschiednehmens. »Ich sterbe viele kleine Tode«, hatte Eileen gesagt. In ihm geht es um Loslassen auf verschiedenen Ebenen. Die Hinterlassenschaft – auch Kinder haben eine – muß gesichtet und verteilt werden als letzte liebevolle Gabe, sie drückt Beziehung aus und Lebensordnung. Aber auch die Grenze des Todes muß ins Auge gefaßt werden und mit ihr die vollendete Gestalt des Lebens. Vielen Menschen gelingt es, diese Grenze ahnend zu überschreiten und ihr Leben in einen größeren Zusammenhang zu betten. Die Gelassenheit, die einen gelungenen Sterbeprozeß begleitet, kann ein bis dahin unbekannter Zuwachs an Lebensqualität sein.

Der Prozeß, der einsetzt, wenn ein Patient auf die Transplantationsliste kommt, ist anders. Keiner kann sagen, ob früh genug ein passendes Organ dasein wird, deshalb geht es vor allem darum, möglichst lange durchzuhalten. Der Funkempfänger, mit dem man von da an lebt, ist einerseits wie der heißerwartete Briefträger, der das große Los bringt, andererseits verursacht er Streß. Man lebt fast nur noch für diesen Ton auf den Tag X hin. Ein aufs äußerste gespannter Bogen baut sich auf und schafft die Gefahr, daß die leisen Töne des Lebens nicht mehr wahrgenommen werden. Man will auf jeden Fall überleben, und das verbraucht einerseits alle Aufmerksamkeit und Kraft, hält Schwerstkranke aber auch am Leben.

Immer wieder habe ich erfahren, daß solche Menschen, die auf diese Weise überlebt hatten, innerhalb weniger Stunden starben, wenn sie erfuhren, daß ihr schlechter Zustand eine Transplantation nicht mehr erlaubte.

Was mich dann sehr bedrückt hat, war ihre Verzweiflung. Sie fühlten sich betrogen, nicht nur um das so sehnlich erhoffte Organ, sondern auch um den Sterbeprozeß. Es war, als hätten sie unendlich viel bezahlt und nichts bekommen. Ihre Enttäuschung und Verbitterung war kaum zu ertragen.

Eileen sprach mit mir nicht über die Transplantation, aber sie malte Bilder. Akribisch genau führte sie sich die verschiedenen Stationen vor Augen: die Situation, wenn EKG und EEG abgeleitet werden.

Die Phase des Wartens, in der sie mit Sauerstoff versorgt wird, von Apparaten umgeben, die die unterschiedlichen Werte ihrer Körperfunktionen kontrollieren und aufzeichnen.

Die Operation selbst mit drei Ärzten und die Zeit, in der sie intubiert auf der Intensivstation liegt.

Diesen Bildern voran malte sie ein Bild von einem Mädchen, das seinen fünfzehnten Geburtstag allein auf dem Balkon feiert, der mit Girlanden und Luftballons geschmückt ist. Das Mädchen hat viele Geschenke bekommen. Es scheint alles zu haben außer Freunden. Ist das ein Resümee?

Später sagte sie mir, daß die Vorstellung, nach einer Transplantation länger so einsam ohne Freunde leben zu müssen, für sie ein größerer Alptraum als der Tod wäre. Offenbar konnte sie sich nicht vorstellen, daß sich das ändern könnte. Weisen die fünfzehn Kerzen, wie auf vielen Bildern sterbender Kinder, bei denen die endgültige Zahl ihrer Jahre vorkommt, darauf hin, daß sie ihr fünfzehntes Jahr nicht überleben wird?

Vor dem Operationsbild malt sie ein Unfallbild. Für mich ist es dort schlüssig, aber sie sortiert es immer wieder aus, es scheint ihr fremd.

Den Schluß des Zyklus bildet ein sehr farbiges Bild. Es stellt eine fröhliche buntgemalte Landschaft dar. Auf der Straße fährt die Witzfigur Werner auf einem Fahrrad. Was das soll, weiß sie nicht, aber das Bild beruhigt und freut sie.

Danach sieht es aus, als habe Eileen mit dem Thema »Transplantation« abgeschlossen, als ginge es sie nichts an. Eines Tages ist sie völlig aufgelöst. »Ich habe meine Bilder noch einmal durchgeschaut«, sagt sie, »und auf einmal ist mir klargeworden, *da muß ja eine für mich sterben, wenn ich leben will!*« Sie fing bitterlich an zu schluchzen. Wie sollte sie das wünschen können?!

Natürlich starb kein Mensch, weil sie es sich wünschte, aber sie begriff auf einmal, was andere Patienten erst viel später wahrnehmen, daß die Seele Wunsch und Wunscherfüllung in der Tiefe zusammenkoppelt. Damit konnte und wollte sie nicht leben. Sie entschied sich gegen die Transplantation, obwohl das für ihre Mutter ein harter Schlag war.

Sie brauchte eine ganze Weile, bis sie ihre Ruhe wiedergefunden hatte. Von Tag zu Tag wuchs ihre Schwäche. Einige Tage lang schien sie sehr empfindlich. Eine kleine Achtlosigkeit oder Unfreundlichkeit konnte sie aus der Bahn werfen, und viele Verletzungen, die sie in ihrem Leben hatte erleiden müssen, tauchten wieder auf und quälten sie. Aber eines Tages schien alles wie weggeblasen. Sie pendelte zwischen Freude und Trauer. Im Rückblick auf ihr Leben fand sie das Schöne wieder, das ihr vergönnt war, aber auch das, was sie nun nicht mehr erleben würde.

Eines Abends holte sie eine Zeichnung aus ihrer Mappe. Sie hatte sie am Nachmittag gemacht. Wie ein Hauch war auf dem Blatt der Kopf eines kleinen Kindes zu sehen. Lange schwieg sie, dann sagte sie: »Es klingt wohl komisch, aber ich bin heute eine Mutter geworden. Dieses hier ist mein Kind. – Ich weiß ja, daß ich nie Mutter sein werde, weil ich bald tot bin, aber die Liebe einer Mutter ist in mir geboren, und das macht mich so glücklich und traurig zugleich. Heute ist ein ganz großer Tag.« Ihre Worte und die Zeichnung berührten mich tief. Es kam mir so vor, als sei diese zarte Fünfzehnjährige mehr Mutter als viele leibliche Mütter. Sie hatte ihre geistige und spirituelle Potenz als Mutter entwickelt.

Das letzte Bild, das sie sehr zart mit Buntstiften malte, war eine Landschaft mit einer untergehenden Sonne. »Es ist viel schöner, als ich es malen kann«, sagte sie. danach fiel sie in einen komatösen Zustand. Jeden Tag löste ich ihre Mutter, die Tag und Nacht bei ihr war, ein paar Stunden ab.

Eileens Gesicht sah immer noch aus wie aus fast durchsichtigem Alabaster gemeißelt. Die geschwungenen Augenbrauen und die langen, dunklen Wimpern wirkten wie gemalt mit einem zarten Pinsel. Ihr schönes, schwarzes Haar umrahmte in dichten Wellen ihren Kopf und Oberkörper.

An der Schläfe waren kleine blaue Äderchen unter der weißen Haut zu sehen.

Leise zischte der Sauerstoff durch einen dünnen, hellgrünen Plastikschlauch.

Wenn ich bei ihr saß, geriet ich selbst in einen eigentümlichen Zustand. Meine Vorstellung von Raum und Zeit verschwand. Mir war, als wische langsam jemand meine Gedanken aus, aber so unauffällig, daß ich es erst später merkte.

Ich spürte es nicht, wenn ich mehrere Stunden lang die Inhalette vor ihr Gesicht hielt. Normalerweise wurde mir der Arm spätesten nach einer Viertelstunde lahm. Ich war überrascht, daß es plötzlich dunkel war, ich aber am frühen Nachmittag gekommen war.

Ich fühlte mich Eileen ganz nah, als hätten wir etwas zusammen geschafft oder hätten uns intensiv unterhalten, aber ich konnte mich nicht erinnern. Ich fühlte mich leicht und glücklich.

Erst als das enge Zimmer und die Apparate wieder in mein Bewußtsein kamen, das Türengeklapper und Fußtrappeln, überfielen mich Erschöpfung und Müdigkeit. Ich wäre gern wieder zurückgegangen, aber die Tür zu der Welt, in der wir waren, war nicht mehr zu finden. Auf dem Bett lag das blasse Kind so unbewegt wie gestern und vorgestern.

Als ich in meinem Auto saß, schaltete ich das Radio laut an, was ich sonst nie tue, und sang fast brüllend: »Ich lebe! Ich lebe! Ich lebe!«

Ich mußte dem Sog etwas entgegensetzen, den ich nicht zu benennen wußte, weil er vorstellungslos war. Ich mußte mich neu im Leben verankern. Wie mit Krallen grub sich meine Stimme in die gewohnte Realität.

Fragen über die Zeit hinaus

Krankheit und Tod – ohne religiöse Dimension?

»Das Problem von Religion und Wissenschaft ist das Grundproblem, vor das sich der heutige Mensch gestellt sieht. Es herrschte einmal der Gedanke vor und er tut es im Rahmen der Medizin noch immer, die Religion sei von der vorgerückten Naturwissenschaft überwunden und müsse früher oder später abtreten.«[17]

Im Kontext der High-Tech-Medizin ein religiöser Mensch zu sein, gilt entweder als heillos antiquiert oder hat keine Relevanz.

Wie aber kann man einen Menschen ohne Religion verstehen?

Früher sah man die Gesetze als Ordnung Gottes an, was die materielle Welt betraf. Innerhalb dieser Gesetze erkannte man den Willen Gottes. Die Ordnungen der natürlichen und der menschlichen Welt werden zu einer großen »kosmischen Ordnung« vereint – ein Begriff, der besagt, daß alle Dinge im Universum deshalb existieren, weil einem jeden sein eigener, wesensmäßiger Platz im Ganzen zugewiesen ist. Die Vorstellung von »Ordnung« war von jeher vorrangig für Religion und Philosophie.

Augustinus in *De Ordine* (VII. 19): »Wenn aber, wie man uns lehrt und die Unverbrüchlichkeit der Weltordnung selbst es uns zum Bewußtsein bringt, Gott gerecht ist, so ist er eben dadurch gerecht, daß er jedem das Seine zuteilt.«

In einer solchen Sichtweise haben auch Krankheit und Tod einen Platz. Gott war weder ein ungerechter, abwesender oder hilfloser Gott. Seine Ordnung und Vorsehung war vielleicht für den Menschen nicht faßbar, wurde aber nicht angezweifelt.

---

[17] Keiji Nischitanie: Was ist Religion?, Frankfurt am Main 1982.

Selbst in neuerer Zeit glaubten Naturwissenschaftler wie Johannes Kepler oder Isaac Newton in bezug auf ihre eigene Forschung, durch das Erkennen der Naturgesetze in das Geheimnis der kosmischen Ökonomie Gottes einzudringen.

Mit dem Wandel des wissenschaftlichen Weltbildes von einem teleologischen zu einem mechanistischen wurde die Betrachtung der natürlichen Welt aus der Matrix der religiösen Weltschau herausgelöst. Mit dieser Herauslösung wurde sie kalt und stand der Wirklichkeit des Menschen im wesentlichen gleichgültig gegenüber. Aber auf diese Weise konnte er ebenfalls einen kalten, nüchternen Blick auf die natürliche Welt werfen, sie in Teile zerlegen und deren Ordnungen untersuchen. Im Umgang mit einer auf diese Weise zerlegten Welt hat die neuzeitliche Medizin wesentliche Erkenntnisse abgeleitet und Arbeitsstrategien entworfen.

Unter der Hand aber ist der kranke Mensch, der ihr Forschungsobjekt ist, fragmentiert worden. In Spezialgebiete zerlegt, auf seine Körperlichkeit reduziert, ist er aus dem großen Zusammenhang herausgefallen. Seine Moral, seine Ethik, seine Liebesfähigkeit, seine Sehnsüchte oder Begabungen interessieren nicht. Im Interessenkatalog der High-Tech-Medizin kommen seine spirituellen Fähigkeiten nicht vor und sind entsprechend nicht gefragt.

Diese Medizin ist ein Kind jenes Denkens, das alles in voneinander getrennte Bereiche zerlegt, um in der Spezialisierung die Aufmerksamkeit auf eine Sache lenken zu können und darin möglichst ausgefeilte Strategien und Handlungsmöglichkeiten zu entwickeln. Bei komplexen Krankheitsbefunden stehen deshalb nicht selten verschiedene Fachärzte um ein Bett. Der Neurologe, Gastrologe, der Urologe, Pulmonologe, der Internist und so weiter.

Jeder ist Fachmann in seinem Bereich, jeder verfolgt seinen Weg. Nur da, wo der gewünschte Erfolg ausbleibt, setzen sie sich zusammen. Ich habe in der Klinik, an der ich gearbeitet habe, keinen Arzt gefunden, der sich eine Zusammenschau zugetraut hätte, was die somatische Seite betrifft. Es scheint ein Zeichen von Kompetenz zu sein, die Grenzen seines Fachgebietes nicht zu überschreiten.

Wie auf dem Schaubild in einem Schlachterladen ein Schwein zu sehen ist, in verschiedene Felder zerlegt, um die unterschiedlichen Fleischsorten unterscheiden zu können, so werden die Menschen in Lungen, Nieren, Magen, Herz und Leber eingeteilt – alles andere wird weitgehend ausgeblendet.

Ohne Frage hat die Medizin mit dieser Methode erstaunliche Fortschritte gemacht. Der Preis aber ist sehr häufig die Fragmentierung des Menschen.

Wenn wir davon ausgehen, daß jeder Mensch eine Einheit aus Körper, Seele und Geist ist, so muß jede Störung im Körper auch Seele und Geist betreffen, und entsprechend findet jede schwere Störung der Seele oder des Geistes irgendeine Resonanz im Körper.

Wenn wir den Tod nicht als dem Leben zugehörig verstehen können und wenn wir glauben, daß unsere Existenz mit seinem Eintreten aufhört, ergibt es einen Sinn, daß Lebensverlängerung – letztendlich egal unter welchen Bedingungen – ein Wert an sich ist, weil alles, was uns ausmacht, nur in der kurzen Spanne zwischen Geburt und Tod einen Platz hat.

In einer großen Klinik wird viel gelitten und gestorben. Sie ist ein Ort, an dem Krankheit und Tod zum Thema werden müßten; das heißt ein Ort, an dem neben Ärzten und Schwestern auch Menschen sein müssen, die den Patienten helfen, ihre Krankheit in ihr Leben zu integrieren, sie – wie Thorwald Dethlefsen in seinem Buch *Krankheit als Weg* sagt – als solche zu verstehen oder ihr Auftreten als Punkt zu sehen, an dem eine Weiche gestellt werden kann. Dazu muß man aber sicher sein, daß die Krankheit weder eine Strafe noch ein willkürliches Schicksal ist, sondern ein Erkenntnisweg. Den Patienten dabei zu unterstützen, haben heute im allgemeinen die Seelsorger und Psychotherapeuten übernommen.

Die Allwissenheit, die Patienten der Medizin heutzutage zutrauen, und die Allmacht, mit der sie die behandelnden Ärzte ausstatten, gibt den Kranken Sicherheit. Für diese Sicherheit lassen sie sich aufspalten, denn das spüren sie wohl, daß ihre Ängste und Sehnsüchte dort keinen Platz haben, ebensowenig wie ihre Fragen nach der Bedeutung ihrer Krankheit und die Suche nach einem sinnvollen Umgang mit ihr.

Das Dilemma ist, daß auch Seelsorger und Psychotherapeuten Fachleute sind. Sie stehen in Gefahr, den Körper auszuschließen und alles zu eingeengt nur von der psychischen Seite aus zu sehen. So bastelt jeder an seinem »Teil« herum, mit dem indirekten Auftrag, einen möglichst reibungslosen Ablauf zu gewährleisten. Eine Bitte um Austausch mit den Medizinern wurde nicht selten als Störung empfunden. Grund war weniger Desinteresse – das gab es auch –, sondern meistens war es das Diktat der Zeit. Maximale Lösungen sollten in minimaler Zeit erbracht werden. Austausch, der nicht unbedingt notwendig war, schien nur Verschwendung, weil Effektivität an oberster Stelle stand. Unter ihrem Diktat litten alle, die Patienten und die Behandler, aber keiner begehrte dagegen auf.

Das ist keineswegs in allen Gesellschaften so. Mir fällt ein Heilungsritual der Hopi Indianer ein, der sogenannte Mountain Chant, der von völlig anderen Voraussetzungen ausgeht. Es ist ein komplexes Ritual und sei hier nur andeutungsweise geschildert: Ein Mitglied eines Stammes ist schwer erkrankt. Ein Abgeordneter des Stammes hat einen Heiler in den Bergen aufgesucht und ihn um Hilfe gebeten. In der Zwischenzeit trifft nun der Clan Vorbereitungen für die Reise mit dem Kranken dorthin, fast alle werden ihn begleiten. Der Heiler, der zugesagt hat, das Ritual durchzuführen, geht in die Einsamkeit, um sich mit Fasten, Beten und Waschungen zu reinigen und vorzubereiten.

Schließlich treffen sich der Heiler, der Kranke und der Clan. Zelte und Feuerstellen werden um den Platz gebaut, auf dem das

Ritual vollzogen wird. An mehreren Tagen wird von Sonnenaufgang bis Sonnenuntergang vom Heiler ein Teppich aus farbigem Sand um den Kranken herumgelegt, dessen Symbole zugleich eine Deutung der Krankheit sind. Diese kann der Kranke über alle Sinne aufnehmen. Der Clan begleitet das Ritual mit Musik und Tanz. Bei Sonnenuntergang wird der Teppich aus buntem Sand über den Kranken gegossen. Mehrere Tage ist der in Unordnung Geratene das Zentrum der jeden Tag neuentstehenden Ordnung, genauso wie der aus dem Kontakt Gefallene Mittelpunkt des Clans ist. Der Heiler stellt die größere Verbindung zu den alten Weisheiten des Stammes, zur Natur und zum Göttlichen her, indem er mit allen in Kontakt steht.

Gemeinsames wird mobilisiert, um einen Menschen zu heilen! Alle Bereiche seiner Menschlichkeit werden daher angesprochen, aber nicht nur bei ihm, sondern auch bei allen Beteiligten. Solche Heiler konnten vieles nicht, was die heutige Medizin kann. Sie konnten keinen grauen Star weglasern, sie konnten zu früh geborene Babys nicht am Leben erhalten oder Organe transplantieren, um nur einiges zu benennen, aber sie konnten dem Menschen helfen, sich neu in Beziehung zu setzen zu den anderen, zu der Natur und zu Gott. Sie taten etwas zu seiner Ganzwerdung, und daran partizipierten alle, die das Ritual mitgestalteten.

Ich will damit nicht sagen, daß wir solche Rituale und Heiler wünschen sollten – wir sind an einer anderen Stelle unserer Entwicklung –, aber das Ritual macht klar, auf was wir verzichten zugunsten einer hochtechnisierten Medizin. Das, was am meisten in Gefahr steht, ist die Ganzheit und Würde des Menschen. Da es Transzendenz nicht gibt in diesem System, droht dieser Bereich zu verschwinden, denn er wird nicht wahrgenommen und nicht genährt. Er wird mundtot gemacht.

Wenn man es ernst nimmt, daß jeder Mensch auch spirituelle Fähigkeiten besitzt, so müßte man genauso unerbittlich darum ringen, daß gerade Menschen, deren Seele, die durch die Krise, die ihre Krankheit heraufbeschworen hat, innerlich beengt sind, sich wieder ausweiten können, weil sie ihren Wert durch das Wissen um ihre Gottesebenbildlichkeit bekommen.

Da, wo die High-Tech-Medizin sich des Körpers der Kranken als eines Experimentierfeldes bemächtigt, zerstört sie die Einheit der Person und verletzt die Würde des Menschen. Seelsorger und Psychotherapeuten sollten sich dieses Notstandes annehmen, indem sie sich aufmachen, um auf die unausgesprochenen Ängste der Kranken zu lauschen, auf das schamhaft versteckte Leid, die Wut und Verzweiflung und ihnen den Raum zu geben, in dem sie sich wieder ausweiten können.

Nach meiner Erfahrung kommen dann die Fragen, die den Sinn von Krankheit, Leben und Tod betreffen von selbst und stellen sich als andere Seite dar, so daß der Kranke als Ganzes in der Krise erhalten bleibt und in ihr wachsen kann.

Wenn auf der Station ein Kind starb – meistens war es nachts –, wurde es so schnell und unauffällig wie möglich entsorgt. Es gab keinen Raum, in dem der Leichnam aufgebahrt werden konnte, und es gab keine Rituale des Abschiednehmens, wenn nicht religiös geprägte Eltern die Krankenhausseelsorge anfragten. Aber oft taten es nicht einmal die, als sei es an diesem Ort ein Tabu. Der Leichnam schien wie ein Indiz für eine Niederlage, das verschämt und heimlich beseitigt werden mußte, damit die anderen Klienten nicht anfingen, an der Allmacht der Medizin zu zweifeln.

Sicherlich unbeabsichtigt wurde mit dieser Behandlung der Leichnam des verstorbenen Kindes auch abgewertet. Das wurde mir klar, als ich eines Morgens eine meiner jugendlichen Patientinnen bedrückt und wütend zugleich sagen hörte: »Heute nacht haben sie wieder ganz heimlich ein totes Kind weggeschoben. Ich bin doch auch bald dran, werden sie es mit mir auch so machen, einfach so ex und hopp wie Schmutz, schnell und sauber entsorgt?!«

Sie war verzweifelt und bat mich inständig, etwas zu tun. »Wir alle haben doch gar keine Angst vor dem Tod«, sagte sie, »und wie schön wäre es, wenn ich mir vorstellen könnte, ihr würdet um mich herumsitzen, wäret traurig und auch glücklich, daß ich nun tot bin, und ihr würdet mich nicht sofort verlassen und meine Seele könnte noch etwas unter euch sein.«

Nie bin ich einem jungen Menschen begegnet, der nicht daran glaubte, daß es ein Leben nach dem Tod gibt, und der nicht in irgendeiner Form an Gott glaubte, dabei waren nur wenige von ihnen aus einem religiösen Elternhaus.

»Ich glaube nicht an Gott, aber je schwächer ich werde, desto größer wächst er in meinem Herzen.«

Meine kleine Patientin, Sophie, war neun Jahre alt, und ihre Mutter hatte ihr gesagt: »Du brauchst vor dem Tod keine Angst zu haben; merke dir: Du kommst aus nichts und du gehst in nichts, es ist einfach aus, also keine Aufregung wert.« Die kleine Sophie hatte unerwartet eine schwere Autoimmunaggression entwickelt, das heißt, ihr Immunsystem, das dazu da ist, Schädigendes, das von außen in den Körper eindringt, zu entdecken und zu bekämpfen, richtete sich gegen die eigenen Körperzellen und zerstörte in ihrem Fall die Lunge. Ihre Lungenbläschen platzten und nahmen ihr die Luft.

Ihre Geschichte war traurig. Sie war das erste Kind ihrer Mutter, die drei Kinder von drei Männern hatte. Der zweite Mann hatte Sophie ab ihrem vierten Lebensjahr mißbraucht. Als es offenkundig wurde, kam er ins Gefängnis. Die Mutter machte ihrer Tochter Vorwürfe, sie habe ihr Leben zerstört, weil sie ihr den einzigen Mann genommen habe, den sie wirklich geliebt habe. Sophie hatte einige Monate später ihre Aussage widerrufen, so daß der Stiefvater wieder freikam. Obwohl die Mutter inzwischen mit einem dritten Mann verheiratet war, hatte er jederzeit Zutritt zur Wohnung. Der Mißbrauch ging weiter. Sophie traute sich nicht mehr, ein zweitesmal vor Gericht auszusagen. Sie kämpfte um die Liebe der Mutter und war zu jedem Opfer bereit.

Zu Hause erlebte sie die Hölle, der dritte Mann war natürlich eifersüchtig auf den zweiten, aber wenn er nicht den Wünschen seiner Frau entsprach, wandte sie sich dem anderen zu. Die drei in die Ehe mitgebrachten Kinder und die zwei Geschwister von Sophie führten den Kampf auf ihre Weise weiter. Alles war ausweglos, und so schien es nur verständlich, daß Sophie den Kampf gegen sich richtete. In ihrem Krankenzimmer saß ständig einer aus der Familie, fast immer gereizt und schlecht gelaunt, aber man schien sie nicht alleinlassen zu wollen. Wenn wir malten, waren wir nie für uns, auch zu jeder Untersuchung ging jemand mit. Sophie schien es so zu wollen.

Eines Tages zog sie unter der Bettdecke ein zusammengerolltes Blatt heraus – eine Zeichnung –, aber noch bevor meine Hand sie entgegennehmen konnte, hatte die Mutter sie ihr schon entrissen. »Wir haben doch keine Geheimnisse!« sagte sie drohend. Dann wurde sie rot vor Ärger, als sie auf die Zeichnung geschaut hatte. »Du fängst doch wohl nicht an zu spinnen!« sagte sie barsch, aber zum erstenmal widersprach ihr Sophie ernst. Sie sagte: »Nein Mama, es stimmt nicht, was du sagst, das Leben geht doch weiter. Ich habe heute nacht im Traum Oma Elli und Opa Hans gesehen. Sie standen mit Tante Hella auf der anderen Seite eines Flusses. Sie waren ganz lieb, Mama, und ganz schön. Sie haben mir die Hände entgegengestreckt. Ich wäre so gern gleich gekommen.« Sie weinte bitterlich, als sie sagte: »Warum hast du mir immer gesagt, wir kommen aus nichts und wir gehen zu nichts? Du hast mir solche Angst gemacht!«

Die Mutter schrie mich an, was ich mit ihrer Tochter gemacht hätte. Ich hatte mit Sophie bisher weder über den Tod noch über Gott gesprochen.

Wir hatten auch weiter keine Chance, offen miteinander zu reden, aber Sophie veränderte sich. Je hinfälliger sie wurde, desto mehr wich der angestrengte Ausdruck aus ihrem zarten Gesicht. Sie wollte, daß ich neben ihr saß, ohne daß wir sprachen oder etwas taten, während einen Meter von uns entfernt die Familie sich zankte, weil zwei weitere Großelternpaare Ansprüche an die Stiefenkelin anmeldeten.

Einen Tag, bevor sie starb, sagte sie diesen Satz, der mich sehr bewegte und der mir klarmachte, daß in jedem Menschen Fähigkeiten zur Transzendenz angelegt sind und daß es ein Glück ist, das miterleben zu können: »Ich glaube nicht an Gott, aber je schwächer ich werde, desto größer wächst er in meinem Herzen.« –

Ihr war alles Religiöse im Keim erstickt worden. Auch ihre Behandlung konzentrierte sich nur auf ihren Körper. Sie war ein mißbrauchtes Kind, auf dessen Rücken die unerträglichen Familienquerelen ausgetragen wurden, und trotzdem war diametral zum Verfall ihres kleinen Körpers »Gott in ihrem Herzen immer größer geworden«, wie sie sagte. So konnte der Tod von ihr sehnsüchtig und voller Hoffnung erwartet werden. Als Sophie starb, war es Nacht. Sie war schneller gestorben, als wir vermutet hatten. Ich spürte ein großes Glück, daß sie befreit war von allem Leid.

Weil ich vermutete, daß die anderen Kinder und Jugendlichen es mitbekommen hatten, daß sie gestorben war, ging ich zu ihnen und sprach mit ihnen über Sophies Tod. Wir setzten uns alle auf den Boden vor Sophies Zimmer und sprachen über sie. Nacheinander ging ich mit ihnen an ihr Totenbett. Der Arzt und die Schwestern hatten zugestimmt, daß sie noch in ihrem Zimmer bleiben konnte. Die Verwandten wollten erst am nächsten Morgen kommen.

Die meisten der Kinder hatten Angst, die tote Sophie anzuschauen, aber im Laufe der Nacht wollten es alle. Sie brachten Abschiedsgeschenke oder streichelten ihr Gesicht und ihre kalten

Hände. Wir weinten miteinander und sangen miteinander und sprachen über den Tod. Auf dem Nachttisch hatten wir eine Kerze, obwohl eine offene Flamme auf der Station nicht erlaubt ist. Die Schwestern kamen dazu, und manchmal setzte der junge Arzt sich in unseren Kreis, der Dienst hatte.

Als Bennie, der jüngste – er war erst vier Jahre alt – sagte: »Ich glaube, der liebe Gott ist ein ganz großes Kuscheltier, das nimmt mich in den Arm, und da ist es warm und weich...«, da lachte keiner. Die sonst immer spöttische siebzehnjährige Alba nahm ihn auf den Schoß und sagte: »Wenn es doch so wäre!« Sie war Moslem. Oft hatten wir beide über ihre Gottesvorstellungen gesprochen. Gott war für sie wie ihr Vater, der sie erbarmungslos schlug, wenn sie Unrechtes tat. Trotzig rebellierte sie gegen alles, was ihre Religion von ihr verlangte, denn sie war sicher, sie war sowieso verdammt.

Bei einem dieser Gespräche sagte sie: »Sie haben ja keine Ahnung, Sie sind Christin, aber Sie werden sich noch wundern!« Alba war die letzte, die mit mir in Sophies Zimmer ging. Sie hatte schreckliche Angst und stand eine Weile mit geschlossenen Augen vor Sophies Leichnam. Als sie es wagte, sie anzuschaun, trat Verwunderung in ihr Gesicht, und Tränen flossen aus ihren Augen. »Dir glaube ich es«, sagte sie schluchzend, »es muß doch einen guten Gott geben, denn du siehst so schön und glücklich aus wie nie zuvor!«

Alba veränderte sich nach Sophies Tod. Die Hoffnung, daß es nach dem Tod vielleicht ein beglückendes Weiterleben geben könnte, veränderte ihre Einstellung zum Leben. Das Leben erschien ihr auf einmal wichtig und kostbar, weil sie einen Zusammenhang zwischen dem Leben jetzt und dem danach sah.

Es hat viele Jahre gedauert, bis es gelang, mit dem Tod auf der Station auf diese Weise umzugehen. Die Angst der Behandler und der Angehörigen war groß, so daß die schwerkranken Patienten beim Tod eines Mitpatienten in Panik gerieten. Es schien, als müsse das Thema Tod ein Tabu bleiben zum Schutz der Patienten. In Wirklichkeit war es zu unserem Schutz. Für die Patienten war der Tod etwas wie ein innerer Begleiter, der ihnen mehr und mehr vertraut wurde und mit dem sie, wie das so ist mit jemanden, der einem nahe ist, stritten, klagten, ihn beschimpften, ihn auch ersehnten und auf ihn hofften. Das Problem machten wir ihnen, wenn wir versuchten, den Tod in unserer Behandlung auszuklammern. Das war nicht anders, als würden wir uns gegenseitig verbieten, je über den Menschen, der uns am nächsten steht, zu unterhalten, oder als dürften wir nicht über eine große, für uns äußerst bedeutsame Reise sprechen und müßten alle Vorbereitungen heimlich und versteckt machen, um die Zurückbleibenden nicht zu beunruhigen.

Meistens starben die Patienten nachts. Dann setzte hektisches Geflüster und Umtriebigkeit ein, weil doch am nächsten Morgen von den Spuren des Todes nichts mehr zu sehen sein sollte. Fast immer spürten die Patienten auch durch die Wände hindurch, was passiert war. Wenn ich in ihre Zimmer kam, waren sie wach und verängstigt. Sie fragten selten nach, denn das Tabu des Todes war wirksam. Die Erstarrung wich, wenn ich ihn ansprach. Die Trauer um die Mitpatienten, die sie ja oft kannten, konnte sich ausdrücken, und eigene Ängste und Nöte hatten Raum, aber auch gute Wünsche für das verstorbene Kind. Immer wollten sie dann wissen, wie der- oder diejenige gestorben war. Der Tod der Vorangegangenen war wie ein Vorlauf für das eigene Sterben.

In den ersten Jahren meiner Arbeit auf der Station wurde streng darauf geachtet, daß die Kinder nicht aus ihren Zimmern kamen. Es ging auch keiner zu ihnen hinein, um sich nicht zu verplappern.

Als ich dann in solchen Nächten in die Zimmer ging und mit den Kindern und Jugendlichen sprach, mußte ich das gegen einen erheblichen Widerstand der Station tun. Erst Jahre später gelang es, die Patienten, die sowieso nicht schliefen, zusammenzuholen, um gemeinsam Abschied zu nehmen und miteinander zu weinen und zu sprechen. Auch für die diensthabenden Mitarbeiter war das letztendlich viel leichter, weil sie auch traurig und betroffen waren. Es hatte etwas Tröstliches, erfahren zu können, daß man so verabschiedet werden kann und nicht gleich vergessen wird, wenn man stirbt.

Auch in den nächsten Tagen durfte über den oder die Verstorbene gesprochen werden. Die gemeinsame Trauer schweißte die Zurückgebliebenen zusammen, und eine Weile wurde über eigene Ängste und Hoffnungen gesprochen.

Wandlung der Wut im Trauerprozeß

Ich möchte auf ein Problem hinweisen, dem ich in meiner Klinikzeit immer wieder begegnete. Es waren die unsympathischen Patienten. Sie waren launisch, wütend oder aggressiv, sie verweigerten weitgehend die Mitarbeit. »Noncompliant« war der Begriff für sie. Das war meistens wie ein »mangelhaft« in der Schule. Wir waren ja bereit, alles für die kranken Kinder oder Jugendlichen zu tun, aber sie mußten sich entsprechend benehmen. Es gab immer einige, die unseren Vorstellungen nicht nachkamen.

Sie waren dann Dauerthema in den Besprechungen. Ich habe eine Weile gebraucht, bis mir klar wurde, wie sehr Krankheit und Kränkung miteinander zusammenhängen. Ein Patient mit einer fortschreitenden Krankheit muß von zuvor erworbenen Fähigkeiten Abschied nehmen. Zum Abschied gehört ein Trauerprozess. Ein schwerkranker Mensch muß eine Kette von Trauerprozessen durchlaufen.

Die meisten von uns haben Verständnis für trauernde Menschen, wenn sich alles in Grenzen hält, und das heißt: nicht so lange, nicht so heftig! Die wenigsten aber haben Verständnis für die Wut im Trauerprozeß, obwohl sie wie alle anderen Gefühle dazugehört. In einem lebendigen Trauerprozeß wandelt sich die Wut und durchläuft unterschiedlichste Stadien.

Die Fähigkeit zu Trauern ist die Voraussetzung für die seelische und körperliche Gesundheit eines Menschen. Sie ist ein hochkomplexer intrapsychischer Vorgang. Das Leben bietet uns viele Gelegenheiten, das Trauern zu üben, denn es ist voller kleiner Tode, und wir müssen das Todesbewußtsein als einen Aspekt des Selbstbewußtseins begreifen. Was heißt das?

Wenn wir an den Tod denken, so ist das meistens mit der Vorstellung unseres eigenen Todes oder dem eines geliebten Menschen verbunden. Im Tod geht etwas verloren, was unser jeweiliges Leben nährt und mitbestimmt, etwas Bedeutungsvolles. Das kann der Beruf sein, in dem sich ein wesentlicher Teil unserer Fähigkeiten darstellen kann; es kann der Verlust einer Freundschaft sein, die unser Selbstgefühl eng werden läßt, weil es den anderen mit eingeschlossen hatte und sich mit ihm weit fühlte, und es kann der Verlust einer Position sein, zum Beispiel, wenn ein kleiner Bruder oder eine Schwester einen Teil der Hauptrolle beansprucht, die ein Kind bis dahin innegehabt hat.

In jeder Entwicklungsstufe ist ein kleiner Tod enthalten, denn der Schritt in eine neue Position setzt den Abschied von der vorherigen voraus. Das kann sowohl mit Freude wie auch mit Trauer verbunden sein.

Eine Situation, die die meisten Menschen erlebt haben, ohne sich allerdings bewußt daran erinnern zu können, bestimmt als eine frühe, sehr bewegende Erfahrung unsere Fähigkeit zu trauern wesentlich mit: die Situation des Abstillens.

Ein Kind, das gestillt wird, befriedigt nicht nur Hunger und Durst. Die warme Nähe des mütterlichen Körpers bietet Schutz, Trost, Geborgenheit und Sicherheit. Der Säugling erlebt die Verschmelzung mit der Mutter: Ich bin gut, und die Welt ist gut.

Zeit unseres Lebens behalten wir eine Sehnsucht nach dieser Symbiose, sie ist der Ursprung unseres Vertrauens und unserer Genuß- und Liebesfähigkeit, wenn sie positiv erlebt werden konnte.

Verena Kast zitiert in ihrem Buch *Trauern. Phasen und Chancen des psychisches Prozesses* aus den *Confessiones* von Augustinus, der um seinen toten Freund trauert: »...ich habe meine Seele und seine als eine einzige in zwei Körpern empfunden, und deshalb schaudert mich vor dem Leben, weil ich nicht als halber leben will.«

Das Gefühl des Selbstverlustes gehört zum Trauerprozeß, denn das Selbsterleben speist sich wesentlich aus den Beziehungen zu anderen Menschen, besonders aus Liebesbeziehungen. Im rhythmischen Wechsel zwischen symbiotischer Verbundenheit und Trennung bildet der Säugling sein Selbst.

Bei meiner Enkelin, die von ihrer Mutter fast ein Jahr lang gestillt wurde, konnte ich die Reaktion in der Phase des Abstillens beobachten. Obwohl sie sehr liebevoll gefüttert wurde, wehrte sie sich heftig. Tagsüber war sie bereit, aus einer Tasse zu trinken – eine Flasche war ihr zuwider –, sie aß auch gern einen Apfel oder Essen vom Teller ihrer Eltern, aber nachts war es schlimm. Ihr anfängliches Jammern steigerte sich zu empörtem und wütendem Schreien über die verweigerte Brust. Sie war kein bißchen bereit, andere Nahrung zu akzeptieren.

Manchmal schrie sie sich in einen Teufelskreis hinein, aus dem sie selbst nicht mehr herauskam. Erst das Herumtragen, Singen und Streicheln ihres Vaters oder ihrer Mutter konnte sie langsam herausholen aus ihrer verwirrten Verzweiflung.

Manchmal aber war ihr Schreien kraftvoll und wütend. So als wolle sie sagen: »Wenn ihr nicht wollt, will ich schon lange nicht.« Es war, als hätte sie sich entdeckt und abgesetzt von den enttäuschenden Eltern. Dann brauchte man sie nicht zu trösten. Irgendwann steckte sie ihren Daumen in den Mund und schlief ein. Sie hatte sich selbst Trost gespendet. Die Wut, die sich nicht verselbständigte, sondern die gerichtet war wie eine Waffe, die man benutzen oder wieder weglegen kann, stärkte ihre Autonomie.

Mit dem Abstillen, in dem die Wut eine Rolle spielen durfte, gelang ein Stück Losbindung von der Mutter, und die Beziehungen zu anderen Menschen erweiterten ihren emotionalen Beziehungsrahmen.

Obwohl das Abstillen eines Kindes eine Episode in einem normalen Entwicklungsprozeß ist, tauchten alle Gefühle einer großen Trauer auf! Die offensichtliche Sehnsucht nach der Symbiose, die durch das Abstillen eine Störung erlitten hatte, mußte sich erst auf einem anderen Niveau wieder einpendeln. Vorübergehend war die Kleine ängstlich und klammerte sich tagsüber an ihre Mutter. Sie schlief unruhiger als zuvor, war weinerlich und irgendwie irritiert.

Die Mutter und sie waren auf einmal zwei verschiedene Wesen, weil die Mutter nicht mehr permanent verfügbar war. Die zuvor erlebte Einheit, die Augustinus als »eine Seele in zwei Körpern« beschreibt, war geteilt. Das Phänomen des Selbstverlustes, das in jedem Trauerprozeß eine Rolle spielt, zeigte sich bei ihr, indem sie weitgehend Fähigkeiten verlor, die sie zuvor gehabt hatte.

Es ist verstehbar, wie störbar eine kleine Person in dieser Phase ist, und wie schlimm es ist, wenn Eltern die Komplexität der Situation nicht begreifen und das Kind zum Beispiel hindern, seine Gefühle auszudrücken, oder es sogar bestrafen, wenn es sie äußert. Die Reaktion auf das Abstillen ist insofern ein exemplarischer Trauerprozeß, von dessen Gestaltung alles Weitere abhängt.

Ich werde mich auf die Bedeutung der Wut im Trauerprozess konzentrieren, weil sie ein Gefühl ist, das uns in diesem Zusammenhang oft Schwierigkeiten macht, weshalb es uns nicht selten schwerfällt, angemessen mit ihr umzugehen.

Grundsätzlich sind alle Gefühle im Trauerprozeß berechtigt. Sie können aber zum Problem werden, wenn eines von ihnen ein Dauerdaseinsrecht in Anspruch nimmt und die anderen vertreibt. Unter diesem Gesichtspunkt möchte ich die Wut anschauen und an zwei Beispielen aus meiner Klinikarbeit darstellen.

Die Krankenzimmer unserer Station sind mit gläsernen Türen und großen Fenstern zu den angrenzenden Räumen versehen. Das soll Schwestern und Ärzten einen schnellen Durchblick gewähren und hat seine einleuchtenden Vorteile, aber es erlaubt keinerlei Rückzug und Intimität.

Eines Tages war eine der Türen dick mit Papier verklebt, ebenso beide Fenster zu den anderen Zimmern und die Balkontür. Die Reaktion auf der Station war spontan Irritation und Ärger: Wie konnte es jemand wagen, den Einblick so zu versperren und sich so abzugrenzen! Als ich schließlich in das Zimmer ging, kreischte mir eine schrille Stimme entgegen. Im Bett saß ein kleines Wesen mit wütendem Gesicht. Als ich mich entschuldigte und sagte: »Ich wollte dich gern kennenlernen«, herrschte die Stimme zurück: »Was heißt hier ›du‹, ich sage ja auch nicht ›du‹, immerhin bin ich einundzwanzig Jahre alt!«

Ich war erschrocken, sie sah aus wie eine Fünf- oder Sechsjährige, klein und schmächtig, mit schütteren Haaren. Ihre Haut war vollkommen zerstört. Ich konnte meinen Schrecken kaum verbergen. Sie lachte mit schriller Stimme und sagte: »Ja, das kommt davon, wenn man ungefragt hereinmarschiert. Nun freuen Sie sich mal an meinem Anblick!«

Ihre Zähne waren braune Ruinen, und ihr Mundraum war lilablau, weil er mit einer Tinktur ausgepinselt war. An ihren Lippen hingen Hautfetzen, und auf ihrer Nase wuchs ein Gewächs. Ich war wie erschlagen von soviel Häßlichkeit, denn um ihre dünnen Ärmchen legte sich die Haut wie ein viel zu großes Gewand.

Ich schämte mich sehr, daß ich sie so überfallen hatte, spürte aber auch gleichzeitig Wut über die Erbarmungslosigkeit, mit der sie mir ihre Häßlichkeit um die Ohren schlug. Sie freute sich offensichtlich an meinem Schrecken und meiner Hilflosigkeit. Ich fühlte mich ohnmächtig ihr gegenüber und kam mir vor wie ein Trottel, während ich so da stand und sie anstarrte. Ich hätte gern weggeschaut, aber meine Blicke waren wie festgeklebt an der kleinen Gestalt. »Setzen Sie sich doch, wo Sie doch so fasziniert von meinem Anblick sind. Das sind im übrigen die meisten, die sich hierher verirren.«

Ich setzte mich, und sie fuhr fort: »Es ist eine Freude für Sie, mein Anblick, stimmt's?« Ich schüttelte den Kopf, und die Tränen stiegen mir in die Augen. Ich konnte nicht unterscheiden, ob es eine Reaktion auf ihre Aggression war, Mitleid oder Erschütterung. Vielleicht war es alles zusammen. Sie lachte: »Huhu, Tränen!«

Dann steckte sie mir ihre kleine Hand entgegen. Ich nahm sie und erschrak erneut. Die Fingerkuppen waren wie Schlägel verdickt, und die Haut war an den Nägeln aufgerissen. »Tja«, sagte sie diesmal mit einer Spur von Trauer, »ich kann dir nichts anderes bieten, an mir ist alles scheußlich! Vielleicht möchtest du jetzt gehen, es reicht wohl.«

Ein Teil von mir hatte Fluchttendenzen, ein anderer fühlte sich zu ihr hingezogen. Sie hatte auf einmal »du« gesagt, und es klang nicht abwertend. Mir fiel nichts ein, was ich hätte sagen können, aber ihre Hand hatte sich in meinen Händen wie ein kleiner Vogel niedergelassen.

Als ich ging, fragte ich, ob ich wiederkommen dürfte. Sie schaute mich argwöhnisch an und sagte: »Das hat noch nie jemand gefragt. Den meisten reicht ein einmaliger Schreck – aber wie du willst.«

Im Nebenzimmer, wo ich ein anderes Kind besuchte, hörte ich plötzlich einen lauten Knall. Tanja hatte das Essen, das ihr die Schwester gebracht hatte, auf den Boden geworfen. Während der Mittagsrunde sagte die Oberschwester: »Dieses Scheusal kann es sich überhaupt nicht leisten, so unverschämt zu sein, bei Patrik [Patrik war ein niedlicher Patient, der aber auch rebellisch war] würde ich es ja durchgehenlassen, aber bei Tanja sind die Scheußlichkeiten überschritten.«

Wer so krank ist und so aussieht, hat keinen Bonus – das war es, was Tanja offenbar ihr Leben lang erfuhr.

Ich möchte Tanjas Geschichte erzählen, wie sie sie mir darstellte: »Also meine Mutter hat sich verpißt, als ich fünf war, dabei war ich damals noch ganz niedlich und sie hat ›mein kleiner Schatz‹ zu mir gesagt. Als sie verreckt ist, hat mein Papa gesagt: wir bleiben immer zusammen. Weißt du, was ›immer‹ war? Genau ein Jahr, weil dann hat er sich so 'ne blöde Kuh angelacht, und die hatte keinen Bock auf mich. Da bin ich zu meinen Großeltern gekommen, und da bin ich bis jetzt, kann ja nicht weg, so wie ich bin. Das ist mein gesammeltes Scheißleben – ach so: Einundzwanzigmal bin ich im ganzen operiert worden, das wär's.«

Ich war betroffen – in ihrem ganzen Leben war nur positiv, daß die Mutter sie »mein kleiner Schatz« genannt hatte. Ihren Tod hatte Tanja offenbar nicht betrauern können. Sie war in der Wut über den unersetzlichen Verlust steckengeblieben. Ein Jahr später hatte sie einen weiteren Verlust erlitten, als der Vater sich für seine zweite Frau entschied und sie zu den Großeltern gab.

Später zeigte Tanja mir Photos, tatsächlich war sie bis zu ihrem fünften Lebensjahr ein niedliches kleines Mädchen gewesen. Seit dem Tod der Mutter war sie keinen Zentimeter mehr gewachsen. Eine immer stärker werdende Autoimmunaggression fing an, ihren kleinen Körper zu zerstören. Offenbar war Tanja in der aggressiven Phase ihres Trauerprozesses steckengeblieben.

Sie war das einzige Kind ihrer Eltern. Ihre Mutter war eine zarte, schöne Frau gewesen. Die Photos, die Tanja mit ihrer Mutter zeigen, machen den Eindruck aus, als wäre die Beziehung zwischen Mutter und Tochter sehr zärtlich gewesen. Meistens war sie mit der Mutter allein. Der Vater war Marineoffizier und war zehn Monate im Jahr auf See. Tanjas Welt war die Mutter. Mit ihrem Tod ging diese Welt zugrunde. Wenn einem das Wichtigste im Leben genommen wird, ohne daß man etwas daran tun kann, ist neben Verzweiflung, Ohnmacht und Schmerz auch Wut ein angemessenes Gefühl.

Das Schicksal war ihr widerfahren, ihre Mutter zu verlieren, aber in ihrem »Sie hat sich verpißt« kommt zum Ausdruck, daß sie in ihrer Verzweiflung die Wut auch auf die geliebte Mutter gerichtet hatte, denn sie war nicht mehr da, obwohl sie sie so dringend brauchte. Sie hatte ihr Kind verlassen, deshalb war sie eine böse Mutter geworden in Tanjas Vorstellung. Die Wut gegen ein inakzeptables Schicksal und die Wut auf eine Person, die einen verläßt, ist eigentlich ein normales Gefühl als Reaktion auf einen schweren Verlust und kann dabei helfen, aus der Passivität der Ohnmacht herauszutreten, sich von der verlorenen Person ab- und anderen Menschen zuzuwenden.

Wut und Schmerz sind Bestandteile des Trauerprozesses. Bei einem so großen Verlust wie dem Tod der Mutter wird eine Vision zerstört – die Vision, mit der Mutter aufwachsen zu können. Es wird auch die grundlegende Hoffnung zunichte gemacht: »Was auch immer passiert, ich bin für dich da«, denn Tanja war noch ganz auf ihre Mutter angewiesen. Von ihrem Alter her war sie noch nicht so weit, selbständig zu sein. Für ein fünfjähriges Kind ist es vielmehr lebenswichtig, sich darauf verlassen zu dürfen, die anliegenden Entwicklungsschritte im Schutz und unter dem wohlwollenden Interesse der Mutter zu tun.

Das war mit einem Schlag zerstört. Der Schmerz und das Entsetzen erfüllten Tanja noch ganz, als der zweite schwere Verlust sie traf, indem der Vater die Tochter preisgab für die andere Frau. Offenbar hatte Tanja diese Gefühle aber nicht zeigen können, wohl aus Angst, dann vielleicht auch von den Großeltern zurückgewiesen zu werden. Sie wurde still und stumm und richtete ihre Wut auf sich.

Wann hatte die Wut auf ihre Umwelt sie ergriffen? Tanja erzählte später, als ihr Großvater an einem schweren Rheumaleiden erkrankte und sagte, das hinge damit zusammen, daß Tanja eine große Belastung sei, da sei Wut, Verzweiflung und Haß auf die Menschen aus ihr herausgebrochen. Alle machten ihr Hoffnungen, die mit Enttäuschungen endeten. Das entfachte eine permanente Wut auf jeden in ihr.

Verlust bedeutet Zerstörung einer Vision, und Zerstörung von Zukunft, sei es nun der Verlust eines Menschen, des Berufes, der Ehe, des Ansehens oder der Durchsetzung eines tiefen Wunsches. In alles hat der Mensch, der einen Verlust erleidet, Energie, Hoffnung und Phantasie investiert. Er hat eine Richtung eingeschlagen, die er weiterverfolgen, oder einen Beruf, den er weiter ausbauen möchte. Durch den Verlust wird etwas abrupt gebremst, kann nicht weiterfließen.

Wie die Großeltern mir später erzählten, war Tanja ganz vernünftig gewesen. Sie war ohne Schwierigkeiten bei dem ihr wenig vertrauten Vater geblieben, und sie war, als dessen neue Frau sich durch das inzwischen kranke Kind gestört fühlte, auch ohne Schwierigkeiten wieder zu den Großeltern gegangen. Die Aggression war zur Autoimmunaggression in ihrem Körper geworden.

Erst als sie immer kränker wurde, ergriff die Wut die ganze Tanja, sie richtete sie nach außen, vor allem auf Menschen, von denen sie abhängig war; damit zerstörte sie das, was sie dringend brauchte: das Interesse und Wohlwollen der Ärzte, Schwestern und Therapeuten, aber auch ihrer Großeltern, die sie versorgten.

Als das kleine Scheusal, zu dem sie in ihrer Verzweiflung wurde, war sie zwar nicht beliebt, aber sie konnte Macht ausüben, war nicht mehr nur die Ohnmächtige, sie konnte erschrecken, so wie sie es mit mir gemacht hatte, und war nicht nur dem Schrekken ausgeliefert. Sie fing an, ihre eigene Not und Versehrtheit als Waffe zu benutzen. Das alles um einen sehr hohen Preis: den ihrer Einsamkeit. Aber alles andere zu ertragen wäre offenbar noch unerträglicher geworden.

Ihre Wut, die sie auf sich und ihre Umwelt richtete, war wie ein Bazillus. Sie steckte an, denn sie konfrontierte die Menschen, die ihr begegneten, so plötzlich und aggressiv mit ihrer Ohnmacht, daß überall als Reaktion Wut aufsproß. Das mag für Tanja die kleine Genugtuung gebracht haben, die Königin in einem Land wütender Untertanen zu sein, während die Liebe, die sie doch so sehr suchte, in ihrem Land nicht leben konnte.

Wenn kleine Kinder eine für sie lebenswichtige Person verlieren, ist es wichtig, daß sie so bald wie möglich einen zuverlässigen Ersatz finden, damit ihr Vertrauen nicht verlorengeht. Gelingt das nicht, werden sie entweder depressiv oder bleiben in Wut und Mißtrauen stecken. Das war bei Tanja passiert.

Gott sei Dank blieb sie lange bei uns. Ich besuchte sie jeden Tag. Zu Anfang beschimpfte sie mich immer; ich kam entweder zu früh oder zu spät und hatte offenbar kein Interesse an ihr. Wenn ich ging, warf sie das Nächstbeste hinter mir her. Das stimmt im wörtlichen Sinne, es waren immer Dinge, die ihr wichtig waren. Einmal fing ich ihr Stirnband auf und sagte lachend: »Das setze ich jetzt auf, morgen wirst du sehen, wie ich damit aussehe.« Sie schaute mich irritiert an.

Als ich am nächsten Morgen mit ihrem Stirnband erschien, lachte sie: »Gar nicht mal so schlecht, dein Kopf und mein Stirnband.« Etwas von uns hatte sich verbunden.

Ich ließ sie von ihrer Mutter erzählen, zuerst fiel ihr kaum etwas ein, zu tief hatte sie sie aus ihrem Bewußtsein verdrängen müssen, aber dann erinnerte sie immer mehr.

Eines Tages holte sie ein kleines rosa Kinderhemdchen aus ihrem Koffer und zog es an. »Lach nicht!« sagte sie, »das nehme ich immer mit. Ich habe es getragen, als meine Mutter noch lebte.« Sie stellte sich auf ihre wackeligen Beine und drehte sich anmutig. Obwohl ihre Zähne wie braune Stummel aussahen und ihre

Lippen von der Tinktur grotesk verfärbt waren, schien das Lächeln auf ihrem verunstalteten Gesicht so zauberhaft, daß ich mir den »kleinen Schatz« der Mutter vorstellen konnte. Wir waren beide glücklich und hatten vollkommen vergessen, daß ihre zweiundzwanzigste Operation bevorstand: die Entfernung des Gewächses auf der Nase.

Die Tür ging auf, und der Arzt kam herein, um ihr eine Spritze zu geben. Sie war tief erschrocken, und zum erstenmal strömten Tränen über ihr Gesicht. Verzweifelt klagte sie: »Warum seid ihr gerade jetzt gekommen, warum erinnert ihr mich gerade in dem Augenblick an meine Häßlichkeit, wo ich zum erstenmal wieder schön bin?« Immer wieder schluchzte sie: »Mami, du hilfst mir doch, sag ihnen, daß ich schön war.« Ich nahm sie in den Arm und sagte: »Ja, sie ist ein schönes Kind.« Der Arzt hatte spontan begriffen. Er nickte und sagte: »Ja, das stimmt.«

Sie ließ sich die Spritze geben, zog aber mein Gesicht zu sich herunter und flüsterte: »Bitte bleib so, bis ich eingeschlafen bin.« Über sie gebeugt begleitete ich sie in den Operationssaal. Auch als sie ihre Narkose bekommen hatte, hielten ihre Hände meine Haare umklammert.

Am nächsten Morgen, als ich sie besuchte, zeigte sie mir ein Büschel Haare. »Das sind deine«, sagte sie, »ich hatte sie in meiner Hand, du bist wirklich geblieben, bis ich eingeschlafen war.«

Von da an trat eine Veränderung in ihrem Wesen ein. Ihre aggressive Wut, die kalt und starr gewesen war, fing an, fließender zu werden. Sie klagte: »Warum mußte ich so früh meine Mama verlieren? Warum hat mein Vater nicht zu mir gehalten? Warum muß ich häßlich und krank sein?«

Ihre Klage weckte bei den meisten Mitgefühl und Trauer. Die Beziehung zu ihr wurde durchlässiger, man grenzte sich nicht mehr so ab. Sie war nicht mehr das kleine Ekel, sie war ein vom Schicksal tiefgeschlagenes Wesen, dem man zugestehen konnte, daß es klagte.

Nach der Klage kam die Trauer vor allem um den Verlust der Mutter. Sie ließ sich von den Großeltern Photos mitbringen und erzählte mir von den Erinnerungen an ihre Mutter, die wieder auftauchten. Ihr kleines Gesicht wurde sanft, und manchmal, wenn ich sie spät abends besuchte, wenn keiner mehr in ihr Zimmer stürzen konnte, zog sie ihr rosa Kinderkleid an und erzählte.

Auch der Vater tauchte in ihren Erinnerungen wieder auf. Sie sammelte mit der Trauer, die sie erfüllte, ihre ganze Kindheit wieder ein. Und als sie eines Tages sagte: »Findest du nicht auch, ich hatte eine schöne Kindheit?« – da fand ich auch, sie hatte eine schöne Kindheit. Die Schrecken und Schicksalsschläge waren nicht verschwunden, aber sie hatten bisher das Bild ihres Lebens bestimmt und hatten es dunkel und bitter gemacht.

Jetzt war das Beglückende wieder aufgetaucht und hatte ihr Leben reich und farbig gemacht. Mit ihrer Trauer hatte sie alles Schöne wie einen Schatz aus der Tiefe gehoben. Damit war auch ihre Verzweiflung geschwunden, kein langes Leben haben zu können. »Tod«, sagte sie, »war für mich immer wie ein schwarzes, kaltes Loch, jetzt denke ich, ich werde alles wiederfinden und noch viel mehr, und Tod ist Gemeinschaft. Du glaubst nicht, wie ich mich freue.«

Sie konnte offenbar an die Erfahrungen einer geglückten Symbiose anknüpfen. Ihre Wut, in der sie erstarrt gewesen war, hatte sich gewandelt. Im Trauerprozeß war ihr das Leben geschenkt worden. Es war berührend für mich, das miterleben zu können.

Trauer ist nicht nur Thema beim Verlust eines geliebten Menschen, sondern zum Beispiel auch beim Verlust der Gesundheit oder der zuvor erworbenen Fähigkeiten. Die Schwäche und Versehrtheit des Körpers wecken Minderwertigkeitsgefühle. Man kann nicht mehr so, wie man will, ist niemanden von Nutzen, fühlt sich abhängig wie ein Kind, und man kommt sich vor wie der letzte Dreck!

Ich erinnere mich an eine moribunde Patientin eines Kollegen, die ich während seines Urlaubs mitbetreute. Sie stand auf der Transplantationsliste und brauchte eine neue Lunge. Seit zwei Jahren wartete sie, konnte kaum mehr schlafen und saß Tag und Nacht in ihrem Bett, weil sie keine Luft bekam. Ihr Körper war voller Wasser. Sie war so aufgedunsen, daß an einigen Stellen ihre Haut gerissen war. Sie winkte jeden ab, der sich ihr näherte. Ihre Qual schien unerträglich.

Obwohl ich wußte, wie ungeheuer anstrengend jede Bewegung, jedes Wort für sie war, sagte ich, daß ich das Gefühl hätte, sie sei in ihrem Inneren sehr mit etwas beschäftigt. Sie nickte und ließ sich darauf ein, etwas zu malen. Mit ungeheurer Mühe malte sie das, was sie sich noch gewünscht hatte, von was sie aber nun Abschied nehmen mußte: Sie malte zwei Menschen, die Hand in Hand gingen, ein Mädchen, das Fahrrad fährt, einen Sonnenuntergang am Meer, eine Familie, die an einem Tisch sitzt und ißt, und ein Mädchen, das schwimmt.

Lauter kleine Vignetten, zart angedeutet. Sie war unendlich angestrengt, aber sie mußte das alles malen, es waren ihre Wünsche. Nach diesem Stück normalen Lebens sehnte sie sich und konnte es doch nicht mehr haben. Mit letzter Anstrengung zeichnete sie einen Kreis um jeden Wunsch, schlug dann mit der Faust darauf und schrieb daneben: »Geplatzt!!!« Tränen liefen ihr über das Gesicht. Die Enttäuschung war kaum zu ertragen. Sie lehnte sich zurück und versuchte verzweifelt, Luft zu bekommen. Nach einer Weile nahm sie ein neues Stück Papier. Mit unsäglicher Mühe mischte sie die Farben im Tuschkasten. Von der Mitte des Blattes ausgehend malte sie farbige Segmente bis zum Rand des Blattes, bis es ganz ausgefüllt war von leuchtenden Farben.

Mir war, als malte sie all das, was ihr Leben ausgemacht hatte. Es kam mir erfüllt und sehr schön vor. Ich sagte es ihr. Sie lächelte glücklich und nickte, dann legte sie ihren Kopf auf ihre Arme und atmete nicht mehr. Sie hatte losgelassen, nachdem Schmerz, Verzweiflung und ihre Wut über all die unerfüllten Wünsche noch einmal hatten sichtbar werden können. Ich war Zeugin all dessen geworden und konnte es mitfühlen, aber ich war auch Zeugin der Summe ihres erfüllten Lebens geworden. Das alles zusammen hatte ihr die Kraft gegeben, zu gehen.

Monatelang hatte sie in einem erbärmlichen Zustand überlebt. Die Hoffnung, transplantiert zu werden, bündelte die letzten Kräfte. Tag und Nacht pendelte sie zwischen Leben und Tod, zu schwach, etwas zu tun, und zu schwach, mit jemanden zu sprechen. Sie konnte nicht einmal mehr essen, weil ihr der Sauerstoff fehlte, den man zum Essen und Verdauen braucht. Sie wirkte dumpf, wie ein Wesen, das all seine Kraft zum nackten Überleben brauchte. Man hatte ihr nicht gesagt, daß sie in diesem Zustand nicht mehr transplantiert werden konnte.

Ich vermute, daß sie ihr Inneres freihielt von Bildern, deren Bewältigung Kraft gebraucht hätte. Ich fand es sehr mutig, daß sie ihre hoffnungslosen Wünsche in meiner Gegenwart wieder auftauchen ließ und sie zu Papier brachte. Ich war erstaunt über die heftigen Gefühle von Wut, Verzweiflung und schließlich Trauer.

Die Wut gab ihr vermutlich die Kraft, sich von ihren Wünschen zu distanzieren und sie schließlich freiwillig loszulassen. Hätte sie nicht freiwillig loslassen können – sie ließ ja aktiv die Seifenblasen platzen –, wäre sie in ihrer Verzweiflung wohl steckengeblieben. So wie es war, kamen auch die anderen Seiten, die vielen geglückten Herausforderungen ihres Lebens, wieder hoch und ließen sie mit letzter Kraft ein großes farbiges Bild gestalten. Es gab auf ihm keine weiße Stelle mehr, es war vollkommen erfüllt. Da konnte sie es wie eine gute Arbeit aus der Hand geben.

Ausblicke

Den Schluß meines Buches wollte ich nicht schreiben, bevor ich in der Wüste war. Die Wüste ist für mich ein fremdartiges und zugleich wie von Urzeiten her vertrautes Gebilde.

Die Nomaden sagen: »Aus der Wüste hat Allah alles Überflüssige entfernt«, das heißt, es ist nur das Wesentlichste übriggeblieben, und das, was noch da ist, bekommt die Qualität von Ursymbolen.

In der Wüste fällt auch von den Menschen alles ab, was nicht zu ihrem innersten Wesen gehört: Rang und Bedeutung, Besitz und Wissen, Kleidung und Schönheit, Krankheit und Schmerz – das alles ist peripher. Der Mensch ist gefragt, der bereit ist, der Wüste zu lauschen, ihre Herausforderungen anzunehmen, ihre Schönheit zu entdecken, sich ihr anzupassen und in ihr einfach zu werden.

In die Wüste geht man nicht allein. Man braucht die Führung der Nomaden, man ist angewiesen auf die Hilfe der Kamele, und man braucht die anderen, die sich ebenfalls auf sie einlassen wollen.

In der Wüste entfalten die Lieder und Geschichten ihren eigenen Zauber, und das Feuer in der Nacht ist mehr als Wärme und Licht, es ist ein Magnet, der die Gruppe der Karawane zusammenhält unter der unendlichen Weite des Himmels.

Vielleicht haben die Menschen, die in die Wüste gehen, die Hoffnung, daß sie dort ihren Weg leichter finden, weil das Gerümpel aus ihr entfernt ist. Aber in der Wüste gibt es keine vorgegebenen Wege. Der Weg entsteht, indem die Karawane sich bewegt. Kurze Zeit darauf hat der Wind die Spuren verweht. So bleibt er ein einmaliger Weg. Es gibt ihn nur für einen kurzen Augenblick für die wenigen Menschen, die sich entschlossen haben, ihn gemeinsam zu gehen. Aber obwohl wir in der Weite der Wüste uns eng beieinander fortbewegten, ging jeder seinen eigenen Weg. Von außen gesehen mögen wir wie ein Band gewirkt haben, das sich langsam durch die Wüste zog, eine Einheit aus Mensch und Tier im gleichen Tempo, aber unterschiedlichem Rhythmus des Gehens:

den Sand bezwingend die einen,
die Hacken eingrabend, Boden suchend, andere,
wie weglaufend manche,
wie tanzend die Leichten,
stolpernd, einsinkend die Müden,
stetig voranschreitend die Hoffenden,
und irgendwie war alles in jedem,
nur unterschiedlich gewichtet.

Jeder ging seinen Weg auf dem Pfad, den wir gemeinsam mit unseren Füßen hinterließen, geführt von seinen Hoffnungen und Nöten.

Manche mußten sprechen, weil die große Stille der Wüste sie erschreckte, so wie Kinder im Dunkeln singen, um ihre Angst zu vertreiben. Manchmal erzählten wir einander ein Stück unseres Lebensweges, vielleicht, um uns wenigstens dieses Abschnitts zu versichern, ihn sozusagen beim anderen zu deponieren, während der Wind die Spuren unseres Weges, den wir gemeinsam zurücklegten, wieder auslöschte.

Aber es war nicht nur das, was uns beunruhigte. Unser an ständig wechselnde Reize gewöhntes Bewußtsein mußte sich erst auf die scheinbar immer gleiche Ansprache der Wüste einstellen: Dünen und Dünen aus feinem gelben Sand und dann kreisrunde, vom Wind leergefegte Arenen. Drumherum wieder Dünen und Dünen aus immer gleichem Sand und das in unendlicher Wiederholung.

Wer dann an seinem Anspruch auf Reize festhielt, vielleicht eine Oase oder besondere Tiere finden wollte, den trocknete die Wüste aus, er wurde leer und drohte von der Öde verschlungen zu werden. Aber wenn man sie nehmen konnte als »einen Ort, von dem Gott alles Überflüssige entfernt hat«, wie die Nomaden sagen, dann konnte sie ihre Weite und Schönheit entfalten: das sich ständig wandelnde Spiel zwischen Himmel und Erde, zwischen Licht und Schatten, die immer neuen Strukturen im Sand, die zarten Spuren der Skarabäen, der Schlangen und Skorpione, der Gazellen und Wüstenfüchse, die wir zwar nur selten zu Gesicht bekamen, deren lautlose Anwesenheit aber Spuren hinterlassen hatte. Die winzigen Pflanzen und Blumen, die durch ein wenig Regen aufgesprossen waren, der duftende Ginster, der aus längst totgeglaubten Büschen blühte, das und vieles mehr hatte die Wüste zu bieten für den, der Augen hatte, zu sehen.

In der Wüste kann alles zu Urbildern werden: Der Busch, der in der Wüste trotzig und ausdauernd seinen Platz behauptet, rührt uns in seiner Not an und ringt uns Bewunderung ab. Er ist mehr als nur dieser Busch, der grau und abgeschliffen, wie verbrannt in der Hitze der Dünen ausharrt. Er wird ein Bild für den Teil unserer Seele, wo wir ein vertrockneter Busch sind und doch voller Hoffnung, ein Regen der Freude könne uns wieder beleben. Wohl deshalb war ich manchmal zu Tränen gerührt, wenn mitten im toten Gestrüpp ein Ast grüne Blätter trug.

Solche Bilder sind Hoffnungsbilder. Man kann sie sich oder anderen Menschen in bestimmten Situationen an die Seite stellen und so ihre Wirkung entfalten lassen.

Zweimal auf unserem Weg kamen wir an Brunnen. Sie waren wie heilige Stätten, an denen unsere Nomaden niederknieten, um für uns und die Tiere das kostbare Wasser aus der Tiefe zu schöpfen und in Schläuche zu füllen. Alles hing davon ab, diesen Brunnen zu finden, sonst wären wir verdurstet. Manchmal, erzählten die Nomaden, wären Menschen am Brunnen gestorben, weil das

Wasser für sie zu tief war und sie es nicht erreichen konnten. Manchmal versiegten die Brunnen für immer, wenn die Wasser aus der Tiefe, die sie speisten, aufgebraucht waren. Die Brunnen mit ihrem lebensspendendem Naß waren wie ein Magnet in der Wüste, der Tiere und Menschen anzog.

Einmal stiegen wir auf einen Berg. Er war nicht sehr hoch und hatte oben ein flaches Plateau, auf dem Wermut wuchs. Von ihm aus hatten wir einen wunderbaren Ausblick. In einem Moment konnten wir die ganze Strecke, die wir in acht Tagen durchquert hatten, überblicken, genauso wie das, was noch kommen würde. Ich mußte daran denken, daß Menschen, die in einem todesähnlichen Zustand waren, erzählt hatten, daß sie in einem Augenblick ihr ganzes Leben überschauen konnten. Das Seltsame war, daß die hohen Dünen, durch deren Sand wir mit großer Anstrengung gegangen waren, aussahen wie harmlose kleine Wellen. Wie sehr der Abstand die Wirklichkeit relativiert!

Nicht alle konnten sich entschließen, in der Hitze des frühen Nachmittags nach einem anstrengenden Marsch noch diesen Berg zu erklimmen, aber nur er machte diese Erfahrung möglich.

Die Kamele, es waren zwanzig, gehörten auch zu unserer Karawane, zwei junge waren dabei. Sie gingen zum erstenmal mit. Es war ihre Lehrzeit. Sie trugen nur Lasten. Die anderen trugen zusätzlich uns, wenn wir auf ihnen ritten.

Sie waren der Besitz unserer Nomaden. Maximal besaßen sie drei Kamele. Das war schon ein gewisser Wohlstand. Sie gingen liebevoll mit ihren Tieren um, aber auch entschieden. Die Tiere mußten genauso wie sie ihren Dienst tun. Manchmal schrien sie vor Unmut, wenn sie sich in der Mittagshitze mit ihrer Last erheben sollten, aber ein kurzer Ruf machte ihnen offenbar klar, daß sie nicht ausweichen konnten, dann gingen sie wieder auf ihren weichen Füßen gelassen und majestätisch durch den Sand.

Mein Kamel war mir unheimlich. In seiner Größe und der Geste seines eindrucksvollen Kopfes schien es mir unerreichbar. Ich war immer froh, wenn ich fest oben saß oder heil wieder auf dem Boden stand. Eines Mittags, als es sich im Sand ausruhte, hockte ich mich davor und schaute es an. Wir schauten uns gegenseitig an. Ich plinkerte mit einem Auge. Es plinkerte zurück. Ich hielt es für Zufall, wechselte das Auge und plinkerte noch einmal. Mein Kamel tat das gleiche. Als ich den Kopf schüttelte, tat es das ebenfalls. Mir wurde etwas unheimlich. Was es wohl bei meinen Anblick empfand?

Ich jedenfalls, das wurde mir klar, hatte es für ein dummes Kamel gehalten. Ich nahm die kleine köstliche Apfelsine, die wir immer als Nachtisch bekamen und die Kamele auch sehr lieben, und reichte sie ihm. Es legte seine lange Schnauze über die Apfelsine hinweg auf meinen Arm, als läge ihm mehr daran, mit mir Freundschaft zu schließen, als die Apfelsine zu fressen. Wie oft wir uns wohl täuschen in unserem Hochmut?

Der Wind ist der große Gestalter der Wüste.
Er weht wann und wo er will.
Man kann ihn nicht sehen, nicht riechen,
es sei denn, er nimmt den Duft der Blüten mit sich
oder den strengen Geruch der Tiere,
und doch sehen wir den Sand, den er vor sich hertreibt,
sehen die Dünen, die er aufhäuft
und wieder abträgt,
sehen, wie er unsere Spuren auslöscht.
Wir hören ihn säuseln, zischen und brausen
und erschrecken vor der Macht, mit der er sich uns plötzlich entgegenwirft.
In der Nacht zieht er seine strenge, breite Bahn
über unsere Biwaks, rüttelt an ihnen und hinterläßt
Millionen feiner Staubkörnchen auf unseren Gesichtern.

Am nächsten Morgen treibt er die Karawane durch die hohen Dünen, in deren locker aufgewehten Sand wir einsinken. Er bestimmt unseren Gang und unser Tempo, peitscht unsere Augen und Nasen mit Sand und macht das Atmen schwer.

Aber plötzlich ist er verschwunden, hinterläßt uns eine neue, unendlich stille Landschaft: Spuren wie uralte Schrift, wie Melodie, wie Rhythmus.

Der Wind weht, wo und wann er will.

Wenn er schweigt, fließt die Stille in den großen Wüstenraum und weitet die Seele und lehrt uns das Lauschen.

Manchmal weht der Wind etwas frei; zum Beispiel Muscheln, die übriggeblieben sind aus dem Meer, das dort vor Millionen von Jahren war, dann stürzen wir durch unfaßbare Zeiträume auf diese Gebilde zu, die ihr Geheimnis bewahren und uns doch tief verwundern.

Die Zeit? Sie gliedert sich von Sonnenaufgang bis zum Untergang und wieder von Sonnenuntergang bis zum Aufgang, aber die Wochentage verschwinden. Die Wüste braucht keine Wochentage und Sonntage, alle Tage sind Tage Allahs. Wenn die Nomaden ihm zu Ehren singen, ist er da, nimmt ihre Lieder und Gebete entgegen.

Aber auch das auserwählte Volk Israel ist da, wenn wir abends am Feuer im alten Testament die Geschichte von Moses lesen und unsere Seelen mitflehen und sich ängstigen und hoffen, als würden wir mit dem auserwählten Volk immer wieder neu durch die Wüste geführt, damit wir lernen können, daß auch wir Auserwählte sind und uns nicht ständig in Neid, Haß, Machtgerangel, in Eitelkeiten und Kleinmut verstricken lassen. Damit wir uns die Nacht aus den Gesichtern streichen, um freizuwerden für Sternenglanz, denn der Himmel zeigt sich in der Wüste in seiner größten Schönheit.

Wenn die Nomaden im Dunkeln in ihren braunen, aus Ziegenhaar gewobenen Kapuzenmänteln ans Feuer kommen, um zu singen, zu trommeln und zu tanzen, dann fließen alle Zeiten zusammen, und wir erkennen die alten Rufe und Rhythmen wieder, die wir irgendwo in unserem Blut haben. Ahnend öffnet sich die Vergangenheit zu einem Raum, dessen Grenzen unabsehbar sind, und die Zukunft weitet sich, wenn Hast und Angst wegfallen.

Nun habe ich zum Abschluß Bilder *meiner* Wüste beschrieben, denn jeder erlebt seine. Aber, so individuell wie sie uns anrühren, gehören sie doch auch zu den Bildern, die alle Menschen in sich tragen. Es gibt viele Arten von Bildern in jedem von uns, so wie es verschiedene Arten von Träumen gibt. Sie entstehen als Nachbilder, sie können Zusammenfassungen oder Deutungen des Tagesgeschehens sein. Es gibt Erinnerungsbilder, die sich mit anderen zusammentun wie eine Collage, es gibt Angstbilder, es gibt prospektive Bilder wie Zukunftsvisionen, und es gibt die Urbilder. Bilder, die tief in jedem Menschen verankert sind, mit denen er sich verbinden kann, in denen er sich wiedererkennt, weil sie wie Kristallisationspunkte die Welt spiegeln. Deshalb sind sie immer mehr als ein Stein, mehr als ein Baum, mehr als ein Brunnen, mehr als ein Berg ... Wenn wir uns mit ihnen verbinden, werden wir weit, können wenigstens für einen Augenblick aus der Enge unseres Egos heraustreten, deren Nöte und Sorgen uns fesseln, und uns als Teil einer großen Schöpfung erfahren.

Man muß nicht in die Wüste gehen. Jedes Gänseblümchen auf einem Grünstreifen zwischen zwei Straßen, jedes Kindergesicht in der überfüllten Straßenbahn und jeder Baum, der sich im Asphalt eines Parkplatzes behauptet, kann zu einem Symbol werden. Nur in der Wüste fällt es uns leichter, das zu erkennen, weil wir nicht abgelenkt werden und weil die Stille den oft stumpfen Spiegel unserer Wahrnehmung schärft. In der Wüste gelingt es uns eher, aus den engen Zeitpaketchen, in die wir uns täglich einschnüren, herauszutreten, aus der Enge unserer eigenen Biographie, auf die sich gewöhnlich all unsere Aufmerksamkeit richtet. In der Wüste ist es leichter, unser Zeiterleben auszudehnen in eine weit zurückliegende Vergangenheit – sie für Sekunden zur Gegenwart werden zu lassen, wenn zum Beispiel die Mosesgeschichte vor unserem inneren Augen Realität wird und wir in ihr einen Rolle spielen, oder ebenso blitzartig Zukunft in die Gegenwart zu holen, wenn noch nicht Geschehenes in sie einbricht. Das relativiert das Leben, schrumpft die Angst, die durch die Enge entsteht, und läßt die Hoffnung wachsen.

Aus der verkrusteten Erde,
Schöpfung aus dem Nichts
aus den verwitterten Gesichtern,
aus den entleerten Kirchen
drängt die Fülle an uns heran,
kommt Offenbarung um Offenbarung.
Ketten fallen,
Türen springen auf,
Mauern stürzen,
Weite vor uns, nichts als Weite.
An den Hautlinien der Dinge
und Menschen,
an den abgeschlossenen Verträgen,
an den vollzogenen Riten,
an den Ergebnissen der Forschung
leuchten die nächsten Horizonte auf.
Lautloses Staunen
vor, in und hinter unseren Zeiten.[18]

---

[18] Martin Gutl, Der tanzende Hiob, Graz/Wien/Köln, 1992.

Elisabeth Wellendorf

Man kann alles auch anders sehen

Schicksalsgeschichten
2. Auflage. 144 Seiten. Gebunden

»Es ist ein bewegendes Buch und zugleich ein stilles Buch, das seinen Zauber erst so recht entfaltet, wenn man Zeit hat zum Sinnen und Lauschen und jede Geschichte nachklingen kann. Dann wird man bemerken, wie diese Schicksalsgeschichten ein Licht verbreiten, das von Innen her wächst. Das tut gut, besonders in der dunklen Jahreszeit. Sie atmen Moralität ohne ein einziges moralisierendes Wort. Das gibt inneren Halt und tut ebenfalls gut in einer Zeit, in der äußerer Halt brüchig wurde und man ein neues Jahr nur noch zögernd zu betreten wagt.

F. Weizsäcker-Knörrich
in »Die Christengemeinschaft«

»Es ist ein atemberaubendes Buch, das man nur in kleinen Schritten lesen kann. Kostbare Miniaturen, die dem Seelenleben des Lesers einiges abverlangen. [...] Warmherzig, absolut beteiligt und zugleich selbstlos wird aus der Blickrichtung der Betroffenen geschrieben.«

Ute Hallaschka in »Info3«

Aus dem Inhalt: Man kann alles auch anders sehen · Wir wußten nur, daß sie Antonia hieß · Sterben im Sonnenuntergang · Ich nannte ihn Elija · Verhinderte Schönheit · Das zweite Gesicht · »Bis bald« · Das ist mir noch immer ein Rätsel · Zwei würdevolle Menschen · Weihnachtsbescherung · Man konnte ihn nicht verstehen, man konnte ihn nur erfahren · Erlösung · Ein schönes Kind · Eine ganz einmalige und zugleich höchst allgemeine Art von Leben · Tod eines Kindes · Schon wieder eine Feder weniger · Geschichte einer alten Frau · Alles hat seine Zeit · Leben in Todesnähe.

Olaf Koob

Das Ich und sein Doppelgänger

Zur Psychologie des Schattens
334 Seiten. Gebunden

Aus dem Inhalt: Doppelgängermotive in der Literatur · Die Bedeutung des Schattens · Der Mythos von Kain und Abel und seine historischen Wiederholungen · Dämonisierende Abläufe im 20. Jahrhundert · Der Schatten der Völker · Das Ich und die Dämonien · Der Mißbrauch der Sexualität · Das Geheimnis der Zweiheit · Doppelgänger und Schatten · Der Physische Doppelgänger · Der Schatten der Liebe · Das Problem des Männlich-Weiblichen · »Du Doppelgänger! Du bleicher Geselle!« · Goethe als Prototyp des modernen Menschen · Zur Alltagspsychologie des Bösen · Seelenarbeit.

Markus Treichler

Neue Zeiten – Neue Leiden

Zeittendenzen · Krankheitsbilder · Chancen
266 Seiten. Gebunden

Das vorliegende Buch ist eine Hinführung zum Verständnis von bestimmten Zeittendenzen und häufig auftretenden modernen Krankheitsbildern – den »Neuen Leiden« und den in ihnen verborgenen »Neuen Chancen«.

Aus dem Inhalt: Warum werden wir krank? · Die Zeiten ändern sich – und wir? · Typische Krankheiten unserer Zeit · Spezielle Erscheinungsbilder der Neuen Leiden: Chronisches Schmerz- und Müdigkeitssyndrom, Allergien, Burnout-Syndrom, Bulimie, Ängste, Depression · Neue Leiden – Neue Chancen?